EL MÉTODO
SEDONA

La información contenida en este libro se basa en las investigaciones y experiencias personales y profesionales del autor y no debe utilizarse como sustituto de una consulta médica. Cualquier intento de diagnóstico o tratamiento deberá realizarse bajo la dirección de un profesional de la salud. La editorial no aboga por el uso de ningún protocolo de salud en particular, pero cree que la información contenida en este libro debe estar a disposición del público. La editorial y el autor no se hacen responsables de cualquier reacción adversa o consecuencia producidas como resultado de la puesta en práctica de las sugerencias, fórmulas o procedimientos expuestos en este libro. En caso de que el lector tenga alguna pregunta relacionada con la idoneidad de alguno de los procedimientos o tratamientos mencionados, tanto el autor como la editorial recomiendan encarecidamente consultar con un profesional de la salud.

Título original: The Sedona Method
Traducido del inglés por Roc Filella Escolá
Diseño de portada: Editorial Sirio, S.A.
Maquetación: Toñi F. Castellón

© de la edición original
2005, Hale Dwoskin

Publicado originalmente en inglés por HarperCollins Publishers Ltd.

© de la presente edición
EDITORIAL SIRIO, S.A.
C/ Rosa de los Vientos, 64
Pol. Ind. El Viso
29006-Málaga
España

www.editorialsirio.com
sirio@editorialsirio.com

I.S.B.N.: 978-84-19685-52-0
Depósito Legal: MA-20-2024

Impreso en Imagraf Impresores, S. A.
c/ Nabucco, 14 D - Pol. Alameda
29006 - Málaga

Impreso en España

Puedes seguirnos en Facebook, Twitter, YouTube e Instagram.

  El papel utilizado para la impresión de este libro está **libre de cloro** elemental (ECF) y su procedencia está certificada por una entidad independiente, no gubernamental, que promueve la sostenibilidad de los bosques.

Hale Dwoskin

EL MÉTODO
SEDONA

EDITORIAL
SIRIO

Índice

Dedicado a Lester Levenson

Agradecimientos

Habría sido imposible escribir este libro sin la ayuda y el estímulo de muchas personas, a las que deseo manifestar mi más sincera gratitud.

En primer lugar y ante todo, muchas gracias a mi esposa, Amy, por todo su amor y su apoyo.

Mi más profundo agradecimiento a Jack Canfield, por su amistad y su generosidad.

Gracias a Stephanie Gunning, mi excelente correctora, por su integridad, habilidad, inteligencia y sentido del humor.

Gracias a los diseñadores del libro, Shannon Bodie y Bob Swingle, de Lightbourne, LLC, por su creatividad, diligencia y profesionalidad.

Deseo agradecer a todo nuestro personal su entrega y su duro trabajo.

Gracias de todo corazón a las muchas personas que con tanta amabilidad y buena disposición compartieron sus historias personales para que los lectores pudieran vislumbrar todas las posibilidades del Método Sedona.

Por último, a todos los graduados en el Método Sedona de todas partes, por su valentía de espíritu al usar esta espléndida técnica y compartirla con el mundo: ¡gracias!

Prólogo
de Jack Canfield

«Llevaba ya veinte años oyendo a clientes y amigos contar maravillas del Método Sedona® y hace poco, por fin, hice el curso con mi esposa y mi hijo de doce años. Me quedé atónito ante la sencillez del Método y el profundo efecto que ha producido en mi vida. En mi trabajo con *Sopa de pollo para el alma* y en mis seminarios sobre autoestima, he tenido oportunidad de ver muchas técnicas y muchos procesos de autosuperación. Pero este sobrepasa con mucho a todos los demás por su fácil uso, su fuerte impacto y la rapidez con que se obtienen resultados. El Método Sedona es una forma muy rápida de liberarse de sentimientos como la ira, la frustración, los celos, la ansiedad, el estrés y el miedo, además de muchos otros problemas —incluso el dolor físico— con los que prácticamente todos batallamos en un momento dado.

Una de las magníficas consecuencias de seguir el seminario es la amistad que entablé con Hale Dwoskin. Hale es una de las personas más sosegadas, llanas y llenas de alegría que jamás he conocido, prueba evidente de que el Método Sedona obra maravillas. Estoy extasiado ante tal amistad. Durante el seminario me veía constantemente sobrecogido por el exquisito estilo didáctico de Hale. Avanza un paso tras otro. El resultado ha sido que ya he enviado a muchos familiares, amigos y compañeros de profesión a los seminarios del Método Sedona, además de hacer que todo el personal de Chicken Soup for the

Soul Enterprises descubra el método a través de los programas de radio que Hale elaboró.

Es, pues, todo un placer recomendar este método, que es una gran ayuda para lograr la felicidad, el éxito, la paz y el bienestar emocional duradero. La lectura de este libro equivale a seguir a la vez el curso básico del Método Sedona y varios cursos avanzados. Con multitud de técnicas prácticas y relatos de casos auténticos y ejemplares, Hale explica con claridad y profusión todo lo que se necesita saber para dominar el proceso de liberación, y para seguir empleando el Método día tras día, momento tras momento, en situaciones reales como, por ejemplo, para conseguir unas relaciones más armoniosas y gratificantes, lograr la seguridad económica, desarrollar una profesión satisfactoria, abandonar malos hábitos, adelgazar y gozar de buena salud. Hale desvela el poderoso secreto del Método Sedona para manifestar lo que uno quiere en la vida, al tiempo que enseña cómo sentirse a gusto y cómodo con lo que ya se tiene. Además, el Método permite lograr mayor paz, goce y tranquilidad de ánimo con todo lo que se experimenta a diario.

Así pues, recomiendo sinceramente la lectura de *El Método Sedona*. Te aconsejo que dejes que la sencillez de su mensaje y el poder de este proceso te abran las puertas de todas las maravillas que la vida ofrece. Es una de las pocas cosas del mundo actual que da mucho más de lo que promete, muchísimo más. Te animo a que prestes esmerada atención al mensaje que Hale presenta en este libro. Si lo haces, ese mensaje te cambiará la vida».

Nota del autor

Los casos que aparecen en este libro son auténticos. Sin embargo, para salvaguardar la intimidad de determinadas personas que han sido alumnos del Método Sedona o cuya vida ha influido en la mía, he cambiado los nombres y otros detalles que pudieran identificar a quienes se mencionan en esta obra.

Introducción

¿Qué es el Método Sedona?

Te sientes con el corazón cálido y abierto, tu columna vertebral cosquillea de forma agradable y tu cuerpo flota en el aire. Al mirar a tu alrededor en la habitación, los colores te parecen más vivos y los sonidos más claros, como si realmente estuvieras experimentando por primera vez lo que te rodea. Sientes la mente mucho más calmada, pero en tu conciencia vuelan muchas posibilidades nuevas y maravillosas sobre cómo mejorar tu vida y vivir feliz ahora. Te sientes relajado y tranquilo,* sabiendo que todo va bien y que todo se desarrolla como corresponde.

En tus ojos asoma una lágrima, porque te resulta difícil creer que unos ejercicios tan sencillos puedan marcar una diferencia tan profunda e inmediata en cómo te encuentras. Te sientes ilusionado ante el futuro, y sabes que puedes enfrentarte a cualquier cosa que ocurra con un nuevo sentimiento de fuerza interior, calma y confianza, por muchos obstáculos que la vida ponga en tu camino.

Y lo mejor es que todo esto no es más que el principio.

Es muy fácil que tengas este tipo de experiencia tú solo, como decenas de miles de otras personas que han estado viviendo y usando

---

* N. del T.: Por razones prácticas, se ha utilizado el masculino genérico en la traducción del libro. Dada la cantidad de información y datos que contiene, la prioridad al traducir ha sido que la lectora y el lector la reciban de la manera más clara y directa posible.

las técnicas sencillas, pero poderosas, que Sedona Training Associates llevamos años enseñando en nuestros seminarios y programas de audio. Ahora, puedes aprender estas técnicas en este libro.

¿Estás dispuesto a ser feliz de verdad? ¿Quieres conseguir todo aquello que has deseado toda tu vida? ¿Estás preparado para encontrar lo que tu corazón siempre ha estado buscando? Si respondes que no a las tres preguntas, por favor, no te molestes en leer este libro. Si respondes que sí a cualquiera de ellas, *El Método Sedona* te enseñará una forma práctica de sacar provecho de una fuente interior de felicidad sin límites, hacer realidad tus sueños más imposibles, desarrollar todo tu potencial y pasar de buscador a «descubridor espiritual».

Vivimos en un mundo que cambia continuamente, y no siempre de forma positiva. La mayoría de nosotros ansiamos una certidumbre, una seguridad y una solidez que no podemos encontrar fuera de nosotros mismos, por mucho que lo intentemos. Pero estas cualidades ya existen en nuestro interior, a la espera de manifestarse. Es como si tuviéramos un pozo de los deseos o una fuente de alegría y vitalidad interior que no estuvieran conectados a la red de suministro de agua. Sin embargo, en secreto, todos disponemos de una herramienta para volver a conectarlos.

¿Te sientes intrigado? Eso espero. Porque me encantaría compartir contigo un sencillo proceso que puede darte todo eso: el Método Sedona. Esta técnica ya ha ayudado a muchos miles de personas a aprovechar su capacidad natural de liberarse de las emociones incómodas y no deseadas que nos impiden crear y conservar la vida que escogemos. Abdicamos en ellas nuestra capacidad para tomar decisiones. Incluso imaginamos que nuestras emociones nos pueden dictar quiénes se supone que somos. Lo demuestra el uso que hacemos del lenguaje. ¿Le has dicho alguna vez a alguien «estoy enfadado» o «estoy triste»? Cuando hablamos así, sin darnos cuenta decimos a quienes nos rodean y a nosotros mismos que *somos*[*] nuestro enfado o

---

[*] N. del T.: Esto es especialmente notable en el idioma inglés, en el que el verbo *to be* significa indistintamente ser y estar. Es decir, *I am angry* equivaldría semánticamente a 'yo soy enfadado'.

que *somos* nuestra tristeza. Nos relacionamos con los demás y con nosotros mismos como si fuéramos nuestras emociones. De hecho, incluso inventamos historias completas de por qué nos sentimos como nos sentimos, para justificar o explicar esta falsa percepción de nuestra identidad.

No es que, de vez en cuando, los sentimientos no parezcan estar justificados. Pero ocurre que los sentimientos no son más que sentimientos, no son lo que somos, y nos podemos librar de ellos fácilmente. Cuando decidimos abandonarlos, nos quedamos libres para percibir lo que realmente hay y para actuar, o dejar de hacerlo, en consecuencia. Esto se traduce en una mayor capacidad para manejar la vida: para tomar decisiones más firmes y claras. Nos permite, a ti y a mí, actuar de tal forma que nos ayude a lograr nuestras metas y aspiraciones, en vez de sabotearlas. He sido testigo de cómo el proccso de liberación de las emociones se convierte en una capacidad para tener más dinero, mejores relaciones, una salud y un bienestar físicos más radiantes, y la capacidad de ser felices, de estar tranquilos y equilibrados, sea lo que sea lo que nos rodee.

Suena bien, ¿verdad? Así lo creía yo ya en 1976, cuando conocí a Lester Levenson, el hombre que inspiró la creación del Método Sedona y que, además, se iba a convertir en mi mentor. Por aquel entonces, yo era un buscador ávido, aunque confundido, que había asistido a numerosos seminarios dirigidos por maestros de Oriente y Occidente. Había estudiado diversas disciplinas centradas en el cuerpo, entre ellas yoga, taichí y *shiatsu*. Había participado activamente en muchos cursos de crecimiento personal, incluidos EST, Actualism, seminarios Theta y Rebirthing.* En estos seminarios tuve muchas experiencias agradables y escuché y comprendí, al menos intelectualmente, muchas ideas útiles. Sin embargo, me sentía incompleto. Añoraba una respuesta sencilla y contundente a algunas preguntas de importancia pero desconcertantes, como: «¿Qué finalidad tiene mi vida?», «¿Qué es la verdad?», «¿Quién soy?» y «¿Cómo me puedo sentir tranquilo y

---

* N. del T.: Diversos sistemas y técnicas de autoayuda y desarrollo personal, bien conocidos en el mundo anglosajón.

en paz con mi vida?». Mucho de lo que oía y experimentaba no hacía sino que me formulara más preguntas. Nadie parecía tener respuestas realmente satisfactorias ni haber descubierto de verdad su auténtica naturaleza. Existía, además, una creencia fuerte, casi universal, de que el crecimiento era algo duro y que exigía bloquear el espíritu para revivir cuestiones dolorosas y no resueltas. Todo esto cambió durante mi primer y afortunado encuentro con aquel hombre excepcional.

El encuentro con Lester Levenson

Conocí a Lester en un seminario dirigido por un conocido conferenciante y al que Lester asistía como invitado. Aquel día, un grupo de nosotros salimos a comer juntos. La presencia de Lester de inmediato me impresionó como algo único. Estaba en completa paz y equilibrio mental, a gusto consigo mismo. Era una persona sencilla con la que resultaba fácil hablar y que trataba a todos como sus amigos, incluso a mí, que era un completo desconocido. Era evidente que había concluido su búsqueda y que había descubierto las respuestas que yo andaba buscando. Supe que debía averiguar más cosas.

Cuando le pregunté qué hacía, me invitó a un seminario que se iba a celebrar el siguiente fin de semana. Lo único que me dijo fue que «un grupo de personas se va a sentar alrededor de una mesa para liberarse». No estaba yo seguro de qué significaba *liberarse*, pero sabía que, si al menos me podía situar en dirección de las cualidades que Lester encarnaba, lo deseaba sin duda alguna. Hice un acto de fe y me apunté en aquel mismo momento.

Ese fin de semana me encontraba prácticamente en la misma situación en que tú te encuentras ahora. Iba a embarcarme en un viaje que me producía cierta inquietud. No estaba del todo seguro de qué era aquello en que me iba a ver envuelto y, como había asistido ya a tantos seminarios, también albergaba un sano grado de escepticismo. Vi que me preguntaba: «¡Por Dios! ¿Va a ser una decepción más?». Sin embargo, a medida que avanzaba el seminario veía cómo muchas otras personas de la clase y yo nos despojábamos de creencias y limitaciones profundamente arraigadas con una facilidad y una rapidez sorprendentes, pero sin tener que revivir ni explicar la historia de nuestras vidas.

Prácticamente al día siguiente, supe que había encontrado lo que andaba buscando. De hecho, allá en lo más profundo, sabía que este proceso de liberación era aquello para lo que había nacido y debía compartir con el mundo, y hasta hoy nunca he vacilado. En los últimos veintiséis años, he visto cómo miles de personas cambiaban su vida para mejor, de forma radical pero sin estridencias, tan solo aprendiendo una técnica de una sencillez elegante pero de gran poder.

Los orígenes del Método Sedona

Mientras mi amistad con Lester se desarrollaba, descubrí más cosas acerca de él que confirmaron mis primeras impresiones. Era una persona que había dominado el mayor reto de la vida. En 1952, a sus cuarenta y dos años, Lester, físico y gran emprendedor, estaba en la cima del éxito mundano, pero era un hombre infeliz y de muy mala salud. Tenía muchos problemas físicos y psicológicos, entre ellos depresión, hígado inflamado, cálculos renales, arranques de ira, hiperacidez y unas úlceras que le habían perforado el estómago, con las correspondientes lesiones. Tan mal estaba que, después de su segunda trombosis coronaria, los médicos lo enviaron a su ático, al sur de Central Park, en Nueva York, para que pudiera morir en paz.

Lester era una persona a la que le encantaban los retos. De modo que, en vez de renunciar, decidió regresar al laboratorio que llevaba en su interior para hallar algunas respuestas. Gracias a esta determinación y a su concentración, pudo abrirse paso entre su mente consciente para dar con lo que necesitaba. Lo que encontró fue la herramienta definitiva para el crecimiento personal: una forma de liberarse de todas las limitaciones interiores. Estaba tan ilusionado con su descubrimiento que lo utilizó de forma intensiva durante tres meses. Al final de ese período, su cuerpo recobró por completo la salud. Además, entró en un estado de profunda paz que nunca lo abandonó, hasta el día de su muerte, el 18 de enero de 1994.

Lo que Lester descubrió de primera mano es que todos somos seres ilimitados y que solo nos limitan las ideas restrictivas que albergamos en nuestra mente. Estas ideas de limitación no son verdaderas; además, precisamente porque no son ciertas, se pueden soltar o descargar. La experiencia de Lester le hizo comprender que no solo él podía practicar esta técnica, sino que podía enseñar a los demás cómo hacerla. El resultado fue que empezó a aplicarla, tanto en grupos pequeños como de forma individual.

Lester creía firmemente que el crecimiento personal no depende de ninguna fuente externa, ni siquiera de un maestro, y no quiso ser el gurú de nadie. Pero, como a su lado la gente se sentía en un estado tan elevado, pese a sus protestas e intentos por evitar que así ocurriera, muchos alumnos insistían en considerarlo su gurú. Así, en 1973, se dio cuenta de que era necesario formalizar sus enseñanzas en un sistema que otros pudieran enseñar, dejándolo a él al margen. Ideó un modo de transformar sus poderosas técnicas para el desarrollo personal en un sistema de aplicación práctica, un sistema que hoy se denomina Método Sedona, y que es el tema de este libro.

Cómo ha influido en mi vida la liberación

Desde el principio, sentí que mi relación con Lester era como la de unos buenos amigos. Me vi atraído por él y sus enseñanzas tan de inmediato que enseguida seguí los tres cursos que ofrecía: el curso básico en noviembre, el curso avanzado en enero y la formación de instructores en febrero. Tenía prisa por aprender lo máximo que pudiera. Además, empecé a trabajar con él para compartir sus enseñanzas con el mundo.

Trabajar con Lester me permitió pasar más tiempo con él, observarlo en acción y ver cómo abordaba los inevitables retos de la vida. Estaba muy impresionado. Una forma de relacionarnos era sentarnos en una cafetería y hablar largo y tendido. Él siempre disfrutaba de sentarse a charlar ante una taza de café, siempre, casi hasta su muerte. Solía afirmar: «Mi despacho son mi portafolios y el lugar más cercano donde tomar un buen café». Nuestras reuniones siempre fueron un tanto cómicas, y a veces me frustraban, porque yo pensaba que era importante hablar de la verdad, mientras que Lester dirigía la conversación hacia temas mucho más mundanos. Sin embargo, siempre que estábamos juntos, ahondaba en mi comprensión y mi experiencia directa de la verdad, aun cuando no habláramos de ella. Lester era un ejemplo vivo, y no una persona que pontificara. Esto me ayudó a descubrir la oportunidad de liberarme y experimentar una mayor libertad en todo momento, y esta práctica la sigo hasta ahora.

Me comprometí tanto que incluso empecé a organizar, en la sala de estar de mi apartamento de Upper Side End, grupos de apoyo para quienes utilizaran el Método Sedona. Pero no tardé mucho en darme cuenta de que necesitaba madurar y crecer personalmente antes de poder ser de alguna utilidad para Lester y su organización en ciernes. Decidí ayudarlo como voluntario y participante activo, no como empleado, mientras seguía explorando de diferentes formas de qué manera afectaba la liberación a mi vida cotidiana.

Al cabo de poco tiempo, abrí un negocio de venta de joyería. El éxito de esta empresa me brindó la oportunidad de trabajar a tiempo parcial, mientras analizaba mi vida y mi liberación a jornada completa. Seguí con el negocio y mi participación más informal con Lester más o menos hasta 1981. Al trabajar con el Método en mis negocios y en mi vida personal, me iba convenciendo cada vez más de que había encontrado una técnica que podría ayudar a cualquiera. A finales de los años setenta, Lester se trasladó a Arizona. Excepto a través de sus enseñanzas, mi contacto con él en aquella época fue ocasional, pero seguía influyendo en mí profundamente.

Luego, en 1981, me invitaron a acudir a Phoenix a participar de nuevo en una Formación de Instructores. Aquel seminario inició una nueva fase en nuestras relaciones. Además, renovó mi deseo de trabajar junto a Lester para compartir el Método con el mundo. Empecé a dirigir talleres para graduados en el Método Sedona de forma regular en Nueva York, y volaba a Arizona varias veces al año para recibir mayor formación y participar en retiros de una semana o más, que llamábamos intensivos. El hecho de dirigir talleres y de participar en las formaciones y los intensivos aumentó en gran medida el uso que yo hacía del Método. Observé grandes resultados en mí y en los amigos que también participaban.

En esa misma época, decidí participar de manera más activa, a tiempo completo, en el mundo de los negocios. Trabajé durante una breve temporada en el negocio de venta de inmuebles industriales de mi padre en Nueva York y sus alrededores, pero no veía que fuera ese mi trabajo. Luego entré en una empresa de venta de pisos y apartamentos en régimen de cooperativa. Pronto pude utilizar el Método para apoyar mi capacidad como vendedor, y me convertí en uno de los mejores vendedores de la empresa. Durante una temporada disfruté con todo aquello, pero luego tuve oportunidad de colaborar con mi hermano en la creación de un departamento de inversiones en la empresa inmobiliaria de mi padre. Afortunadamente pasé a vender edificios de oficinas, centros comerciales y otras inversiones inmobiliarias.

Por primera vez en nuestras vidas, mi hermano y yo nos hicimos amigos. Pude librarme de la vieja carga que había arrastrado en nuestras relaciones anteriores, y nos convertimos en un equipo empresarial estupendo. Sin embargo, se nos planteaba el problema recurrente de iniciar muchos más acuerdos de los que en realidad podíamos cerrar. Entonces, cuando menos me lo esperaba, Lester me llamó para preguntarme cómo me iban las cosas. Le expliqué lo que ocurría. Dijo una frase que dio un completo vuelco a nuestras cotizaciones de cierre y al resto de mi carrera empresarial. Dijo simplemente: «Deja las cuentas al banco; no las lleves en la cabeza». Sin decirme nada más al respecto, había dado con una tendencia mía y de muchas personas que se dedican a vender, que es la de «llevar las cuentas en la cabeza». Estaba tan ocupado pensando en lo magnífico que iba a ser cerrar cada acuerdo, que en realidad olvidaba cerrarlos. En cuanto empecé a liberarme en vez de fantasear, fuimos cerrando muchísimas más ventas.

Otra lección importante sobre la liberación la aprendí cuando recibí una relación de cotizaciones de nueve centros comerciales en venta de quien popularmente se conocía, en el ámbito industrial, como un corredor de bolsa Xerox. Un corredor Xerox[*] es alguien que consigue por escrito de otros corredores y mandantes relaciones de propiedades en venta y sus cotizaciones; luego las copia y las envía a otros corredores y mandantes sin preocuparse siquiera de comprobar los hechos ni de ponerse en contacto con el auténtico propietario o el agente.

Mandé una copia del listado a uno de mis mejores clientes, y enseguida me contestó con una oferta casi inmejorable. Evidentemente, estaba encantado, de manera que agarré el teléfono para llamar a la persona que pensaba que era el mandante, y descubrí entonces que la relación provenía de un corredor Xerox y que no había forma de ponerse en contacto con el auténtico propietario.

Angustiado, me di cuenta de que no podía hacer otra cosa más que liberarme. Y así lo hice. Dejé la mente en blanco y liberé todos mis sentimientos relacionados con el caso, hasta que llegué al punto en que no me importaba si cerraba o no el trato. La siguiente llamada telefónica en nuestro despacho fue del auténtico dueño de los centros comerciales, que respondía a un anuncio en que se buscaban propiedades y que casualmente había estado apareciendo en el *Wall Street Journal*. Cuando nos ofreció las cotizaciones de aquellas mismas propiedades, casi me desmayo.

Es solo uno de los muchos casos que me han llevado a comprender la verdad de unas palabras que repetidamente había oído a Lester: «Hasta lo imposible se hace completamente posible cuando estás totalmente liberado de ello».

También me acostumbré a usar el Método al cerrar acuerdos, a veces cuando las personas estaban negociando contratos de millones de dólares e intentaban engañarme o engañarse entre ellas

---

[*] N. del T.: El autor se refiere al *copy trading* (Xerox es una famosa marca de fotocopiadoras; *copy* es 'copia' o 'fotocopia'). Esta modalidad consiste en un sistema automatizado por el cual el inversor replica de manera automática las operaciones que realiza otro inversor. Ofrece la posibilidad de poder operar en los mercados financieros aunque no se tengan conocimientos ni la experiencia necesaria.

inventándose toda una nueva historia sobre lo que habíamos acordado, en vez de limitarse a firmar los papeles e intercambiar los cheques. Eran situaciones tensas, porque había mucho dinero en juego. Sin embargo, como me estaba liberando, sabía cuándo debía callar, algo muy difícil para un corredor. También sabía cuándo debía reivindicar lo que era correcto. Las recompensas económicas superaron mis expectativas.

Hacia principios de 1987, había ahorrado dinero suficiente para trasladarme a Arizona y unirme de nuevo a Lester para ayudarlo a compartir con el mundo su magnífica técnica. Para gran consternación de mi hermano y de mi padre, me trasladé a Phoenix y me convertí en voluntario a tiempo completo de la organización sin ánimo de lucro de Lester, el Instituto Sedona, haciendo todo lo necesario para difundir sus ideas. Pasé la mayor parte de los últimos años de la vida de Lester trabajando estrechamente con él en su misión, casi sin ninguna compensación económica. La razón de que no me importara trabajar gratis era que veía el bien que podía hacer y cuánto me estaba mejorando a mí mismo como persona.

En 1989, Lester me pidió que me trasladara al Instituto Sedona para ayudarlo a vender algunos de los inmuebles de la organización a graduados para recaudar dinero. Fue entonces cuando conocí a mi esposa, Amy. La vi en una clase de kárate y enseguida me di cuenta de lo que significaba para mí, así que al día siguiente le pregunté si quería salir conmigo. Pero por entonces ella salía con otro hombre, y me pidió mi tarjeta por si cambiaba su situación. Unos pocos meses después, me llamó por teléfono y quedamos para salir. Era un miércoles. El sábado siguiente, Amy estaba participando en el curso del Método Sedona.

Hoy, Amy y yo mantenemos una relación hermosa y de cariño, pero no siempre fue así. Al principio las cosas fueron difíciles. Honradamente, cuando nos conocimos a ella le interesaban otros hombres, así que tuve que hacer mucho ejercicio de liberación para que al final me escogiera a mí. Una vez casados, aún teníamos nuestros desacuerdos, algo que, por supuesto, sigue ocurriendo, como es natural. Pero ambos utilizamos el Método Sedona, y cuando hay algo que produce algún trastorno, dejamos que pase. En mi opinión, nuestra relación tiene la poco común particularidad de que no deja de mejorar y de que cada día nos queremos más.

A principios de los años noventa, mi relación con Lester había logrado tal grado de confianza y respeto mutuo que decidió poner a mi nombre los derechos de autor de sus enseñanzas y me pidió que continuara su obra. Mantuve la organización que él había creado hasta dos años después de su muerte. Entonces, en 1996, pensé que a Amy y a mí nos interesaba más montar una nueva empresa, Sedona Training Associates, para transmitir el Método al mundo con mayor extensión.

Una de las cosas que más me impresionan de la liberación es que se ha convertido en una sensación de paz, felicidad, alegría y sosiego inmutables que siempre está conmigo, pase lo que pase a mi alrededor. No es que no siga habiendo altibajos, pero, como solía decir Lester, así es realmente el «método del arriba abajo». Sé por experiencia propia que lo que pensábamos que era una experiencia limitadora, o algo realmente terrible, hoy es algo normal, y esos límites no hacen sino situarse cada vez en niveles superiores. No tengo ni idea de lo «alto» que van a llegar, y espero con ansia poder averiguarlo.

Lo bueno es que el bien que he experimentado con el uso del Método no es algo singular. Personas de todo el mundo han sabido conseguir el mismo tipo de resultados espectaculares en su vida. Hace años, se realizó un estudio de la eficacia del Método Sedona con una agencia de seguros llamada Mutual, de Nueva York. Se formó en el Método a una serie de corredores de seguros y se compararon sus ventas con un grupo de control lo más similar posible durante seis meses. En ese tiempo, el grupo que había aprendido el Método superó al de control en un treinta y tres por ciento. Además, el estudio se dividió en dos períodos de tres meses, y el resultado en el segundo trimestre fue mejor que en el primero. La eficacia del Método aumentó con el tiempo.

Cómo usar este libro

En este libro, irás descubriendo el Método Sedona, una técnica que puedes utilizar a diario durante el resto de tu vida. A medida que vayas soltando toda la carga emocional que se ha interpuesto en el camino que te llevaría a hacer lo que sabes que debes hacer, y que deseas hacer, verás que vas logrando mayores éxitos en todo lo que hagas. El libro no te va a proporcionar toda una nueva lista de «deberías» y «no deberías» ni de nuevas conductas que «debes» intentar poner en práctica en tu vida. Ya nos imponemos demasiados «debería». Al contrario, aprenderás a cambiar de dentro hacia fuera. Cuando cambias de dentro hacia fuera, los cambios son permanentes.

Además, cuando pruebes este sencillo sistema en tu vida, no dejarás de descubrir más formas de aplicarlo. Todas las ideas que puedas sacar de la lectura de este libro y de trabajar con el Método no son más que la punta del iceberg. Esta sencilla técnica puede afectar a todos los aspectos de tu vida, porque parte del hecho de que ya somos seres ilimitados. Si piensas en tu vida pasada, probablemente verás instantáneas de este estado ilimitado, que nos es natural. Seguramente también verás épocas en que te sentías como si estuvieras en un estado de fluidez, momentos en que parecía que todo tenía éxito y funcionaba sin esfuerzo alguno por tu parte. Con el uso del Método Sedona, es posible que, a partir de ahora, experimentes ese estado de fluidez como parte de tu vida diaria.

No sé qué tipo de lector eres. Tal vez seas de los que participan de lleno en lo que leen, o quizá te limites a recoger ideas útiles a las que más tarde puedas recurrir. Te recomiendo que participes plenamente y hagas todos los ejercicios que se proponen en el libro. La experiencia me dice que la única forma de aprender efectivamente a liberarse es haciéndolo uno mismo. La experiencia directa. La lectura de estas páginas no dejará de proporcionarte beneficios adicionales, ya que así es como vas a aprender a integrar la habilidad práctica de aprovechar tu capacidad natural para liberarte de las limitaciones.

El libro está dividido en dos partes. En la primera parte exploramos los conceptos básicos del proceso de liberación y las motivaciones ocultas de la limitación interna. Se presentan las diferentes técnicas que pueden ayudarte a avanzar por el camino de la libertad, por ejemplo diferentes maneras de abordar la resistencia, de estar «presente», de resolver tus sentimientos sobre conflictos pasados, de lograr tus metas, y de equilibrar los aspectos positivos y negativos de las situaciones emocionales. En la segunda parte analizamos algunas de las áreas concretas de tu vida en las que el Método Sedona puede producir un efecto sólido y positivo. En ello se incluye saber liberarse de la culpa, la vergüenza, el miedo y la ansiedad; desterrar malos hábitos; acumular riqueza; dirigir un negocio; mejorar las relaciones; desarrollar una salud magnífica y contribuir a la creación de un mundo de paz y armonía.

Te pido que trabajes con el material siguiendo un orden. Cada capítulo construye unos sólidos cimientos para los que le siguen. No aprenderás todo lo que este libro te puede enseñar mientras no hayas trabajado los capítulos en orden y hayas hecho todo lo posible por aplicar lo que vas aprendiendo a tu vida diaria. Procura estar lo más receptivo que puedas a lo que se dice en él y considéralo una oportunidad para cambiar tu conciencia y tu vida.

Si quieres llegar aún más lejos cuando acabes el libro, Sedona Training Associates ofrece una versión en audio de este curso (en inglés), además de seminarios en muchas de las principales ciudades de Estados Unidos y el resto del mundo.

No te creas cualquier cosa que te diga

Por favor, no te creas nada de este libro a menos que te lo puedas demostrar a ti mismo. El hecho de que algo se diga por escrito no lo convierte en verdadero. Existe la tendencia, en especial ante cualquier tipo de autoridad, de aceptar sin más lo que se dice sobre rumores u opiniones. Lester estaba convencido de que debemos evitar esta actitud con nuestros maestros. En su lugar, tenemos que estar abiertos al mensaje del maestro como un experimento que va creciendo. Solo debemos aceptar lo que nos enseñe cuando podamos verificarlo con nuestra propia experiencia directa. Lester llamaba a este proceso «tomarlo para comprobarlo».

Te aconsejo que tomes todo lo que te encuentres en este libro y lo compruebes. Ábrete tanto como puedas al mensaje, pero sin aceptarlo a ciegas. El material tendrá mucho más valor para ti cuando lo hayas analizado y aplicado, o comprobado, en situaciones de la vida real.

Es posible que las ideas del Método Sedona parezcan contradecir lo que has aprendido de otros métodos y modalidades. Pero no es necesario olvidarse de otras cosas que hayas aprendido. Simplemente déjalas de lado, lo mejor que puedas, mientras exploras este libro. Te aconsejo encarecidamente que evites las comparaciones y los juicios, aunque sea de momento. Cuando hayas tenido tiempo de sacar tus propias conclusiones, puedes volver a comparar este material con todo lo que hayas aprendido anteriormente y ver dónde encaja. Normalmente, las personas consideran que la liberación es un excelente complemento para otras técnicas y terapias que ya han utilizado.

Cuando se comparan diferentes vías o formas de crecimiento, es inevitable la contradicción. Esto no invalida necesariamente los distintos puntos de vista. En lo que al descubrimiento de ti mismo se refiere, si sabes contemplar varias posibilidades, te encontrarás con que comprendes y aplicas con mayor profundidad, sinceridad y utilidad las ideas que sacas. Muchos son los rayos que llevan a un único sol.

Es una cuestión de resonancia

En mi opinión, todas las cosas del mundo tienen su vibración, o resonancia, incluidos tú y toda la gente que conoces. ¿Te has fijado alguna vez en que algunas personas tienden a animarte cuando estás con ellas, mientras que otras parece que tiendan a deprimirte, y que muchas veces no es necesario que digan ni hagan nada para producir tal efecto? A medida que nos liberamos y crecemos en nuestro conocimiento, nuestra resonancia, o frecuencia, tiende a subir. Pero no es una simple cuestión de «más alto» o «más bajo». Todos nos relacionamos mejor con unas personas que con otras, aunque estén en el mismo nivel de vibración que nosotros. Evidentemente, lo mismo se puede decir de los maestros y las ideas.

Al leer *El Método Sedona*, es posible que te des cuenta de que vibras de forma intensa con ciertos capítulos, mientras que otros te dejan un tanto confundido o indiferente. Las diversas partes de este libro tendrán para ti un valor diferente en ocasiones distintas. Con el tiempo, a medida que trabajes con la liberación, otras partes sobresaldrán más de lo que lo hicieron al principio. La razón es que habrás cambiado y te habrás preparado para ver las cosas desde una perspectiva nueva. Cuando esto ocurra, permítete celebrar el cambio y fija tus pensamientos en consecuencia.

Adopta una actitud moderada y lúdica

Ante todo, cuida de ti al emprender el proceso de este libro. Sé tu mejor amigo y ayudante, y no un sargento ni un tirano. Transfórmate con la experiencia de la alegría. Pronto realizarás muchos descubrimientos interesantes e inspiradores sobre cómo te has estado limitando. Entonces, cuando esas limitaciones disminuyan una tras otra, te sentirás más ligero, más feliz, más relajado y más cómodo.

El Método Sedona nos recuerda lo que nuestro espíritu ya reconoce de forma intuitiva. Podemos poseer la libertad y la felicidad ahora. No tenemos por qué esperar a que lleguen algún día lejano, cuando hayamos trabajado lo suficiente para merecerlas o cuando hayamos conseguido prepararnos de algún modo. Tenemos razones para estar alegres, y para disfrutarlo, ahora.

Primera parte

Curso del Método Sedona

La primera parte recoge la mayoría del material que normalmente abarcan las versiones en audio o en directo del curso básico del Método Sedona. También incluye material de los cursos avanzados y otro completamente nuevo, de manera que puedes tomar todas estas herramientas, darle un giro a tu vida y mantenerla en el nuevo camino a partir de ahora. Son unas técnicas extremadamente sencillas —como pronto verás—, pero también tienen una fuerza mucho mayor de lo que en esta fase puedes imaginar. Sin embargo, a medida que sigas aplicando estas técnicas y estos principios a tu vida, su facilidad y su fuerza crecerán en ti de forma exponencial.

Al cabo de más de cuatro décadas de haber aprendido por primera vez este proceso, sigo viéndolo todos los días con una sorpresa renovada en mis ojos. Cuando contemplo de qué manera tan fácil podemos introducir cambios positivos en nuestras vidas, siempre me siento maravillado y agradecido de haber tenido la oportunidad de compartir con el mundo este proceso tan exquisitamente poderoso.

1

Más allá del ciclo represión-expresión

os cambios rápidos y positivos que se produjeron en la vida de Joe tan pronto como empezó a usar el Método Sedona son un ejemplo perfecto de lo que nos puede ocurrir a todos. Se desvanecen problemas persistentes, surgen posibilidades nuevas y apasionantes, y las serendipias suavizan el fluir de los acontecimientos. Cuando Joe descubrió el Método, se encontraba en un momento difícil, tanto en lo personal como en lo profesional. Un año y medio antes, había tenido un accidente aéreo que lo había dejado atado a una silla de ruedas siete meses, su empresa quería obligarlo a que dejara el empleo y él y su mujer, de la que estaba separado, llevaban tres años metidos en intrincados asuntos legales para negociar un acuerdo de divorcio. En pocas semanas, todo dio un giro de ciento ochenta grados. Primero, la exmujer de Joe accedió a acudir a la mediación, con la que llegaron a un acuerdo amistoso. Luego, casualmente se encontró en un baile benéfico con el presidente de la empresa a la que estaba demandando por despido improcedente. El presidente no se había enterado hasta ese momento del cese de Joe, y el lunes siguiente el abogado de este lo llamó para comunicarle la noticia de un acuerdo favorable mucho mejor que la oferta original.

Y más aún, Joe decidió ir a pasar un largo fin de semana a una isla cálida y paradisíaca para celebrar su buena suerte. Mientras estaba sentado leyendo un libro en la playa de Nassau, empezó a hablar de cosas intrascendentes con una mujer que luego resultó ser el amor de su vida. No pensaba en cita alguna, porque tenía que tomar el avión de regreso a casa en un par de horas. Pero Jean le resultaba familiar, y cuando le dijo a Joe que también vivía en Toronto, él le preguntó:

—No quisiera averiguarte la vida, pero ¿vives en tal y tal sitio?

—Sí —respondió ella.

—Tiene gracia —dijo Joe—. Ahí está la consulta de mi terapeuta. Tengo que haberte visto en el metro. ¿Vas también al centro?

—Sí, una o dos veces a la semana —replicó Jean.

—Yo trabajo en el centro de Toronto —dijo Joe—, en Scotia Plaza, planta cincuenta y tres.

—¡Vaya! Yo trabajo en la treinta.

Pasó una hora. Cuando Joe se levantó para irse, se intercambiaron sus números de teléfono, y en dos semanas ni uno ni otra pensaron en lo sucedido, hasta que a él se le cayó de la libreta aquel trocito de papel y se acordó. La llamó y congeniaron increíblemente bien. Pronto se enamoraron, y Joe le pidió a Jean que se casara con él.

Cuanto más aplicaba Joe el Método Sedona, más deprisa avanzaba su carrera como ejecutivo en la banca de inversión y más alto iba volando. Sus ingresos aumentaron exponencialmente. En su caso, y en lo que al dinero se refiere, el Método ha sido algo increíble. Además, Joe siguió utilizándolo para liberarse de las preocupaciones sobre su estado físico; en el accidente aéreo se había fracturado treinta y dos huesos, incluidos los huesos de su pierna izquierda, la rótula de la derecha, la mano y el cráneo. Aunque los médicos le habían dicho que nunca volvería a andar bien, hoy lo hace a la perfección y prácticamente sin dolor alguno. Joe emplea las mismas técnicas del Método Sedona que descubrirás en este libro, mañana y noche, y a lo largo de todo el día. El resultado es que es una persona feliz y de éxito, la vida le resulta divertida y fluye tranquilamente de un acontecimiento a otro. Como él mismo dice: «Me siento bienaventurado. El Método Sedona hace que las grandes cuestiones se conviertan en pequeñas».

La vida tal como la conocemos

La armonía y la felicidad sin reservas son algo natural en todos y cada uno de nosotros; sin embargo, así parece un día de trabajo típico y así lo sienten muchas personas: nos despertamos, nos arrastramos hasta salir de la cama y, antes incluso de llegar al cuarto de baño, empezamos a preocuparnos y programar lo que va a ocurrir en el día que nos espera. Ya gastamos la poca energía que hayamos podido almacenar con el sueño, si tenemos la suerte de haber podido dormir. Después, muchos nos desplazamos hasta el trabajo, lo cual nos añade más estrés debido al tráfico, o la multitud de gente que corre hacia su trabajo también, o simplemente por la frustración que nos produce el tiempo que «perdemos». Cuando llegamos, no nos hace ninguna ilusión estar allí, y nos aterran las cosas que debemos hacer. A trancas y barrancas va pasando el día, y esperamos que llegue la hora de comer o el final de la jornada. Tenemos diversas interacciones con los compañeros de trabajo, algunas satisfactorias y muchas no tanto. Como pensamos que poco se puede hacer con lo que ocurre o el sentimiento que nos produce, normalmente nos limitamos a ocultar nuestras emociones y a esperar que el día pase lo más deprisa posible.

Cuando acaba la jornada, nos sentimos agotados de haber estado reprimiendo nuestros sentimientos. Tal vez nos dirijamos a disgusto hasta el bar de la esquina para pasar un rato con los amigos, comer, beber y ver las noticias de la televisión —una capa más de estrés—, confiando en que nuestros sentimientos van a desaparecer. Aunque es posible que después nos sintamos un poco mejor, la realidad es que los sentimientos no han hecho más que esconderse. Somos como ollas a presión humanas con los cierres abiertos, y nos cuesta muchísima energía impedir que salte la tapadera. Cuando por fin llegamos a casa para reunirnos con nuestro cónyuge y nuestros hijos, y ellos quieren hablarnos del día que han tenido, ya no nos quedan fuerzas para escuchar.

Podemos intentar poner buena cara, hasta que cosas sin importancia nos hacen perder los nervios. Al final, la familia se distribuye ante el televisor, hasta que llega la hora de irse a la cama. A la mañana siguiente, nos levantamos e iniciamos toda la película de nuevo.

Un poco deprimente, ¿no? Pero ¿no nos resulta familiar?

Tal vez tu caso sea un poco distinto; ojalá sea mejor que el dibujado. Quizá seas un padre o una madre que se queda en casa con los pequeños. Quizá un empresario independiente que se ocupa de la mayor parte de los asuntos del día por teléfono o por Internet. Pero, pese a todo, la tendencia probablemente sea similar. Parece que los surcos por los que solemos discurrir se van haciendo más profundos con el tiempo, hasta que tenemos la sensación de que no hay escapatoria.

Pues bien, no tiene por qué ser así. Existe una escapatoria.

Soltar

Una de las muchas maneras que tenemos de generar desencanto, infelicidad y juicios equivocados es aferrándonos a pensamientos y sentimientos que nos limitan. No es que el «aferrarse» sea inadecuado en sí mismo. Es algo perfectamente apropiado en muchas situaciones. Por ejemplo, ni se me ocurriría aconsejarte que no te aferraras al volante del coche que vas conduciendo o a la escalera por la que subes. Evidentemente, las consecuencias serían nefastas. Pero ¿te has aferrado alguna vez a un punto de vista que no te convenía? ¿Te has aferrado a una emoción pese a que no pudieras hacer nada para satisfacerla, enderezarla o cambiar la situación que parecía provocarla? ¿Te has aferrado a la tensión o la ansiedad una vez pasado ya el hecho inicial que las produjo? Esta es la forma de aferrarse que analizaremos en este libro.

¿Qué es lo contrario de aferrarse? Pues «soltarse», por supuesto. Tanto el aferrarse como el soltarse forman parte del proceso natural de la vida. Esta idea fundamental es la base del Método Sedona. Quienquiera que seas, si estás leyendo estas palabras, te puedo asegurar que ya has experimentado a menudo el soltarse, muchas veces sin ser consciente de que así ocurría e incluso sin que se te enseñara el Método. Soltar, o liberar, es una capacidad natural con la que todos nacemos, pero cuyo uso se nos va condicionando a medida que nos hacemos mayores. Donde la mayoría nos quedamos estancados es en el hecho de que no sabemos cuándo corresponde soltarse y cuándo aferrarse. Y muchos optamos erróneamente por lo segundo, a menudo en nuestro propio detrimento.

Hay unos pocos sinónimos de *aferrarse* y *soltarse* que probablemente esclarecerán bastante este punto: *cerrar* y *abrir*, por ejemplo. Cuando lanzamos una pelota, hay que mantener la mano cerrada a su alrededor durante buena parte del movimiento que hace el brazo. Pero si no abrimos la mano y soltamos la pelota en el momento preciso, esta no llegará a donde queríamos que fuera. Hasta podríamos hacernos daño.

> «Para mí, uno de los mayores beneficios hasta ahora es la experiencia de no tener que dedicar tanto tiempo a "pensamientos" innecesarios sobre determinadas emociones destructivas. Sé liberarlas. La energía que antes empleaba en el enfado, el miedo y la envidia se puede usar muy bien en los exigentes proyectos que ya me he planteado como profesional y en mi familia».
>
> **—Per Heiberg**, Noruega

Otros sinónimos son *contracción* y *expansión*. Para poder respirar, contraemos los pulmones para obligar a que el aire usado salga y luego los expandimos, para llenarlos de nuevo. No nos podemos limitar a inspirar; para completar el proceso respiratorio también tenemos que espirar. *Tensar* y *relajar* los músculos es otro ejemplo. Si no pudiéramos hacer ambas cosas, nuestros músculos no funcionarían correctamente, ya que muchos de ellos lo hacen en pares opuestos.

Es interesante señalar el componente emocional del aferrarse y el soltarse, y el grado en que nuestros sentimientos afectan a nuestro cuerpo. ¿Has observado que cuando uno está disgustado, muchas veces aguanta la respiración? En el proceso de respirar, si uno se aferra a emociones no resueltas, se puede inhibir tanto la inspiración como la espiración. La mayoría de nosotros también mantenemos una tensión residual en los músculos, que nunca nos deja relajarnos por completo. Una vez más, son las emociones no resueltas o reprimidas lo que constituye la base de esta restricción.

Pero ¿por qué nos estancamos? Cuando reprimimos nuestras emociones, en vez de permitirnos experimentar plenamente nuestros sentimientos en el momento en que aparecen, aquellas persisten y nos incomodan. Al evitar nuestras emociones, impedimos que fluyan a través de nosotros, transformándose o disolviéndose, y esto no parece bueno.

Represión y expresión

¿Has visto alguna vez a un niño pequeño caerse y luego mirar a su alrededor para ver si hay razón para sentirse apenado? Cuando los niños creen que nadie los mira, en un instante se sueltan, se sacuden el polvo y actúan como si nada hubiera ocurrido. El mismo niño, en una situación similar, al ver la oportunidad de atraer la atención, puede romper a llorar y correr a los brazos de su padre. ¿O has visto alguna vez a un niño enfurecerse con un compañero o con sus padres, e incluso decir algo como «te odio y no te hablaré nunca más», y luego, al cabo de pocos minutos, sentarse y comportarse como si no hubiese pasado nada?

La mayoría de nosotros perdimos esta capacidad natural de liberar nuestras emociones porque, aunque de niños lo hacíamos de forma automática y sin control consciente, nuestros padres, maestros, amigos y la sociedad en su conjunto nos enseñaron a reprimirnos a medida que íbamos creciendo. Cada vez que se nos decía «no», que nos comportáramos, que nos sentáramos en silencio, que dejáramos de avergonzarnos, que «los chicos no lloran» o que «las chicas no se enfadan» y que maduráramos y fuéramos responsables, aprendíamos a reprimir nuestras emociones. Además, se nos consideraba adultos cuando llegábamos al punto de saber reprimir nuestra euforia natural para la vida y todos los sentimientos que los demás nos hicieron creer que eran inaceptables. Nos hicimos más responsables ante las expectativas de los demás, y no ante las necesidades de nuestro propio bienestar emocional.

Hay un chiste que ilustra este punto: en los dos primeros años de vida del niño, todos los que lo rodean intentan que ande y hable, y en los dieciocho años siguientes, todos intentan que se siente y se calle.

Por cierto, nada hay de malo en disciplinar al niño. Este debe saber dónde están los límites para poder funcionar en la vida, y a veces hay que protegerlo de los peligros manifiestos. Ocurre simplemente que los adultos, sin quererlo, pueden pasarse.

Lo que aquí entendemos por «represión» es mantener tapadas nuestras emociones, empujándolas hacia el fondo, negándolas, reprimiéndolas y simulando que no existen. Cualquier emoción que llegue a la conciencia y no se suelta inmediatamente se almacena en una parte de la mente llamada el subconsciente. En gran medida reprimimos nuestras emociones escapando de ellas. Apartamos de ellas la atención lo suficiente como para hacerlas retroceder. Seguramente habrás oído lo de que «el tiempo todo lo cura». Es algo discutible. Para la mayoría de nosotros, lo que realmente significa es: «Dame tiempo suficiente y podré reprimir cualquier cosa».

Te aseguro que hay veces en que la represión puede ser una opción mejor que la expresión, por ejemplo, cuando estás trabajando y tu jefe o compañero de trabajo dicen algo con lo que no estás de acuerdo, pero no es el momento adecuado para hablar del asunto. Lo perjudicial e improductivo es la represión habitual.

Escapamos de nuestras emociones al ver la televisión, cuando vamos al cine, cuando conducimos, cuando consumimos fármacos recetados o no, cuando hacemos deporte y cuando nos entregamos a toda una serie de actividades pensadas para que nos ayuden a alejar la atención de nuestro dolor emocional durante el tiempo suficiente para poder situarlo de nuevo en segundo plano. Estoy seguro de que estarás de acuerdo en que la mayor parte de las actividades de esta lista no son inadecuadas en sí mismas. Ocurre simplemente que tendemos a buscar esas actividades o a tomar esas sustancias en exceso, hasta perder el control. Las utilizamos para compensar nuestra incapacidad de abordar nuestros conflictos emocionales internos. La huida excesiva está tan impuesta en nuestra cultura que ha dado origen a muchas industrias florecientes.

En el momento en que se nos etiqueta como adultos, sabemos reprimirnos tan bien que el hecho de reprimirnos se convierte en una segunda naturaleza la mayor parte del tiempo. Llegamos a saber hacerlo tan bien o mejor que antes, cuando en un principio sabíamos soltarnos. De hecho, hemos reprimido tanta energía emocional que todos somos como pequeñas bombas de relojería. Muchas veces, ni siquiera sabemos que hemos reprimido nuestras auténticas reacciones emocionales hasta que ya es demasiado tarde: nuestro cuerpo da señales de dolencias relacionadas con el estrés, nos encogemos, se nos hace un nudo en el estómago o explotamos y decimos o hacemos algo que luego lamentamos.

La represión es uno de los lados de la oscilación de ese péndulo que es lo que normalmente hacemos con nuestras emociones. El otro lado es la expresión. Si estamos enfadados, gritamos; si estamos tristes, lloramos. Ponemos nuestra emoción en acción. Hemos soltado un poco de vapor de esa olla a presión emocional interior, pero no hemos apagado el fuego. Muchas veces, uno se siente mejor así que con la represión, sobre todo si hemos bloqueado nuestra capacidad de expresión. Solemos sentirnos mejor después; sin embargo, también la expresión tiene sus inconvenientes.

La buena terapia normalmente se basa en ayudar a establecer contacto con nuestras emociones y expresarlas. Y no hay duda de que unas relaciones sanas y duraderas no podrían sobrevivir si no expresáramos con claridad lo que sentimos. Pero ¿qué ocurre cuando nos expresamos de forma inadecuada en situaciones ajenas a la terapia? ¿Qué pasa con los sentimientos de la persona a quien nos dirigimos al expresarnos? La expresión inapropiada a menudo puede llevar a un mayor desacuerdo y conflicto, y a una mutua intensificación de las emociones, cuyo control podemos perder.

Ni la represión ni la expresión representan ningún problema en sí mismas. Simplemente son dos extremos diferentes del mismo espectro que delimita nuestra forma habitual de abordar las emociones. El problema surge cuando vemos que no controlamos si reprimimos o expresamos, y muchas veces nos encontramos haciendo lo contrario de lo que pretendíamos. Es muy frecuente que nos quedemos atrapados en un extremo del espectro o en el otro. Es en esos momentos cuando necesitamos encontrar la libertad para soltarnos o soltar.

La tercera alternativa: liberar

El punto de equilibrio y la alternativa natural a la represión y la expresión inadecuadas es la liberación, o el soltar: lo que llamamos Método Sedona. Es el equivalente a bajar la intensidad del calor y empezar a vaciar de manera segura el contenido de nuestra olla a presión interna. Dado que todo sentimiento reprimido intenta salir a la superficie, liberar no es más que detener momentáneamente la acción interna de mantener cerrados esos sentimientos y dejar que afloren, y ya verás con qué facilidad lo hacen con la fuerza de su propio vapor. Cuando uses el Método Sedona descubrirás que eres capaz de reprimirte o expresarte libremente y en el momento adecuado, y te darás cuenta de que con más frecuencia optarás por el punto de equilibrio, la tercera opción del soltar. Es algo que ya sabes cómo hacer.

Aunque seguramente has llegado a ser un experto en la represión o la expresión, pese a ello, no dejas de soltar. La risa auténtica, por ejemplo, es una de las maneras que tienes de soltarte espontáneamente, y los beneficios de la risa en lo que a la salud y la eliminación del estrés se refiere están bien documentados. Piensa en la última vez que te desternillaste de risa. Tal vez fue con un programa de la televisión o en una conversación con un amigo, cuando de repente algo te sorprendió por lo divertido que era. Sentiste un cosquilleo interior, notaste que te subía una carcajada desde lo más profundo y todo tu cuerpo empezó a dar saltos. Mientras reías, es probable que te sintieras cada vez más ligero por dentro y progresivamente más feliz y relajado, casi cariñoso y eufórico. Es esta también una buena descripción de lo que podrás experimentar a veces cuando utilices el proceso que se expone en este libro. Aunque la mayor parte del tiempo en que vayas soltando no vas a estar riéndote a carcajadas, será frecuente que sonrías y experimentes la misma sensación de alivio interior que produce la risa auténtica.

¿Has perdido alguna vez las llaves o las gafas, has puesto la casa patas arriba, para luego encontrarlas en el bolsillo? Piensa en la última vez que te ocurrió. Seguramente mientras revolvías toda la casa iba aumentando tu tensión, y quizá, si estabas lo bastante desesperado, llegaste a vaciar los cubos de la basura. No dejabas de darle vueltas a la cabeza, pensando dónde podrías haberte dejado las llaves. Y luego, casi cuando ya ibas a rendirte, pusiste la mano en el bolsillo y diste un suspiro de alivio —¡uf!— mientras la tensión y la ansiedad se desvanecían al ver que ya tenías las llaves o las gafas. Después de llamarte todo lo que se le puede llamar a una persona, seguramente tu mente se quedó en calma, se te relajaron los hombros y quizá sentiste que una ola de alivio te recorría todo el cuerpo. Es otro ejemplo de cómo liberas ya en estos momentos.

Al ir perfeccionando el uso que hagas del Método, verás que eres capaz de lograr este punto de comprensión y relajación, incluso en cuestiones que vienen de antiguo y a cuya resolución has dedicado buena parte de tu vida. Descubrirás que las respuestas llevaban mucho tiempo en tu interior.

A veces se produce una liberación espontánea en medio de una discusión. Piensa en alguna ocasión en que discutieras acaloradamente con alguna persona que te importe, cuando ocurrió lo siguiente: estabas obcecado, completamente seguro de tener razón y de que tu postura estaba justificada, y de repente cruzaste la mirada con la de la otra persona, sin pretenderlo miraste en lo más profundo de su ser, conectaste con ella a ese nivel que la convierte en alguien especial para ti por su propia forma de ser. En ese instante, algo se relajó en tu interior y tu postura dejó de parecerte correcta. Quizá llegaste a contemplar el conflicto desde la perspectiva de la otra persona. Tal vez te detuviste un momento para reconsiderar la situación y luego encontraste una solución fácil y beneficiosa para ambos.

Cuando domines las ideas de este libro, aprenderás a ver algo más que tu propio punto de vista, lo cual te liberará de todo tipo de conflictos, incluso de algunos que tal vez hayas olvidado que los tienes.

El proceso de la liberación

Si repasas tu vida, seguramente recordarás muchos casos en que te liberaste. Por lo general, nos liberamos, soltamos o nos soltamos por accidente o cuando nos vemos acorralados, sin otra alternativa. A medida que te centres en despertar de nuevo y fortalecer esta

«En el trabajo, soy más enérgico, activo y positivo. Me dedico a las ventas, y el rechazo no produce en mí el mismo efecto. En realidad, veo que ahora recibo mucho menos rechazo».

—**David Fordham**, Londres (Inglaterra)

capacidad natural que anida en tu interior mediante la práctica del Método Sedona, sabrás someter a tu control consciente el proceso de liberación y convertirlo en una opción viable en tu vida cotidiana, incluso en días como el descrito anteriormente.

DIAGRAMA DEL FLUJO LIBERADOR

APATÍA / PENA / MIEDO / DESEO / IRA / ORGULLO — **LIBERACIÓN** → VALENTÍA / ACEPTACIÓN / PAZ

Tenso	LIBERACIÓN	Relajado
Infeliz	LIBERACIÓN	Feliz
Confuso	LIBERACIÓN	Claro
Muerto	LIBERACIÓN	Vivo
Pesado	LIBERACIÓN	Ligero
Cerrado	LIBERACIÓN	Abierto
Contraído	LIBERACIÓN	Expandido
Improductivo	LIBERACIÓN	Productivo
Ineficaz	LIBERACIÓN	Eficaz

El diagrama anterior te permitirá comprender mejor el proceso de liberarse, sea la liberación espontánea que ya haces o la consciente que harás al ir explorando este libro. También te ayudará a distinguir mejor entre liberar, reprimir y expresar. Cada categoría representa un proceso por el que todos discurrimos en todo momento.

Cuando vayas practicando la liberación, observarás que tiendes a pasar del lado izquierdo al derecho de este diagrama. Es posible que a veces solo veas la diferencia en una categoría, pero otras veces la verás en muchas.

En algunos momentos te puedes obligar a pasar al lado derecho, cosa que probablemente ya hagas. Por ejemplo, te puedes obligar a tomar una decisión para dejar de pensar en un determinado problema. Pero esto no es la auténtica liberación. Si fuerzas una decisión, te puedes sentir incómodo interiormente, con lo que aumenta la tensión. Cuando te obligas a cambiar una conducta sin cambiar tu forma de sentir, verás que en algunas categorías pasas a la derecha, pero en otras pasarás a la izquierda. Cuando te liberas conscientemente, todo el proceso pasa a la derecha.

Pero ¿qué entendemos por liberar, o soltar, conscientemente? ¿Cómo podemos poner en práctica la liberación?

La liberación práctica

Hay tres formas de abordar el proceso de liberación, y todas llevan al mismo resultado: liberar tu capacidad natural de soltar de inmediato cualquier emoción no deseada y dejar que se derroche parte de la energía reprimida de tu subconsciente. La primera manera es decidir liberarse de un sentimiento no deseado. La segunda, aceptar el sentimiento y dejar que la emoción simplemente exista. La tercera es sumergirse en el propio núcleo de la emoción.

Permíteme que, para explicarme, te pida que participes en un sencillo ejercicio. Toma un bolígrafo o algún otro objeto pequeño que estuvieras dispuesto a tirar sin pensarlo dos veces. Ahora, póntelo delante y sujétalo con fuerza. Simula que es uno de tus sentimientos limitadores y que tu mano representa tu voluntad o tu conciencia. Si sujetaras el objeto el tiempo suficiente, empezaría a parecerte incómodo, aunque familiar.

Ahora, abre la mano y haz que ruede por ella ese objeto. Observa que eres tú quien se aferra a él; no está pegado a tu mano. Lo mismo ocurre con tus sentimientos. Están tan pegados a ti como ese objeto lo está a tu mano. Muchas veces creemos que un sentimiento se aferra a nosotros. Y no es verdad...: siempre tenemos el control, lo que ocurre es que no lo sabemos.

Ahora, suelta ese objeto.

¿Qué ha ocurrido? Soltaste el objeto y este se cayó al suelo. ¿Fue algo difícil? Claro que no. A esto nos referimos al hablar de «soltar».

Puedes hacer lo mismo con cualquier sentimiento: decidir soltarlo.

Siguiendo con esta misma analogía: si fueras andando con la mano abierta, ¿no sería difícil aferrarte al bolígrafo o a otro objeto que sostuvieras? Pues, del mismo modo, cuando permites o aceptas un sentimiento, estás abriendo tu conciencia, y esto permite que el sentimiento se desvanezca por sí mismo, como las nubes que cruzan el cielo o el humo que asciende por la chimenea con el tiro abierto. Es como si quitaras la tapadera de una olla a presión.

Si ahora tomaras el mismo objeto —un lápiz, un bolígrafo o una piedrecita— y lo ampliaras lo suficiente, se parecería cada vez más a un espacio vacío. Verías los intersticios entre las moléculas y los átomos. Cuando te sumerjas en el mismo núcleo de un sentimiento, observarás un fenómeno similar: en realidad ahí no hay nada.

Cuando vayas dominando el proceso de la liberación, descubrirás que hasta tus sentimientos más profundos solo están en la superficie. En el núcleo estás vacío, en silencio y en paz, y no en el dolor y la oscuridad que muchos suponemos. De hecho, incluso nuestros sentimientos más extremos no tienen más sustancia que una pompa de jabón. Y ya sabes qué ocurre cuando tocas con el dedo esa pompa de jabón: estalla. Esto exactamente es lo que pasa cuando te sumerges en el núcleo de un sentimiento.

Por favor, recuerda estos tres ejemplos mientras avanzamos juntos por el proceso de la liberación. Soltarte te ayudará a librarte de todos tus patrones de conducta, pensamiento y sentimiento no deseados. Lo único que se te pide es que estés lo más abierto que puedas al proceso. La liberación te dejará libre para acceder a un pensamiento más claro, pero no se trata de un proceso de reflexión. Aunque te ayudará a acceder a una mayor creatividad, no necesitas ser especialmente creativo para ser eficiente en ese proceso.

Cuanto más te dediques a ver, escuchar y sentir el funcionamiento del proceso de liberación, en vez de pensar en cómo y por qué funciona, mejor provecho sacarás de él. Déjate llevar todo lo que puedas por el corazón, no por la cabeza. Si te quedas bloqueado en tus intentos de comprenderlo, puedes recurrir al mismo proceso para liberarte de «querer comprenderlo». Te aseguro que, a medida que trabajes con este proceso, lo irás entendiendo mejor con la experiencia directa de seguirlo.

Así pues, ¡vamos allá!

Decidir soltar

Ponte cómodo y mira en tu interior. Puedes tener los ojos abiertos o cerrados.

Paso 1: concéntrate en una cuestión sobre la que te gustaría sentirte mejor y luego permítete sentir lo que sientas en ese momento. No tiene por qué ser un sentimiento fuerte. De hecho, puedes comprobar cómo te sientes con este libro y qué deseas obtener de él. Limítate a aceptar el sentimiento y deja que sea lo más completo y bueno que puedas.

Puede parecer una instrucción simplista, pero así debe ser. Somos muchos los que vivimos en nuestros pensamientos, en nuestras imágenes e historias sobre el pasado y el futuro, en vez de ser conscientes de cómo nos sentimos realmente en este instante. El único momento en que de verdad podemos hacer algo en relación con nuestra forma de sentir (y, en este sentido, con nuestra profesión y con nuestra vida) es AHORA. No hay por qué esperar a que un sentimiento sea fuerte para soltarlo. De hecho, si te sientes entumecido, alicaído, confuso, solo o vacío en tu interior, son sentimientos que se pueden soltar con la misma facilidad que otros más reconocibles. Basta con que hagas todo lo que puedas. Cuanto más trabajes con este proceso, más fácil te será identificar lo que sientes.

Paso 2: hazte una de las siguientes preguntas:

- *¿Podría soltar este sentimiento?*
- *¿Podría permitir que este sentimiento estuviera aquí?*
- *¿Podría aceptar este sentimiento?*

Estas preguntas no te plantean otra cosa más que si es posible emprender esta acción. «Sí» y «no» son, ambas, respuestas aceptables. Muchas veces soltarás aunque digas «no». Responde lo mejor que sepas la pregunta que hayas escogido con un mínimo de reflexión, evitando darle vueltas o entrar en un debate interno sobre las ventajas de esa acción o sus consecuencias.

Todas las preguntas empleadas en este proceso son deliberadamente sencillas. No son importantes por sí mismas, pero están pensadas para orientarte en la experiencia de la liberación, en la experiencia de dejar de aferrarse. Ve al paso 3, cualquiera que haya sido tu respuesta a la primera pregunta.

Paso 3: cualquiera que sea la pregunta con la que empezaste, hazte ahora esta sencilla pregunta: *¿Lo haría?* En otras palabras, *¿estoy dispuesto a soltar?*

Una vez más, aléjate todo lo que puedas del debate. Recuerda también que siempre haces este proceso para ti mismo, con el objetivo de lograr tu propia libertad y claridad. No importa si el sentimiento está justificado, viene de antiguo o es correcto.

Si la respuesta es «no», o si no estás seguro, pregúntate: *¿Qué prefiero tener este sentimiento o ser libre?* Aunque la respuesta siga siendo que prefieres no soltar, ve al paso 4.

Paso 4: hazte esta sencilla pregunta: *¿Cuándo?*

Es una invitación a liberarte AHORA. Es posible que te veas liberándote con toda facilidad. Recuerda que el soltar es una decisión que puedes tomar en cualquier momento que quieras.

Paso 5: repite los cuatro pasos anteriores tantas veces como sea necesario, hasta que te sientas libre de ese sentimiento concreto.

Es probable que te encuentres con que, en cada fase del proceso, vas soltando un poco más. Al principio, los resultados quizá sean muy sutiles. Pero si eres constante, enseguida habrá más resultados y más evidentes. Tal vez veas que existen diversas capas de sentimientos sobre un determinado tema. Pero lo que sueltes soltado está.

Aceptar un sentimiento

Es posible que hayas observado que cuando te centraste en tus sentimientos en el paso 2 del proceso de liberación anterior, los soltaste. Simplemente se desvanecieron. Como empleamos tanto tiempo en resistir y reprimir nuestros sentimientos, en vez de dejarlos que fluyan con libertad en nosotros, aceptar o dejar que exista un sentimiento muchas veces es lo único que se necesita para permitir que se suelte.

Mi alumna Natalie aprendió a liberarse sin esfuerzo reconociendo sus sentimientos del momento. Como persona que todos los días se desplaza en automóvil al trabajo, y por su inquietud, solía tener muchos problemas con los camiones en la carretera. Se le atropellaban en la mente pensamientos ruidosos e imágenes truculentas de accidentes, y sentía auténtico pánico. Luego empezó a escuchar una cinta sobre liberación guiada de uno de nuestros programas de audio mientras iba y venía del trabajo por la carretera nacional. Hablaba consigo misma.

—¿Así que tienes ansiedad?

—Sí, tengo ansiedad.

—¿Serías capaz de dejarte sentir tanta ansiedad como sientes?

—Sí.

Descubrió que, en poco tiempo, lo había superado. Con el simple hecho de permitir su miedo en vez de hacerle frente, sus sensaciones físicas de respiración rápida y temblores desaparecieron, y su mente se tranquilizó.

Sumergirse

La experiencia de liberarse mediante la inmersión puede ser completamente distinta de los procesos antes descritos. En primer lugar, no es recomendable que intentes sumergirte mientras haces otra cosa. Funciona mucho mejor cuando te tomas tu tiempo para centrarte en tu interior. Y cuando mejor funciona es cuando se está en contacto con un sentimiento más fuerte.

Esto es lo que puedes experimentar: recibes una noticia que te afecta. Empiezas a experimentar una fuerte sensación de miedo o pena y tienes ocasión de tomarte unos minutos para liberarte. Siéntate, cierra los ojos y relájate ante el sentimiento lo mejor que puedas. Luego hazte preguntas del siguiente tipo:

- *¿Qué hay en el núcleo de este sentimiento?*
- *¿Podría permitirme adentrarme conscientemente en ese núcleo?*
- *¿Podría permitirme sumergirme en él?*

Probablemente, con el tiempo descubrirás tu propia versión de estas preguntas a medida que trabajes con ellas. Te puedes imaginar a ti mismo realmente sumergiéndote en el centro del sentimiento o puedes encontrarte con que solo sientes qué hay en ese núcleo.

Una vez que empieces a profundizar, es posible que experimentes diversas imágenes y sensaciones. También puedes observar que el sentimiento se intensifica temporalmente. Así que sigue preguntándote: *¿Podría profundizar aún más?* Anímate a descender a mayores profundidades, más allá de cualquier imagen, sensación o historia que te puedas contar sobre ese sentimiento.

Al persistir en esta dirección, llegarás a un punto en que algo revienta en tu interior o quizá observes que ya no puedes profundizar más. Sabrás que has llegado al núcleo cuando tengas el espíritu tranquilo y te sientas en paz interiormente. Hasta es posible que te veas bañado por una luz interior o rodeado de un vacío y un silencio cálidos y agradables.

Si no estás seguro, si te bloqueas y crees que no puedes seguir adelante en este proceso o si no te sientes completo y libre del sentimiento original, pasa a una de las otras formas de liberación.

Recuerda que si el sentimiento sigue siendo fuerte o incluso se ha intensificado, es que no has llegado al núcleo. Todos los sentimientos, excepto el de paz, están en la superficie. Quizá sea esto algo distinto a lo que se te haya dicho anteriormente acerca de profundizar en un sentimiento. Muchos evitamos sumergirnos en él, porque tenemos miedo de perdernos o de que empeore. Sin embargo, si realmente consigues traspasar la superficie y llegar al auténtico núcleo, descubrirás que no hay nada más lejos de la verdad, como descubrió mi alumna Margie.

Margie llegó a clase con un profundo sentimiento de pena que arrastraba desde hacía más de diez años, desde que se sintió traicionada por las personas de otra organización de autoayuda. Sin entrar en los detalles de la historia, decidimos de mutuo acuerdo que sumergirse en la pena sería la mejor forma de que consiguiera soltarla. Le hice las preguntas antes señaladas, y al principio su pena se agudizó. Cuando empezó a llorar, me limité a animarla a que fuera más allá de las sensaciones y la historia, y seguimos con el proceso. Para sorpresa de Margie, en solo unos minutos, entró en un estado de profunda paz. Después decía que había evitado la pena porque se sentía como si se estuviera ahogando en un mar de dolor. Una vez liberada, se dio cuenta de que la pena solo estaba en la superficie. Lo que en realidad había estado evitando en su interior, sin saberlo, era un mar de amor.

La mayoría de las personas, cuando trabajan con este sistema de liberación, observan que cada vez les resulta más fácil penetrar en el núcleo de cualquier emoción y dejar que se disuelva. Notan que todo sentimiento, por traumático que sea, tiene poca sustancia y que es más el ruido que las nueces.

Los sentimientos solo mienten

Cuando te encuentras reflexionando sobre un determinado sentimiento, explicándote la útil función que cumple y justificando que estás completamente en lo cierto cuando te aferras a él, es señal de que has caído en un montón de mentiras. A medida que avances en tu exploración del soltar, una de las cosas que observarás es que los sentimientos que liberas suelen defender su propia conservación. Los sentimientos mienten y hacen promesas vacías, por ejemplo: «El miedo hace que estés a salvo», «Si me siento culpable, no lo haré de nuevo», «Si mantengo mi enfado, hago sentir mal al otro implicado (en vez de herirme solo a mí mismo)». Lo único que ocurre es que un determinado sentimiento perpetúa el problema que parece evitar. Es mentira.

Dos conceptos que empleo en mis clases resumen este punto. Tal vez te recuerden a un *koan** del budismo zen, algo que no se puede entender a menos que se suelte (esto es, que se trascienda su literalidad). Ahí van: «Los sentimientos solo mienten. Nos dicen que al soltarlos vamos a conseguir algo que ya poseemos por el hecho de aferrarnos a ellos».

La mente es como un ordenador

Para situar el Método Sedona en perspectiva, vamos a fijarnos en las muchas maneras en que la mente humana funciona de forma similar a como lo hace el ordenador. Evidentemente, el funcionamiento de un ordenador se basa en parte en el modelo de la mente humana, por lo que no tiene mucho sentido extrañarse de ello. Seguramente sabrás que el ordenador necesita una parte mecánica y otra de programas, el *hardware* y el *software*. En lo que a nuestra analogía se refiere, pensemos que el *hardware* equivale al cerebro y el sistema nervioso, y que el

---

* N. del T.: Adivinanza aparentemente absurda que incluye paradojas o contradicciones que parecen irresolubles. En ellos se plantea un problema, pero no se espera que este sea resuelto, sino que su planteamiento nos permita ver la realidad desde otro punto de vista. Lo usual, en el terreno zen, es que el maestro los comparta con sus discípulos como una parte más del aprendizaje.

software equivale a nuestros pensamientos, sentimientos, recuerdos y creencias, además de nuestra inteligencia básica innata.

¿En qué consiste el sistema operativo humano? Los programas que mueven el cuerpo y la mente son la inteligencia oculta que permite que el sistema funcione y acumule conocimientos. Casi todo lo que necesitamos para funcionar bien en la vida es innato. Las únicas excepciones son las habilidades específicas que adquirimos, que pueden variar mucho. Van desde tocar un instrumento musical hasta realizar una operación quirúrgica en el cerebro.

> «Mis beneficios incluyen la liberación de sensaciones que me incapacitaban y me producían ansiedad en el trabajo, mayor éxito y alegría en mi vida profesional y mucho menos miedo al futuro».
>
> **—Bonnie Jones,**
> Olympia (Washington)

Nos ocurre lo mismo que al ordenador, que funciona más deprisa y con mayor eficacia cuanta mayor sea la memoria, o el espacio, de que disponga. A medida que avanzamos por la vida, tenemos experiencias y acumulamos datos hasta que nuestra memoria residente se llena y nuestra capacidad de procesado se carga de forma excesiva y se ralentiza. En los ordenadores, para liberar espacio podemos borrar o comprimir archivos. Del mismo modo, las experiencias cuyo contenido emocional es neutro y que parecen completas están muy comprimidas. Y al revés, las experiencias incompletas o de mucha carga emocional son como los programas y los archivos que se han dejado abiertos y que siguen funcionando en el trasfondo de nuestra vida. Emplean demasiada cantidad de la memoria de la que disponemos y de nuestra capacidad de procesado.

Cuando somos jóvenes, los programas abiertos no suelen representar un gran problema, pero a medida que nos hacemos mayores, hay menos memoria disponible incluso para funciones corporales como la respiración o la digestión. La consecuencia es que todo el sistema se carga en exceso y empieza a fallar. Entonces, los programas y archivos abiertos pasan factura a nuestra capacidad básica de funcionar eficazmente en la vida y de aprender destrezas nuevas y útiles. Crean confusión y conflicto mentales, porque a menudo nos mandan mensajes que se contradicen e interfieren entre sí y en nuestras intenciones conscientes.

Cuando aplicamos el Método Sedona, soltamos las cargas emocionales que mantienen funcionando a los viejos programas y archivos en el trasfondo de nuestra vida. De este modo aumentamos la memoria de que disponemos y aceleramos nuestra capacidad de procesado. La liberación nos permite conservar la sabiduría adquirida con la experiencia, sin que nuestra energía y nuestra memoria se vacíen por sentirnos emocionalmente incompletos. En otras palabras, cuanto más usamos el Método, mejor funciona el sistema humano.

La liberación por escrito: ¿qué quieres en tu vida?

En su momento, a lo largo del Método Sedona se te invitará a que analices sobre un papel tus sentimientos, en unas hojas de ejercicios que tú mismo elaborarás. En Sedona Training Associates, a este tipo de proceso lo llamamos «liberación por escrito». Con este fin, te aconsejo que te compres una libreta de espiral o un simple diario para lo que te resta de lectura. Cuando hayas terminado el libro, y en aras de la intimidad, rompe las partes que hayas usado para la liberación por escrito. No hay motivo para que guardes estas notas.

Así pues, antes de seguir leyendo, saca tu nuevo diario de liberación y haz una lista de todo aquello que te gustaría cambiar o mejorar en tu vida. Esta lista te servirá de declaración de intenciones para este curso de autoestudio sobre el Método Sedona. Volveremos a ella a medida que avancemos juntos por el proceso, de modo que tómate todo el tiempo que necesites y sé lo más exhaustivo posible.

Al escribir tus intenciones, recuerda no limitarte a lo que pienses que es «posible» conseguir con la lectura de este libro. Estás descubriendo una herramienta que te acompañará el resto de tu vida. Diviértete. Este libro está pensado para ayudarte a iniciar un proceso que te puede conducir a poseer, ser y hacer todo. El proceso tiene tanta fuerza y funciona de manera tan sencilla que muchas de las intenciones de tu lista llegarán a buen término aunque no trabajes en ellas directamente.

Escribe tus beneficios

A medida que vayas liberando, te recomiendo encarecidamente que escribas tus beneficios, en el orden en que los obtengas, para estimularte a un descubrimiento de ti mismo aún mayor. Registra estos resultados positivos en tu diario de liberación o compra otra libreta, pequeña, para que la puedas llevar en el bolsillo o el bolso, y anota en ella tus pensamientos.

La siguiente es una lista corta del tipo de beneficios que puedes esperar al trabajar con el material de este libro:

- Cambios positivos de conducta o actitud.
- Mayor facilidad, eficacia y alegría en las actividades cotidianas.
- Unas comunicaciones más abiertas y eficaces.
- Mayor capacidad de resolución de problemas.
- Más flexibilidad.
- Estar más relajado y sentirte más seguro en tus actuaciones.
- Logros.
- Culminaciones.
- Nuevos inicios.
- Adquisición de habilidades y destrezas nuevas.
- Aumento de los sentimientos positivos.
- Disminución de los sentimientos negativos.
- Más amor hacia los demás.

Además de estos beneficios, a medida que explores el material de este libro, descubrirás tus patrones de limitación y las formas concretas de poder cambiar tu vida para mejor. Te recomiendo que cuando se produzcan estos descubrimientos los anotes por escrito.

Volver a la vida

Mi objetivo en estas páginas es ayudarte a aprender todo lo que necesites para tener, ser y hacer cualquier cosa que desees. Te prometo que si trabajas fielmente con el Método Sedona, este transformará positivamente todos los aspectos de tu vida. Cuando tu estrés y tu tensión se vayan diluyendo con facilidad, te sorprenderás con la sonrisa en la boca y riéndote a carcajadas.

Ahora, y antes de empezar el capítulo siguiente, juega un poco con lo que acabamos de hacer juntos para ver qué puedes descubrir por ti mismo. Practica la liberación a lo largo del día y observa de qué forma ya vas liberando tú solo. Cuanto más te centres en esta manera de abordar tus sentimientos, mayores serán los beneficios y la facilidad de liberación que adquieras. Sé constante. Cuanto más explores la liberación, más natural te resultará como alternativa a la represión y hará que te sientas más libre.

Las preguntas de liberación básicas de este capítulo

- *¿Cuál es tu sentimiento ACTUAL?*
- *¿Podrías aceptarlo/permitirlo?*
- *¿Podrías soltarlo?*
- *¿Lo soltarías?*
- *¿Cuándo?*

2

Tu fórmula para el éxito

A lo largo de este libro, mi intención es guiarte –mediante la experiencia– en el aprendizaje de cómo soltar las reacciones o los sentimientos que te impiden rendir al máximo, lograr todo tu potencial y vivir una vida llena de felicidad, alegría y bienestar. Puesto que has tenido oportunidad de analizar las preguntas de liberación, al menos un poco, este capítulo te ofrecerá algunas orientaciones detalladas para usar el Método Sedona de manera eficaz. Son sugerencias que se basan en la experiencia de más de veinticinco años de ofrecer seminarios y retiros sobre el Método, además de formar a otros instructores y analizar las mejores formas de obtener el máximo beneficio de la liberación.

Te pido que, a medida que vayas avanzando, seas consciente de que el proceso de liberación es completamente interno. Es decir, no tiene que ver con nada ni nadie que no seas tú mismo. Solo pertenece a tus reacciones o sentimientos interiores hacia las personas o las circunstancias de tu vida. Cuando te liberas de ellos, el proceso es tan sencillo y tan agradable que hasta es posible que te haga reír. La gente se suele reír mucho en mis talleres. Como el proceso de liberación funciona a un nivel básico e interior, incluso cuando practiques el Método con otra persona –como más adelante aprenderás a hacer–, descubrirás que nunca necesitas compartir los detalles de carácter personal para conseguir los máximos resultados de ese trabajo. Puedes liberar con un compañero y seguir salvaguardando tu intimidad.

Al participar en las exploraciones que este libro contiene, limítate a soltar tus sentimientos lo mejor que puedas. «Lo mejor que puedas» significa en la medida de tus capacidades en ese preciso momento. Nunca debes forzar un sentimiento o una liberación que en realidad no existan. Además, solo sueltas aquello que estás sintiendo en este momento. Si, por ejemplo, trabajas con la ira, las preguntas de liberación no se refieren durante todo el rato a cualquier tipo de ira. Son simplemente una invitación a soltar la ira que sientas AHORA. Por favor, ten en cuenta que, dados el carácter relajante de este proceso y, en general, la naturaleza humana, es posible que no siempre experimentes tus sentimientos con fuerza. Esto no significa que no estés haciendo un gran trabajo. Normalmente, soltar es eficaz tanto para sentimientos fuertes como para débiles. De hecho, si te acostumbras a soltar en el transcurso de tu vida diaria —hasta las «cosas triviales»—, al final te parecerá que todo es de poca importancia. A medida que empieces a soltar tu tensión interior y otros sentimientos estresantes, observarás que experimentas un sentimiento de alivio y de mayor conciencia. Es solo uno de los muchos beneficios que puedes conseguir con el Método Sedona.

Te aseguro que harás progresos enormes —y rápidos— y experimentarás muchos efectos positivos y poderosos de la liberación cuando apliques lo que hayas aprendido. Como ya he señalado, en Sedona Training Associates a estos cambios los llamamos «beneficios». Sin embargo, ten en cuenta que a veces se producen sorpresas. Son resultados agradables, sin duda, pero inesperados. Por ejemplo, es posible que el aspecto concreto de tu vida que te gustaría cambiar con la aplicación del Método Sedona no se transforme todo lo deprisa que quisieras, mientras que otro aspecto empieza a cambiar enseguida. Puede ocurrir que el aspecto que te propongas sea realmente el último de tu vida en cambiar. Pero es más probable que los cambios se produzcan mucho más deprisa de lo que jamás hubieras soñado.

Para explicarlo de otra forma, imaginemos que una determinada persona recurre al Método Sedona concretamente para labrarse un mayor éxito económico. Lee con atención el libro, trabaja con esmero con el material que contiene y, sin embargo, no observa beneficios económicos inmediatos. En su lugar, es posible que al principio vea que mejora su salud y luego tal vez descubra mejoras en sus relaciones personales. Después de esto, puede ser que desarrolle unas mejores habilidades profesionales. Y solo entonces quizá pueda permitirse lograr ese éxito económico que buscaba inicialmente.

> «Como maestro de ceremonias, había conseguido hacer discursos preparados, pero nunca supe improvisar. Siempre que me llamaban para que hablara sin poderme preparar antes, me sentía tenso y nervioso. Desde que empecé a usar las técnicas Sedona, soy una persona más relajada y tranquila cuando tengo que hablar de forma improvisada. El resultado es que mis conferencias son mucho más eficaces. He conseguido liberarme de mi miedo escénico».
>
> —**Charles Stark**, Nueva York

Por favor, no me malinterpretes. Seguro que el Método Sedona provocará cambios importantes en tu vida. Lo que ocurre es que, a veces, es posible que esos cambios no lleguen exactamente en el orden que esperabas o en el orden previsto. El cambio puede también ser gradual. Tal vez tus amigos, compañeros de trabajo y empleados se den cuenta de los cambios antes que tú.

A medida que incorpores la liberación a tu vida de forma regular, pronto te darás cuenta de que te vas sensibilizando más ante tus sentimientos. Es una señal de que avanzas. Significa que estás preparado para ser consciente de muchas de las emociones que has estado reprimiendo o evitando y para liberarlas. Según mi experiencia, las personas normalmente no experimentan sentimientos que no sean capaces de afrontar, aunque he tenido unos pocos alumnos que pasaron una o dos noches inquietos y sin poder dormir mientras se iba desvaneciendo su resistencia a determinados sentimientos. Pero siguieron liberándose y enseguida soltaron todo lo que les preocupaba. A la mayoría de la gente no le afecta en absoluto al sueño, si no es de forma positiva. Lo bueno es que cuanto más se usa el proceso de liberación, más fácil resulta el soltar. Y esto es lo que genera la seguridad para que experimentes todos tus sentimientos —dolorosos o agradables— con mayor profundidad. Al experimentar más plenamente todos tus sentimientos, incluso obtienes mayor placer y plenitud en todo lo que haces.

> «Soy capaz de dormir toda la noche después de muchos años de problemas de insomnio. Es algo fantástico».
>
> —**Rosella Schroeder**

La analogía siguiente refleja un poco lo que significa usar el Método Sedona. ¿Has comido alguna vez en un bar o una cafetería donde los platos o bandejas se muestran en diferentes compartimentos y el cliente escoge el que desea? Si es así, habrás observado que, cuando quedan pocos platos o bandejas de un compartimento, enseguida se reponen. Lo mismo ocurre con nuestras emociones cuando las soltamos. Si existen más sentimientos relacionados con un tema de los que uno empezó a liberar, irán apareciendo hasta que se agoten todos los relativos a ese tema, hasta que el «compartimento» se quede vacío. Sin embargo, a diferencia de este tipo de restaurantes, todo sentimiento que saques y liberes desaparece para bien. Cuando analices los procesos de este libro, lo más probable es que empieces por soltar un sentimiento cada vez, luego en grupo, hasta que adquieras tal habilidad en liberar sentimientos que al final trabajes a los niveles más profundos, en auténticos «montones» de sentimientos sobre un determinado tema.

Ocurre a menudo que cuando no buscamos ni intentamos conseguir algo es cuando la mente se relaja lo bastante para que sea posible la liberación y la comprensión. Cuando por fin experimentes la liberación, la comprensión y los beneficios a medida que trabajes con el Método, es posible que descubras que llegan cuando menos te lo esperas. Por consiguiente, conviene que reserves espacio a lo largo del día para la posibilidad de que lleguen los beneficios y que estés abierto a lo inesperado. Haz todo lo que puedas para relajarte y aceptar que el control del tiempo de tus mayores avances y comprensiones, incluida la definitiva de tu auténtica naturaleza, se te puede escapar por completo.

Preguntas frecuentes

Los alumnos que asisten a los cursos del Método Sedona suelen hacer las preguntas que siguen. Repásalas cuantas veces necesites mientras trabajas en el proceso de liberación.

- *¿Con qué frecuencia debo liberar?* Liberar es algo bueno y, por consiguiente, nunca se podrá exagerar. Cuanta mayor sea la frecuencia con que apliques el Método a lo largo del día, más beneficios obtendrás de él. Uno puede liberar en cualquier parte y momento, para inmediatamente sentirse mejor, con las ideas más claras, más seguro de sí mismo y más vivo. Simplemente, deja que se abra tu interior, que salgan tus sentimientos y que te envuelvan. Piensa que cada problema de tu vida es una oportunidad de mayor libertad. Recuerda también que debes divertirte. Evita convertir la liberación en un «debería» más. A medida que adquieras la costumbre de soltar en el momento en que afloran los sentimientos, desarrollarás un magnífico impulso que te será de ayuda cuando emerjan sentimientos más profundos. Además, te será más fácil soltarlos.
- *¿Cuánto tiempo cuesta aprender a soltar?* Depende de ti. En el capítulo uno aprendiste algunas ideas básicas de la técnica de la liberación. La rapidez con que puedas observar resultados apreciables depende de cuánto apliques en tu vida cotidiana de lo que aprendas. Soltar se hace más fácil cuanto más se practica. Es posible, además, que sientas o no sientas grandes cambios de forma inmediata. Los resultados pueden

aparecer de repente o pueden producirse a niveles muy profundos.

- **¿Cómo algo tan sencillo puede tener tanta fuerza?** Las herramientas vitales más útiles y de mayor fuerza suelen ser las más sencillas. Cuando se deja que los procesos sigan siendo sencillos, es fácil recordarlos y repetirlos. Nadie ha de convencerte de lo importante que es respirar, por ejemplo. Sin embargo, si quisiera darte instrucciones sobre el procedimiento que hay que seguir para respirar, te diría: «Inspira, espira.. y repítelo cuantas veces sea necesario». ¿Hay algo más sencillo? Y, sin embargo, pocas cosas hay más importantes para la vida. A medida que vayas usando el Método, descubrirás que es algo fácil, que se puede convertir en una segunda naturaleza y que poca más concentración te va a exigir que la que te exige el hecho de respirar. ¿Recuerdas que en el capítulo uno comparábamos los sentimientos reprimidos con una olla a presión emocional? Cuando liberes a menudo descubrirás también que levantar la tapadera de tus sentimientos y dejar que salgan es más natural que intentar mantenerlos embutidos en tu interior.

- **¿Qué se siente al soltar?** La experiencia de soltar es muy personal. La mayoría tiene una sensación inmediata de distensión y tranquilidad al usar este proceso. Otros sienten que una energía les recorre el cuerpo, como si regresaran a la vida. Con el tiempo, los cambios se pueden hacer más pronunciados. Además de sensaciones físicas, observarás que tu mente se va calmando progresivamente y que los pensamientos que en ella permanezcan se vuelven más claros. Empezarás a percibir más soluciones que problemas. A medida que avances en el proceso, incluso podrás llegar a gozar de la experiencia de la liberación.

- **¿Cómo sé que lo hago bien?** Si, al liberar, observas cualquier cambio positivo en tu sentimiento, tu actitud o tu conducta, es que lo estás haciendo bien. Sin embargo, todo tema en el que trabajes puede requerir cantidades distintas de liberación. Si al principio no cambia completamente, no dejes de soltar. Sigue liberando hasta que consigas el resultado que desees.

- *¿Qué tengo que hacer si me veo atrapado de nuevo en antiguos modelos de conducta o si simplemente me olvido de liberar?* En primer lugar, es importante comprender que es algo que hay que esperar, y que no pasa nada. Tu capacidad de liberar de forma espontánea y en el momento en que es necesario hacerlo aumentará con el tiempo. Pronto sabrás liberar en «tiempo real». Entretanto, siempre puedes hacerlo cuando te des cuenta de que ha habido un problema. Muy pronto, cuando te sorprendas en medio de un viejo patrón de conducta, sabrás liberar cuando ese patrón esté en marcha y detenerlo. Al hacerlo, te darás cuenta de que eres capaz de cambiar el patrón. Al cabo de poco tiempo, aprenderás a prever tu comportamiento antes de caer en viejas costumbres, te liberarás y no las seguirás. Por último, ya no necesitarás liberar en lo que a esa costumbre concreta se refiere, porque la habrás soltado por completo. Si eres constante, tu actitud y tu eficacia al final cambiarán para mejor, incluso ante problemas antiguos. Hasta es posible que llegues a un punto en que solo recuerdes que tuviste un determinado problema cuando alguien te lo recuerde. Puede ser útil programar períodos breves de liberación a lo largo del día para acordarse de llevarla a cabo.

- *¿Tengo que cambiar mis creencias o creer en algo nuevo para seguir el Método Sedona?* En absoluto. Como decía en la introducción, no te creas nada de lo que se diga en este libro si tú mismo no lo puedes demostrar. El hecho de que algo se diga por escrito no significa que sea verdad. Los conocimientos no tienen utilidad alguna mientras uno no los pueda verificar con su propia experiencia. Basta con que seas lo más receptivo que puedas a lo que se dice en este libro y que lo consideres una oportunidad de cambiar tu conciencia y tu vida. Ten una actitud abierta al descubrimiento y sé tú mismo quien lo apruebe o rechace. Cualesquiera que sean tus ideas religiosas o políticas, el proceso de liberación no hará sino reforzarlas. Las personas que han utilizado el Método Sedona dicen que las ayuda a sintonizar mejor con su experiencia y sus convicciones espirituales y a sacarlas a la luz.

- *¿Qué debo hacer si ya sigo una terapia o algún otro sistema de crecimiento personal?* Dado que el soltar es la esencia de cualquier buena terapia, y una herramienta muy eficaz para el crecimiento personal, descubrirás que el uso del Método Sedona es una ayuda ideal para otros sistemas. Y esto se aplica a los sistemas que puedas estar utilizando en este momento o a los que vayas a utilizar en el futuro. Si combinas la liberación con otras formas de autoanálisis, los resultados se producirán con mayor rapidez y facilidad. Con el Método te será más fácil perseverar en cualquier proceso que pueda estar en marcha en tu vida, porque podrás comprender y aplicar de forma más coherente las ideas que estás aprendiendo. Quienes aprenden el Método suelen comentar que es la pieza que les faltaba y que habían estado buscando en todo lo que antes habían hecho para ayudarse a sí mismas.

Nota: Si estás siguiendo cualquier tratamiento psicológico o médico, por favor, no lo cambies sin consultar antes con tu médico.

Aprovecha la fuerza de tus diferentes modos de sentir

La mayoría tenemos una forma dominante de sentir físicamente: visual (la vista), cinestésica (sensaciones corporales) o auditiva (sonido). Si no estás seguro de cuál es tu principal modo de percibir, además de hacerte las preguntas de liberación, procura incorporar los tres modos en el proceso. Después, usa aquel que mejor te vaya.

El sentir visual

Si te guías por tu sentido de la vista, o simplemente te gusta trabajar con él, deja que afloren imágenes visuales mientras te haces las preguntas de liberación. Para empezar, aquí tienes algunas sugerencias:

- Visualiza un nudo en el que sientes tensión u otra sensación en tu cuerpo y contempla cómo se deshace cuando vas soltando.
- Imagina que hay una tapadera en tu olla a presión interior y acepta que lo único que tienes que hacer es levantarla para que salga el sentimiento. Observa cómo la abres, mientras la tapadera van cediendo. Si utilizas esta imagen a menudo, al cabo de poco tiempo sabrás mantener abierta esa tapadera y dejar que tus sentimientos entren y salgan con facilidad.
- Imagínate apretando con fuerza un sentimiento en tu mano y luego mira cómo se abre esta y el sentimiento se va. Como verás en el apartado del sentir cinestésico, puedes reforzar esta imagen físicamente apretando realmente el puño mientras te aferras a un sentimiento y luego abriendo la mano cuando lo sueltes.
- Imagina que tus sentimientos son bolsas de energía no deseada atrapada en tu cuerpo. Imagínate haciendo agujeros en esas bolsas y contempla cómo va saliendo esa energía negativa.
- También puedes experimentar tus sentimientos limitadores como una sensación de oscuridad. En este proceso, imagina cómo desaparece la oscuridad al iluminarla la luz.

El sentir cinestésico

Si eres una persona predominantemente cinestésica, te guías por tus sensaciones corporales. Por lo tanto, permítete experimentar un sentimiento tan plenamente como puedas primero en tu cuerpo y luego relájate, ábrete y siente cómo el sentimiento se libera cuando vas soltando. Quizá prefieras reforzar la experiencia de la liberación con cierto movimiento. Prueba con lo siguiente:

- Coloca las palmas de ambas manos sobre el pecho. Mientras sueltas un sentimiento, levanta un poco las manos, creando un espacio imaginario por el que pueda ascender y salir.
- Cierra el puño y ponlo sobre el pecho; luego abre la mano cuando sueltes un sentimiento.
- Combina la acción física de abrir los brazos con la misma sensación interior que tienes cuando estás a punto de abrazar a alguien a quien quieres mucho. Primero, junta las manos ante ti como si fueras a rezar y deja que vayas adquiriendo conciencia de todo lo que te rodea en ese momento. Luego, abre lentamente los brazos y, al mismo tiempo, siéntete receptivo y acogedor. Sigue abriéndote interiormente tanto como puedas mientras mueves las manos despacio hacia los lados, hasta que estén lo más separadas posible, pero sin que se produzca tensión alguna. Si realizas todo el proceso sin dedicarle mucha atención, probablemente te sentirás más ligero.
- Otra forma sencilla de reforzar físicamente tu proceso de liberación y ayudarte a guiarte más con el corazón que con la cabeza consiste en colocar la mano en aquel punto del cuerpo donde notes un sentimiento (suele estar en torno al plexo solar o el vientre). Utiliza esta acción para que te recuerde que debes centrarte en el propio sentimiento, y no en tus pensamientos sobre él.

El sentir auditivo

Si te guías por el sentido auditivo, las preguntas de liberación básicas esbozadas en el capítulo uno y analizadas a lo largo de este libro pueden ser más que suficientes para inducirte a liberar. También puedes entablar una conversación interior positiva y estimulante, para reafirmarte en que lo haces bien cuando te planteas las preguntas.

Sin embargo, si empleas la conversación, por favor, haz que sea mínima y evita el debate. Siempre es mejor responder simplemente «sí» o «no» a las preguntas de liberación, en vez de debatir los beneficios del soltar o prever las posibles consecuencias. A medida que adquieras experiencia en la liberación, quizá te sorprenda lo que oigas, como le ocurrió a una de mis alumnas, que aceptaba un sentimiento de crítica y oyó las palabras «malo, malo, malo» repetidas con su propia voz en su mente, como si se estuviera dirigiendo a un perro revoltoso. No tuvo más remedio que reírse, y de esta forma se liberó.

Las personas que se guían por cualquiera de estos tres modos de sentir se pueden beneficiar de poner en práctica las sugerencias anteriores en diversos momentos. Recuerda el breve ejercicio del capítulo anterior, en que sostenías y luego soltabas un bolígrafo, un lápiz o cualquier otro objeto pequeño. ¿Por qué no usar esta técnica si nos es de ayuda? Sostén algún objeto mientras te haces las preguntas de la liberación. Cuando estés preparado para liberar, suelta ese objeto, como un refuerzo tangible de tu experiencia interior.

Para centrarte en tu capacidad natural para liberar, practica un sencillo juego a lo largo del día. El objetivo es ensayar el aferrarse a los sentimientos y soltarlos. Pero mantén baja la presión y juega solo con pequeños trastornos y sentimientos ocasionales. Siempre que estés aferrándote, date permiso para seguir. Luego analízate para determinar si estás dispuesto a dar una oportunidad al proceso de liberación. Si lo estás, hazte las preguntas de liberación: «¿Qué estoy sintiendo?», «¿Podría permitirme tener este sentimiento?», «¿Podría soltarlo?», «¿Lo soltaría?», «¿Cuándo?», «¿Ahora cómo me siento?», «¿Podría soltar este sentimiento?», «¿Lo haría?», «¿Cuándo?». Y así sucesivamente. Este juego mejora la fluidez emocional.

Cuando dos o más se enfocan en un objetivo

Es posible que hayas oído una versión u otra de la historia que sigue. Es una de mis favoritas. Un hombre llega al cielo y se encuentra con Dios a las puertas del paraíso. Después de darle la bienvenida, Dios le pregunta:

—Hijo mío, ¿tienes algún último deseo antes de pasar toda la eternidad en el cielo?

—Sí —contesta el hombre—. Quisiera ver cómo es el infierno, para poder apreciar mejor mi buena suerte.

Dice Dios:

—De acuerdo.

Chasquea los dedos y al instante entran en el infierno. Ante ellos, y hasta donde les alcanza la vista, hay una mesa repleta de los más exquisitos manjares que jamás persona alguna haya imaginado o deseado, y a ambos lados de la mesa, también hasta donde la vista les alcanza, millones de personas muriéndose de hambre.

El hombre le pregunta a Dios:

—Por qué se mueren de hambre estas personas.

Dios responde:

—Todos deben comer de la mesa con unos palillos de tres metros.

—Es muy difícil —dice el hombre en tono compasivo.

Dios chasquea los dedos de nuevo y regresan al cielo.

Al entrar en él, al hombre le sorprende ver una escena casi idéntica —una mesa repleta que llega hasta donde alcanza la vista—, excepto que todos son felices y están bien alimentados. Se gira y le pregunta a Dios:

—Aquí con qué comen las personas? Deben de tener utensilios distintos.

—No, hijo mío —dice Dios—, aquí todos comen también con palillos de tres metros.

El hombre se siente confuso.

—No lo entiendo. ¿Cómo es posible?

Dios responde:

—En el cielo, nos damos de comer los unos a los otros.

Los procesos que se analizan en este libro están tomados de los programas en audio del Método Sedona, así como de los cursos básico y avanzado que impartimos en Sedona Training Associates. Están pensados expresamente para que los puedas seguir tú solo o compartirlos con un amigo, un familiar o algún otro ser querido. Cuando nos juntamos para enfocarnos en la libertad se desata una fuerza impresionante. Esta es la razón de que Sedona Training Associates organice seminarios para analizar el tema y de que puedas obtener beneficios al compartir este material con otra gente. En la Tierra, como en el cielo, cuando nos preocupamos de las necesidades de los demás, nadie se queda «sin comer».

Si decides realizar los ejercicios de este libro junto con otra persona, os podéis hacer mutuamente las preguntas o guiaros el uno al otro en las exploraciones. Lo único que has de hacer es compartir cuanto puedas con tu compañero y leer el libro. Demuestra a tu compañero que crees en la autoridad de su conocimiento de sí mismo, y para ello déjale que tenga su propia experiencia.

Cuando facilites la liberación a tu compañero, esfuérzate en liberar tú también. Será algo que se producirá de forma natural si tienes una actitud abierta. Deja que tu compañero profundice en el proceso tanto como quiera. Abstente de dirigir, de juzgar sus respuestas o de aconsejarlo. No es misión tuya «arreglarlo».

Evita hablar de las exploraciones hasta que tú y tu compañero las hayáis completado en esa sesión y estéis de acuerdo en hablar de ellas. Asegúrate de aceptar su punto de vista, aunque no coincida con el tuyo. Es posible que te diga: «Estoy triste», y que tú pienses que en realidad está enfadado, por ejemplo. Por lo tanto, ayúdalo a liberarse de la tristeza. Ten el detalle de aceptar sin vacilaciones lo que te diga. Un desacuerdo habitual entre compañeros es si hubo o no una liberación plena. Puedes pensar que debe seguir liberando en un tema, aunque te diga: «Me siento bien. He terminado». Una vez más, por fuerte que sea la tentación, no es adecuado imponer tus sentimientos e interpretaciones a un compañero.

Evita representar el papel de consejero o terapeuta, a menos que seas un profesional en estos trabajos y tu compañero te pida específicamente que desempeñes con él ese papel. Además, si resulta que tu compañero tiene un estado de salud que normalmente requeriría la asistencia de un profesional, sugiérele que busque toda la ayuda necesaria en ese sentido. Si no estás seguro de que precise asistencia médica, en cualquier caso se lo puedes sugerir, simplemente para estar seguro.

Kenneth: soltar su apego a una historia

Kenneth fue testigo directo de los atentados contra el World Trade Center de Nueva York el 11 de septiembre de 2001. A pesar de que, desde entonces, todos los días ha ido liberando, llevaba un mes en un estado permanente de mucha ansiedad cuando llegó al retiro de siete días en Sedona aquel mes de octubre. Nos contó al grupo esta dramática historia:

> Llegaba tarde a una cita que había concertado con un cliente para las nueve de la mañana al otro lado de la calle de la Zona Cero. Al salir del metro, las escaleras mecánicas estaban atascadas por una multitud que mostraba la exasperación propia de los neoyorquinos. Cuando llegué a la calle, me giré a la derecha y vi a un montón de personas detenidas y levantando la vista hacia la Torre Norte, que ya estaba ardiendo. En ese momento, ninguno de nosotros sabía qué había ocurrido. Parecía simplemente que hubiera un incendio en dos plantas. Mientras me apresuraba hacia mi trabajo, lo único que pensaba era: «¡Que lleguen pronto los bomberos!».
>
> Al entrar en el edificio de mi cliente, subí en el ascensor hasta la planta catorce. Pero no había nadie y la oficina estaba cerrada. Pasaban unos minutos de la hora y ya habían evacuado el edificio. Bajé, salí del edificio y me quedé de pie en la acera un rato para ver el fuego. Al cabo de cinco o diez minutos, no recuerdo exactamente cuánto tiempo, se produjo una tremenda explosión en la otra torre, un sonido parecido al que hace el encendedor de una estufa de gas. Primero hubo como un rugido, pero amplificado millones de veces. Por extraño que parezca, ni siquiera supe que había sido el choque de un avión hasta que más tarde llegué a casa y hablé por teléfono con mi novia, que estaba viendo lo ocurrido por la CNN en Illinois. En aquel momento, pareció como si estallara una bomba. Fue entonces cuando quienes estábamos en la calle nos dimos cuenta de que se trataba de algo más que un simple incendio.
>
> Al producirse la explosión, empezó a llover sobre nosotros una cantidad inmensa de papeles. La gente, presa del pánico, empezó a

correr por Day Street. En sus prisas por alejarse cuanto pudiesen, casi me atropellan. En aquel momento no estaba liberando conscientemente. Más que miedo, sentía curiosidad. Intenté llamar por el móvil, porque quería contarle a mi novia lo que estaba viendo, pero no funcionaba, pues el transmisor estaba en lo alto de las torres. Al cabo de un par de minutos, empezó la cacofonía de las sirenas de los bomberos y la policía, que se dirigían hacia donde nos encontrábamos. Seguían cayendo papeles, pero no lo hacía aún el polvo. Era algo surrealista. Recuerdo que me cayó un papel a los pies, y observé que llevaba impreso el nombre de un banco alemán. Me tocó la fibra sensible, porque soy alemán.

El siguiente hecho dramático, que me sigue obsesionando, fue cuando empezó a lanzarse gente desde las plantas superiores de la Torre Norte. Era una mañana preciosa y clara, así que todo me parecía algo irreal. Era una imagen perfecta en Panavisión, y se me antojaba que estaba viendo una película. Unos colores perfectos y unas instantáneas panorámicas. Hubo una imagen que se me quedó grabada en la mente: un hombre de negocios saltando con su cartera en la mano. En un día tan claro, aquel hombre con las piernas arriba, las manos abajo y la corbata al aire y ondeando mientras descendía a toda velocidad. Las torres eran muy altas, por lo que tardó bastante en llegar al suelo. Doy gracias por no haber visto los impactos de los cuerpos, pues me lo ocultaban otros edificios.

Entonces supe que estaba pasando algo muy grave. La gente lloraba por las calles, y cada vez que alguien se tiraba, todo el mundo gritaba «aaaaaah», conteniendo la respiración. Me sentí obligado a mirar, pese a que era algo horrible. Pero me dije: «¡TIENES que salir de aquí, AHORA! Es posible que ocurra algo más. No sabemos qué produjo el impacto. Quizá haya más bombas. ¡VETE DE AQUÍ Y MÁRCHATE A CASA!». Así que me abrí paso como pude entre la muchedumbre hasta llegar a la estación de metro de Brooklyn Bridge, a unas manzanas al norte de donde había estado. Para llegar hasta allí, pasé junto a un parque próximo al Ayuntamiento. Había miles de personas en el parque, una multitud que contemplaba cómo se desarrollaban los acontecimientos. Una o dos veces estuve a punto de darme la vuelta y miré por encima del hombro. Pero había decidido irme. Afortunadamente, el metro aún funcionaba, pero era casi la única persona que viajaba en él, y pronto se detuvo. Llegué a casa y de inmediato llamé a mi novia por el teléfono fijo. Me explicó lo que había visto. Compartí con ella mis sentimientos y el impacto que lo sucedido me había producido. Luego entré en un estado de *shock* nervioso. No pude encender el televisor enseguida porque estaba guardado en un armario. Lo saqué y lo encendí. Se veía muy mal, porque habían saltado las antenas. Me dominaba la sensación de que de un modo u otro el atentado no era real, un terrible sentimiento de incredulidad, a pesar de haber sido testigo de lo sucedido. Necesitaba con urgencia que el drama se desarrollara ante mí.

Mientras Kenneth recordaba la historia, yo lo guiaba en el proceso de liberación de fragmentos de la experiencia: los sonidos, las imágenes, los sentimientos, los pensamientos, las sensaciones. Liberó cierto miedo y cierta ansiedad. Pero ofrecía mucha resistencia y solía responder «no» cuando le preguntaba: «¿Podrías soltar esto?». Yo sabía que todos los del grupo nos beneficiaríamos del proceso de liberación de Kenneth, ya que a todos nos había afectado profundamente la magnitud de la tragedia. Hasta que Kenneth no fue capaz de reconocer que en el fondo estaba orgulloso de haber vivido una situación única, y de haber desarrollado tan magnífica historia acerca de ella, no pudo soltar de forma completa. Una vez que vio realmente el orgullo y lo liberó, la ansiedad que había estado experimentando se desvaneció, para no volver más.

Como dice Kenneth: «El orgullo es un sentimiento de mucha fuerza, pero por fin conseguí soltarlo. La constancia tuvo su recompensa. Al final me sentía ajeno al grupo. Estaba yo solo ocupándome de ese suceso concreto. No se trataba de complacer a Hale ni de conseguir la aprobación de nadie, ni siquiera de mí mismo. Después de la liberación, me sentí bien. El 11 de septiembre estaba aún muy presente en el sentir de la gente y no se paraba de hablar de ello, pero nunca saqué a colación el tema de nuevo en todo el tiempo que estuve en Sedona. Y mejor aún, en realidad estaba ya cansado de él».

Escollos habituales que conviene evitar

Muchos tropiezan con escollos habituales al emprender el camino del desarrollo personal, cualquiera que sea su dirección. Aquí tienes algunos consejos para evitarlos:

- *«Sufro, luego existo».* Por extraño que pueda parecer, esta afirmación refleja la forma en que muchos vivimos nuestra vida. Nos identificamos con nuestros problemas, pensando que somos los únicos que los tenemos. Es casi como si creyéramos que justificamos nuestra existencia por el hecho de tener unos obstáculos que superar, unos problemas que solucionar, y por la cantidad de sufrimiento que somos capaces de aguantar. Nos identificamos también con el sufrimiento que nos creamos a nosotros mismos. Nos acostumbramos tanto a ser la persona con un determinado problema que a menudo nos da miedo no saber quiénes seríamos sin él. Cuando nos detenemos un momento a reflexionar sobre «nuestros» problemas, podemos llegar incluso a descubrir que hemos llegado a aferrarnos tanto a esos patrones de pensamiento y conducta que es difícil imaginarnos sin ellos. En vez de estar abiertos a la incertidumbre que deriva del soltar, nos agarramos a la sensación artificial de seguridad que nos proporciona saber qué podemos esperar, aunque se trate de expectativas nada beneficiosas.

  No tiene por qué ser así. Piensa en un problema que creas que tienes y pregúntate: «¿Preferiría tener la falsa sensación de seguridad que da el hecho de saber todo lo referente a este problema o prefiero ser libre?». Si prefieres ser libre, te soltarás espontáneamente de tu apego al problema, o empezarás a descubrir soluciones naturales, en vez de justificar el problema o quedarte atrapado en él.

- **«Pero ¿de qué voy a hablar?».** Muchos basamos una cantidad importante de nuestras comunicaciones interpersonales en procurar que los demás comprendan nuestros problemas o en apiadarnos de los problemas de los demás. A menudo adquirimos tanta destreza en exponer nuestros problemas que no queremos abandonar nuestra experiencia. No es que compartir los problemas sea algo malo. De hecho, la libertad de compartir lo que te preocupa suele ser el primer paso del proceso de soltar y avanzar. Además, saber estar a disposición de los amigos y compañeros cuando están emocionalmente necesitados demuestra que uno es un buen amigo. En lo que nos quedamos atrapados es en el círculo vicioso de compartir continuamente el mismo problema, una y otra vez, sin alivio alguno.

  Si observas que cuentas la misma historia más de una vez, comprueba si estás buscando el acuerdo o la aprobación. Si así es, pregúntate:

  > *¿Podría liberarme de querer que otros estén de acuerdo conmigo en que tengo este problema?*
  > *¿Podría liberarme de querer aprobación para este problema?*

- **«Es mío, esta es la razón».** El orgullo es un sentimiento cambiante. No nos sentimos orgullosos de nuestros logros, sino que realmente nos entusiasmamos al sentirnos sutilmente orgullosos de nuestros problemas. Hacen que nos sintamos muy especiales. Este obstáculo en el camino hacia la libertad puede adquirir la forma de sentirse orgulloso por haber superado el problema, por haberlo soportado durante tanto tiempo o por tener un problema que nos es exclusivo.

  Vigila el orgullo. Fíjate en tus problemas cuando te vayas liberando de ellos y comprueba si hacen que te sientas «especial».

Si descubres algún grado de orgullo y puedes admitirlo honradamente y soltarlo, te encontrarás con la libertad necesaria para liberarte también del problema.

- **No es sensato preguntar por qué.** Querer comprender o averiguar por qué o de dónde surgen los problemas puede ser también un importante obstáculo a la hora de soltarlos, ya que en nuestro afán de entenderlos y resolverlos, en realidad nos estamos aferrando a ellos. Si hay algo que sea importante que comprendas, soltar el deseo de entender muchas veces proporciona con mucho menos esfuerzo la comprensión que has estado buscando. Pregúntate: «¿Prefiero comprender mis problemas o simplemente verme libre de ellos?». Si prefieres lo segundo, te recomiendo encarecidamente que sueltes el deseo de entenderlos.

La razón de que esto sea tan importante es que para comprender un problema, debemos abandonar el momento presente, que es el único lugar en que de verdad podemos solucionar cualquier cosa. Además, solo necesitamos realmente comprender un problema si tenemos pensado que se produzca de nuevo o que de algún modo persista.

Hace años, mientras impartía un curso del Método Sedona, sugerí a mis alumnos que si soltaban el deseo de comprender sus problemas, aparecerían las respuestas. Había un hombre en particular al que le costaba aceptar esa idea. Era ingeniero eléctrico y «sabía» sin sombra de duda alguna que en su profesión necesitaba comprender el funcionamiento de las cosas; de lo contrario, no podría ejercer su trabajo. No me opuse a su punto de vista; me limité a indicarle que siguiera abierto al menos a la posibilidad de que el hecho de soltar el deseo de comprender el problema le podría servir de algo.

«Con una historia personal de pobreza y excesiva disciplina física, llevo muchísimos años trabajando en mi personalidad. Pero hay una serie de cuestiones que siguen ahí, a pesar de mis esfuerzos por cambiarlas. Después de terminar el curso, me siento aliviada de gran parte de mi antigua angustia y sé abordar mejor los miedos tan enraizados que se me plantean. No estoy segura de reconocerme, pero estoy preparada para la sorpresa. Cuando me enfrento a los retos diarios, enseguida aparece el Método, por lo que he obtenido unas herramientas de gran eficacia y un modo de vivir más tranquila y feliz».

—**Ivonne Wigman,**
Kingston (Australia)

Durante las dos semanas del curso, el ingeniero tuvo una experiencia que cambió por completo su forma de ver las cosas. Trabajaba en crear un circuito de muestreo y necesitaba una determinada pieza para terminarlo. Pero cuando fue a buscarla en el almacén —una habitación con hileras superpuestas de cubos apilados en estantes que iban desde el suelo hasta el techo y llenos de pequeñas piezas de electrónica distribuidas según sus características—, el cubo donde se suponía que se encontraba aquella pieza estaba vacío. Pensó: «Estoy seguro de que soltar el deseo de querer comprender lo que pasa seguramente no funcionará en este tipo de problema, pero, de cualquier modo, voy a intentarlo». Así que se quedó allí de pie unos minutos y soltó el deseo de averiguar dónde podía estar la pieza. Luego se encontró doblando una esquina, en dirección a otra hilera de cubos, donde dio con uno cuya etiqueta ponía otra cosa y, ¡quién lo iba a decir!, allí estaba la pieza que andaba buscando. Se quedó atónito, porque lo había hecho por pura diversión, seguro de que no iba a funcionar; pero funcionó.

Te animo a que estés abierto a la posibilidad de que puedes obtener las respuestas que ansías en tu vida mediante este proceso de soltar el deseo de comprender. Al igual que el ingeniero eléctrico, es posible que te sorprendas.

- **Deja de ir corriendo por la vida.** Comienza a abordarla como si tuvieras todo el tiempo del mundo. Vivimos en un sistema que sigue un paso increíblemente rápido, donde nos obligamos sin cesar a movernos a mayor velocidad solo para no quedarnos rezagados. Con las prisas por lograr nuestras metas, incluso en el ámbito del desarrollo personal, a menudo nos saltamos el momento preciso que ofrece la mejor oportunidad para descubrirnos y reconocernos: ahora.

La exploración: buscar la libertad aquí y ahora

Cualquiera que sea el punto del pasado en que se haya quedado anclada tu conciencia, además de liberarte directamente de esta cuestión, desarrolla la costumbre de darle la vuelta. La mayoría sabemos encontrar perfectamente problemas y limitaciones. Somos expertos en la búsqueda de la limitación debido a nuestra costumbre de encontrar problemas donde no los hay.

La libertad que nos es inherentemente propia siempre está más próxima que nuestro siguiente pensamiento. La razón de que perdamos nuestra libertad es que saltamos de pensamiento en pensamiento, de una percepción familiar a otra, olvidándonos de lo que realmente ocurre *aquí y ahora*.

Incluso cuando trabajas sobre un determinado problema, permítete mirar hacia donde el problema *no existe*. Observa que hasta tu peor problema no siempre está contigo en el momento actual (AHORA). Cuando empieces a ser consciente de la libertad sin límites propia de tu naturaleza esencial, descubrirás que tal conciencia sitúa todos tus supuestos problemas en su justa perspectiva y te permite vivir tu estado natural de libertad ahora.

El proceso siguiente te ayudará a avanzar en esta dirección. Es una forma de experimentar lo que hay más allá de tus aparentes problemas y ponerte en contacto con la segunda forma de liberación: la aceptación.

Toma conciencia de tus percepciones sensoriales, empezando por el sentido del oído. *¿Sabrías limitarte a escuchar o aceptar cualquier cosa que se oiga en este momento?*

Luego, mientras sigues centrándote en el oído, *¿sabrías también aceptar el silencio que rodea e impregna todo lo que se oye?*

Durante unos minutos, pasa consecutivamente de escuchar lo que se oye a escuchar lo que no se oye, y viceversa, incluidos tus pensamientos.

Cuando te sientas preparado, concéntrate en lo que se ve. *¿Sabrías aceptar cualquier cosa que se vea, lo mejor que puedas?*

Después, ¿sabrías también aceptar u observar el espacio, o el vacío, que rodea toda imagen y todo objeto, incluido el espacio en blanco entre las líneas de esta página?

Alterna de nuevo entre las dos percepciones durante unos momentos.

A continuación, céntrate en cualquier sensación que surja en este momento. *¿Sabrías aceptar cualquier sensación que se perciba en este momento?*

Después, ¿sabrías aceptar el espacio, o la ausencia de sensación, que rodea cualquier sensación?

Alterna suavemente las dos formas de percepción.

Luego, ¿sabrías centrarte en un problema concreto y aceptar ese recuerdo con todas las imágenes, sonidos, sensaciones, pensamientos y sentimientos que lleva asociados?

¿Sabrías después observar que la mayor parte de tu experiencia se produce al margen de ese problema concreto?

¿Y sabrías aceptar al menos la posibilidad de que ese problema no sea tan absorbente como parecía?

Pasa alternativamente de la aceptación del problema y sus percepciones asociadas a la observación y aceptación de lo que realmente hay aquí y ahora.

Al hacer todo lo anterior, verás que progresivamente vas adquiriendo una nueva sensación de claridad respecto a tus supuestos problemas, además de percatarte de la exquisitez de lo que ya existe aquí y ahora.

Crecer puede ser divertido

Te ruego que participes activamente en el proceso de liberación. Cuanto más pongas en él, más provecho vas a sacarle. Pero deja de lado cualquier idea desagradable que tengas sobre el trabajo. Muchas personas creen en aquello de «nada se consigue sin dolor». A medida que practiques el soltar, estoy seguro de que descubrirás que simplemente no tiene por qué ser verdad. En vez de trabajar con este proceso, permítete embarcarte en él como en un juego de exploración de todo lo que es posible de verdad para ti. Sí, el crecimiento y la curación personales –llegando a ser un todo– pueden ser algo lúdico y divertido.

Ten la valentía de introducir grandes cambios en tu vida. Concédete la felicidad, el éxito y el bienestar que te mereces. Quiero que tengas todo eso, y este proceso se desarrolló para ayudarte a conseguirlo. Cuando dejes que la facilidad, la sencillez y el sorprendente poder del Método Sedona se te manifiesten en las páginas de este libro y a través de tus exploraciones personales, obtendrás una herramienta que a partir de este momento siempre te acompañará. Durante casi treinta años, personas como tú han ido utilizando esta increíble técnica para mejorar de forma radical todos los aspectos de su vida.

3

Tu mapa para llegar a la libertad emocional

Por favor, lee este capítulo con la mente y el corazón abiertos. Está pensado para ayudarte a analizar y liberar a través de los nueve estados emocionales fundamentales que todos experimentamos a lo largo del día: apatía, pena, miedo, deseo, ira, orgullo, coraje, aceptación y paz. Esta información te va a ayudar no solo a ver con mayor claridad tus sentimientos, y los de los demás, sino también a incorporar a tu vida el proceso de liberación consciente.

Libertad/Imperturbabilidad

La libertad, o imperturbabilidad, es la meta final del Método Sedona: la libertad de decidir tener, ser o hacer, o no tener, ser ni hacer nada y todo. Este es el estado natural de ser cuando nada de lo que ocurra en nuestra vida nos puede perturbar ya. Tu libertad está ya aquí y ahora, reposando justo debajo de la superficie de tus emociones, y, a medida que domines la liberación, al final la descubrirás. Entonces, nada ni nadie te podrá perturbar. Serás consciente de todo lo que esté ocurriendo, y lo disfrutarás, pero no te sentirás apegado a ningún resultado concreto ni preocupado por él. Permanecerás tranquilo, en paz.

Es posible que ahora mismo te estés diciendo: «No sé si deseo soltar todas mis emociones. Le dan color a la vida. Hacen que me sicnta vivo». Te aseguro que la liberación en modo alguno conduce a una falta de vida emocional. Ocurre exactamente todo lo contrario. Dado que en general nos reprimimos tanto, en realidad no nos permitimos sentir lo suficiente. Este aturdimiento nos separa de la bondad y la riqueza naturales de la vida, mucho más de lo que nos separa de las llamadas emociones negativas. Cuando comprendas que puedes soltar tus sentimientos, y empieces a hacerlo, serás capaz de sentirlo todo en mayor grado y de forma muy positiva. Descansarás seguro en el conocimiento de que ningún sentimiento tiene poder sobre ti a menos que decidas permitírselo.

Descubre tu intuición

Otra razón de que muchas personas vacilen cuando empiezan a soltar los sentimientos es la creencia en que estos les proporcionan información e intuición importantes. Mi experiencia me dice todo lo contrario. Aunque pueda parecer que los sentimientos restrictivos surgen del mismo lugar situado por debajo de la conciencia, como ocurre con la intuición, esta de hecho es el conocimiento natural de nuestra auténtica naturaleza, que las emociones bloquean. Cuando liberamos, descubrimos la intuición.

Lester Levenson solía decir: «La intuición solo acierta en el cien por cien de los casos». Es algo que quizá te resulte difícil de aceptar mientras no descubras la diferencia entre tu intuición y tus reacciones emocionales. Por lo tanto, utiliza el proceso de soltar para distinguir mejor entre ellas. Basta con que liberes en el momento preciso y prestes atención. Pronto descubrirás que, a medida que sueltas un sentimiento restrictivo, este disminuye o desaparece, mientras que la intuición sencillamente se vuelve más clara y tranquila cuando liberas. No puedes liberar la intuición. En realidad, cuanto más liberes, más intuitivo serás, sin ni siquiera necesitar soltar en el momento.

Los nueve estados emocionales

Inherentes a todos nosotros existen nueve estados emocionales: la apatía, la pena, el miedo, el deseo, la ira, el orgullo, el coraje, la aceptación y la paz. Al final de este capítulo se relacionan estos estados emocionales en una tabla (página 108). Se sitúan a lo largo de una escala de energía y acción. En la apatía, casi no disponemos de energía y emprendemos poca o ninguna acción externa. Tenemos más energía y realizamos mayor actividad exterior cuando ascendemos a la pena. Cada emoción sucesiva de esta escala, hasta llegar a la paz, tiene más energía y nos da mayor capacidad para la acción exterior.

Tal vez te sea útil la siguiente analogía. Imagina que tus emociones son como si experimentaras un mar de energía que se canalizara por una manguera, que representa tu cuerpo y tu mente. Cuando te encuentras en la apatía, la manguera está casi completamente enrollada y doblada, por lo que deja pasar muy poca energía. En la pena, está un poco más abierta. Cuando llegas ya al coraje, está muy abierta, de modo que puedes concentrar tu energía en crear lo que decidas. En la paz, ya no hay constricción alguna: el mar y tú sois uno y lo mismo. Entre otras cosas, pensar en tus emociones de esta forma te podrá ayudar a dejar de juzgarte por aquellos sentimientos que tengas o no tengas. Al fin y al cabo, las emociones no son más que energía.

Te ruego que uses el recordatorio de este capítulo para que te ayude a identificar qué estado emocional estás experimentando en un momento dado. Remítete a las listas de palabras y frases que describen cada uno de los nueve estados emocionales siempre que tengas dificultades para conectar con lo que estés sintiendo. Por ejemplo, si observas que a menudo cedes, tienes sentimientos negativos sobre ti mismo o sobre los demás, o simplemente te cuesta arrancar, es probable que estés experimentando un estado de apatía. Tal vez te encuentres pensando: «No soy como los demás», «Tengo razón», «Soy más inteligente que cualquiera», o que te sientas satisfecho contigo mismo y mejor que los demás. Los pensamientos y sentimientos de esta naturaleza indican que seguramente estás experimentando un estado de orgullo.

A medida que vayas trabajando con este material, es probable que descubras que te puedes relacionar con mayor facilidad con determinadas emociones que con otras y que tiendes a dedicar más tiempo a experimentar unos estados emocionales que otros. Sin embargo, es importante trabajar en la liberación de tus emociones al tiempo que experimentas los nueve estados emocionales, para lograr la verdadera imperturbabilidad y la libertad en la vida.

Las nueve categorías emocionales son una forma de entender la gran parte de nuestra mente que se sitúa por debajo de nuestra conciencia. Esta parte de la mente es como un cajón de los trastos: ya sabes, ahí donde tiramos todo lo que ya no sabemos qué hacer con ello. Algunos tenemos un trastero, un desván o un garaje de ese estilo. A lo largo del tiempo, hemos ido tirando a esta parte de nuestra mente todo aquello que no sabíamos cómo manejar o que en cualquier caso no está resuelto. Como señalaba antes, todo sentimiento que no se suelta queda almacenado en la mente subconsciente, que se llena de escombros emocionales y de pensamientos y sentimientos restrictivos. Dada la acumulación de cuestiones no resueltas que la mayoría de nosotros desarrollamos, a menudo resulta difícil recordar qué consideramos importante y demasiado fácil recordar lo que desearíamos olvidar.

No sé cuál será tu caso, pero cuando yo solía utilizar un cajón para los trastos, me frustraba siempre que intentaba encontrar algo en él. Al final, lo vacié y organicé su contenido. Con el Método Sedona, también puedes hacer lo mismo con la mente. Al ir dedicando tiempo a trabajar con los nueve estados emocionales y a liberarlos, verás que todas las emociones se relacionan entre sí de forma muy organizada. Esto te ayudará a tamizar esa acumulación, desechar lo que ya no necesitas y descubrir lo que es importante para ti. Cuando liberes, observarás que tu mente se va agudizando y que tu memoria se va aclarando progresivamente. No solo verás con mayor claridad lo que sientas en ese momento, sino que también empezarás a comprender mejor las emociones de otras personas.

Cuando visualices la escala de la energía y la acción, o cuando repases la tabla al final de este capítulo (página 108), imagina que el coraje, la aceptación y la paz están enterrados debajo de otras emociones. Cuando sueltes tu apatía, tu pena, tu miedo, tu deseo, tu ira y tu orgullo, irás desvelando esas emociones de energía superior, que constituyen lo que realmente eres y que siempre han estado ahí. El resultado será que toda tu vida cambiará por completo. Todo te resultará más fácil.

Debes tener en cuenta que es posible que ese giro completo no se produzca de manera inmediata. Puede que sea un proceso gradual. Sin embargo, cada vez que participas en el proceso de liberar, sin que importe por dónde empieces —sea en la apatía, la pena, el miedo, el deseo, la ira o el orgullo—, descubrirás que tiendes a gravitar de forma natural hacia el coraje, la aceptación y la paz. Reconocer así tus virtudes ocultas puede significar una gran diferencia en tu forma de sentir y actuar, y en la idea general que tengas de la vida.

> «El hecho de comprender mis sentimientos me proporciona una vida más serena y mejor centrada. Me siento más presente en cada momento. El curso del Método Sedona me dio lo que otros cursos nunca me dieron: un sistema bien delimitado que me ayuda a lograr mi objetivo de soltar las barreras. Además, sé decidir por mí mismo a dónde ir y a qué velocidad avanzar».
>
> —**B. V.,** Gante (Bélgica)

Al leer los nueve apartados que siguen, procura estar lo más abierto posible a cualquier sentimiento, pensamiento o imagen que surjan. Te pido que te detengas siempre que desees liberar cualquier cosa que aparezca. Y detente al final de cada apartado para dedicar cierto tiempo a liberar todo lo que haya en tu conciencia.

La apatía

Cuando sentimos apatía, se nos antoja que el deseo está muerto y que no sirve de nada. No somos capaces de hacer nada, y nadie nos puede ayudar. Nos sentimos abotargados y pesados, y no vemos escapatoria posible. La mente se puede llenar de tanto ruido que lleguemos a entumecernos. Las imágenes que vemos son restrictivas y destructoras. Solo pensamos en el fracaso y que nada podemos hacer, ni nadie puede hacer nada tampoco. Tenemos muy poca o ninguna fuerza para actuar sobre esas imágenes y esos pensamientos, porque en nuestro interior nos vemos empujados hacia muchas direcciones opuestas.

Cheryl estaba jubilada y llevaba viviendo en la misma casa treinta años, un período que había dedicado a recoger todo tipo de objetos y desechos. En realidad, su casa parecía ese cajón de trastos del que hablaba antes al referirme a la mente subconsciente. Cuando decidió asistir al curso básico del Método Sedona, decía que se sentía muy pesada y apática respecto a la situación de su entorno. Lo interesante fue que durante el curso nunca se liberó directamente de todo lo relativo a su afán por acumular trastos o su apatía. Se limitaba a fijar su objetivo en su falta de determinación. Pero cuando llegó para iniciar la segunda semana del curso —con un aspecto de mayor vitalidad— contó entusiasmada que, al ir soltando a lo largo de la semana, se encontró con que limpiaba y tiraba cosas a la basura. Cuando todo lo que la rodeaba estuvo en mejor estado, sus fuerzas y su confianza en sí misma aumentaron de forma sistemática. Decía que llevaba años obligándose a limpiar su casa, pero nunca conseguía hacerlo. Cuando se relajó con la liberación, se descubrió haciendo esas tareas.

Palabras y expresiones que describen la apatía:

- Abandonar
- Abrumado
- Aburrido
- Adormilado
- Agotado
- Aislado
- Aletargado
- Bloqueado
- Condenado al fracaso
- Demasiado cansado
- Deprimido
- Derrotado
- Desalentado
- Descentrado
- Descuidado
- Desganado
- Desesperación
- Desilusionado
- Desmoralizado
- Desolado
- Desperdiciado
- Despreciable
- Distraído
- En *shock*
- Entumecido
- Es demasiado tarde
- Exhausto

- Fracaso
- Frío
- Impotente
- Impreciso
- Incorregible
- Indeciso
- Indiferente
- Insensible
- Inútil
- Invisible
- Muerto

- Negativo
- No estoy de humor
- No importo
- No me importa
- No puedo
- No puedo ganar
- Olvidadizo
- Perdedor

- Perdido
- Perezoso
- ¿Por qué intentarlo?
- ¿Qué sentido tiene?
- Resignado
- Vamos a esperar
- Vano

Dedica unos minutos a recordar la última vez que tú o alguien que conozcas sentisteis apatía. Luego piensa un momento en el sentimiento que tal recuerdo te produce en este instante.

¿Podrías aceptar que existe ese sentimiento?

¿Podrías soltarlo?

¿Lo soltarías? ¿Cuándo?

Repite el proceso de liberación unas cuantas veces más hasta que sientas como si pudieras soltar parte de lo que estás sintiendo o todo ello. Luego pasa al sentimiento siguiente.

La pena

Cuando sentimos pena, o dolor, queremos que alguien nos ayude porque pensamos que solos no podemos hacer nada. Creemos que tal vez otra persona pueda hacer algo. Imploramos que alguien actúe por nosotros. Nuestro cuerpo tiene un poco más de energía que en el estado de apatía, pero está tan contraído que duele. Tenemos la mente un poco menos abarrotada que en la apatía, pero sigue siendo ruidosa y opaca. Imaginamos nuestra pena y nuestras carencias, y a menudo nos perdemos en estas imágenes. Solo pensamos en lo mucho que sufrimos, en lo que hemos perdido y en si podemos conseguir que alguien nos ayude.

Cuando la anciana madre de Sarah sufrió un derrame cerebral, Sarah se dio cuenta de que sus vidas habían cambiado. Se sentía profundamente triste por perder la relación de la que solían disfrutar cuando su madre se sentía con fuerzas. Dada la mucha ayuda que su madre necesitaba ahora, era como si Sarah asumiera el papel de madre y su madre el de hija, al menos parte del tiempo. Llegó un día en que Sarah decidió sumergirse en su pena, y encontró cierta paz. Comprendió que, con el uso del Método Sedona, podía permitirse sufrir de forma adecuada, en vez de quedarse atrapada en un estado permanente de pena. Aunque existían la tristeza y la incertidumbre, también había un sentimiento de gran alivio y de movimiento. La liberación facilitó que aceptara los cambios que se habían producido en su madre.

Palabras y expresiones que describen la pena:

- A nadie le importo
- Abandonado
- Abatido
- Angustiado
- Añoranza
- Apenado
- Atormentado
- Avergonzado
- Consternado
- Culpable
- Culpado
- Decepcionado
- Desatendido
- Desconsolado
- Desesperación
- Dolor
- Engañado
- Agotado
- Herido
- Ignorado
- Impotente
- Incomprendido
- Inconsolable
- Inepto
- Infeliz
- Lástima
- Lastimado
- Luto
- Lloroso
- Maltratado
- Marginado
- Melancolía
- Nadie me quiere
- No deseado
- No hay derecho
- No querido
- Nostalgia
- Olvidado
- Pena
- Pérdida
- Pesar
- Pobre de mí
- ¿Por qué yo?
- Rechazado
- Relegado
- Remordimiento
- Si al menos...
- Torturado
- Traicionado
- Triste
- Tristeza
- Vulnerable

Dedica unos minutos a recordar la última vez que tú o alguien que conozcas sentisteis pena. Luego piensa un momento en el sentimiento que tal recuerdo te produce en este instante.

¿Podrías aceptar que existe ese sentimiento?

¿Podrías soltarlo?

¿Lo soltarías?

¿Cuándo?

Antes de seguir, repite el proceso de liberación unas cuantas veces más hasta que sientas como si pudieras soltar parte de lo que estás sintiendo o todo ello. Luego pasa al sentimiento siguiente.

El miedo

Cuando sentimos miedo, queremos arremeter, pero no lo hacemos, porque pensamos que el riesgo es demasiado grande. Creemos que seguramente recibiremos más golpes de los que demos. Queremos arrancar, pero no lo hacemos porque pensamos que nos haremos daño. Nuestro cuerpo tiene un poco más de energía que en la pena, pero sigue aún tan contraído que casi resulta doloroso. Los sentimientos pueden aflorar y evaporarse con rapidez, como el agua fría en una sartén caliente. La mente está un poco menos abarrotada que en la pena, pero aún es ruidosa y opaca. Nuestras imágenes y pensamientos versan sobre la fatalidad y la destrucción. Lo único que se nos ocurre y lo único que vemos es que nos vamos a hacer daño, lo que podemos perder y que debemos protegernos, a nosotros y a quienes nos rodean.

La liberación es una herramienta magnífica para abordar el miedo, como bien descubrió Judy en un viaje de acampada por Marruecos y Kenia. En una carretera aislada y en muy mal estado de las montañas del Atlas, el todoterreno en que viajaban ella y otras once personas de repente volcó y empezó a dar vueltas. Durante unos momentos, todos pensaron que iban a morir, hasta que el vehículo se detuvo a medio camino del acantilado. Con el corazón acelerado, todos salieron con cuidado del coche hacia la ladera, donde quedaron a su suerte toda la noche en unas condiciones lamentables. Hacía frío y soplaba el viento. Tenían pocas provisiones, algunos de ellos sufrían diarreas y un herido tuvo una crisis nerviosa. Sin embargo, en medio de todo aquello, Judy no paró de liberar su miedo. El resultado fue que estaba tranquila, incluso fascinada, preguntándose si podrían salir de aquel apuro y pensando que era una aventura increíble, que por fin terminó. Y lo mejor de todo es que vivió para contarlo, sin arrastrar ningún sentimiento traumático por lo que había sucedido.

Palabras y expresiones que describen el miedo:

- Amenazado
- Aprensivo
- Asustado
- Aterrorizado
- Atrapado
- Avergonzado
- Cauto
- Cobardía
- Cohibido
- Desconfiado
- Deseos de escapar
- Desesperado
- Duda
- Escéptico
- Evasivo

- Histérico
- Horrorizado
- Huraño
- Incierto
- Inquieto
- Inseguro
- Irracional
- Mal presentimiento
- Miedo escénico
- Náusea
- Nervioso
- Obsesionado
- Pánico
- Paralizado

- Paranoico
- Precavido
- Preocupado
- Receloso
- Reservado
- Sudoroso
- Supersticioso
- Suspicaz
- Tembloroso
- Tenso
- Terror
- Tímido
- Vacilante
- Vulnerable

Dedica unos minutos a recordar la última vez que tú o alguien que conozcas sentisteis miedo. Luego piensa un momento en el sentimiento que tal recuerdo te produce en este instante.

¿Podrías aceptar que existe ese sentimiento?
¿Podrías soltarlo?
¿Lo soltarías?
¿Cuándo?

Antes de pasar al sentimiento siguiente, repite el proceso unas cuantas veces más hasta que sientas como si pudieras soltar parte de lo que estás sintiendo, o todo ello.

El deseo

Cuando sentimos deseo, queremos poseer. QUEREMOS. Ansiamos dinero, poder, sexo, personas, lugares y cosas, pero vacilamos. Puede que lo alcancemos o no. Albergamos un sentimiento oculto de que no podemos, o no debemos, tenerlo. Nuestro cuerpo tiene un poco más de energía que en el miedo. Sigue aún bastante contraído, pero ahora las sensaciones a veces son agradables, sobre todo si se comparan con las tres emociones anteriores, de menor energía. Los sentimientos pueden ser muy intensos. Nuestra mente está un poco menos abarrotada que en el miedo, pero sigue con los ruidos y las obsesiones. Podemos intentar aliviar nuestras imágenes con fantasías positivas, pero en el fondo son realmente imágenes de lo que no tenemos. Nuestros pensamientos se ocupan de lo que necesitamos conseguir y no tenemos. Por mucho que consigamos, nunca nos sentimos satisfechos y raramente disfrutamos de lo que poseemos.

Ron es un aficionado del baloncesto que vive en Seattle y siente pasión por los Sonics. El año en que el equipo estuvo en los *play-offs* contra los Chicago Bulls, se sentía en un intenso estado de deseo. Recordaba que, de niño, perdía los nervios cuando le preocupaba un partido: literalmente temblaba por el esfuerzo que le suponía el deseo de que su equipo ganara. Así que las pocas veces que tuvo la oportunidad de asistir a una final entre los Sonics y los Bulls, se pasaba el tiempo en las gradas liberando la necesidad que tenía de controlar el resultado. Hacía que se sintiera mucho mejor. Disfrutaba mucho más con el partido y, lo más divertido, le parecía que se liberaba como si lo hicieran diez mil personas. Ron no aplaudía mecánicamente al equipo y al final del partido, pasados ya los nervios, sentía la misma euforia. Hoy, su esposa se burla de que Ron tenga que ir a todos los partidos, porque los Sonics ganan siempre que él los ve jugar desde las gradas.

Palabras y expresiones que describen el deseo:

- Acaparador
- Ajeno a lo que le rodea
- Ansias
- Avasallador
- Comedor compulsivo
- Compulsivo
- Complaciente Depredador
- Desenfreno
- Despiadado
- Egoísta
- Envidia
- Exigente
- Explosivo
- Frenesí
- Frustrado
- Hambre
- Impaciente
- Impulsivo
- Insaciable
- Insensible
- Lascivo
- Libidinoso
- Licencioso
- Manipulador
- Maquinador
- Mezquino
- No puedo esperar
- Nunca es suficiente
- Siempre insatisfecho
- Obsesionado
- Obseso
- Perverso
- Posesivo
- Previsión
- Quiero
- Taimado
- Temerario
- Tengo que poseerlo
- Voraz

Dedica unos minutos a recordar la última vez que tú o alguien que conozcas sentisteis deseo. Luego piensa un momento en el sentimiento que tal recuerdo te produce en este instante.

¿Podrías aceptar que existe ese sentimiento?

¿Podrías soltarlo?

¿Lo soltarías?

¿Cuándo?

Antes de pasar al sentimiento siguiente, repite el proceso de liberación unas cuantas veces más hasta que sientas como si pudieras soltar parte de lo que estás sintiendo o todo ello.

La ira

Cuando sentimos ira, deseamos embestir para herir y detener a los demás, pero vacilamos. Podemos embestir o no. Nuestro cuerpo tiene un poco más de energía que en el deseo. Está menos contraído y a menudo las emociones pueden ser muy intensas y explosivas. Nuestra mente está menos abarrotada que en el deseo, pero sigue con los ruidos, la tozudez y la obsesión. Nuestras imágenes se refieren a la destrucción y a lo que vamos a hacer a los demás. Nuestros pensamientos se ocupan de cómo conseguir que se nos haga justicia y que los otros paguen. Esta fuerza nos puede asustar y puede provocar que nos obliguemos a retroceder a experiencias de menor grado de energía, incluso hasta infligirnos daño. Las acciones que emprendemos son en su mayoría destructivas para nosotros y para quienes nos rodean.

Paige albergaba un resentimiento contra un exnovio que en su opinión la había traicionado. Aunque su relación había terminado dos años antes, siempre que pensaba en él observaba que sentía tanta ira que prácticamente la paralizaba. Cuando ocurría esto, se permitía imaginar formas de vengarse. Como no dejaba de alimentar el recuerdo del daño que le habían hecho, el dolor de la experiencia seguía vivo. Y lo que era más importante, la ira que sentía le impedía iniciar una relación nueva y satisfactoria.

Cuando Paige siguió el curso del Método Sedona, uno de sus objetivos era liberar su tan arraigada ira y perdonar a su antiguo novio. En clase se quedaba atónita al descubrir lo fácil que le resultaba soltar las heridas y decepciones que aún le quedaban y que desaparecieron con solo unas sesiones de preguntas. Casi de inmediato empezó a abrirse a la posibilidad de una nueva relación. Luego, siempre que surgían sentimientos negativos, se limitaba a liberarlos y se sentía más ligera, feliz y optimista ante la vida.

Palabras y expresiones que describen la ira:

- Acalorado
- Agresivo
- Airado
- A punto de estallar
- Amargado
- Ardiente

- Beligerante
- Brusco
- Cáustico
- Celoso
- Colérico
- Desafiante
- Despiadado

- Destructivo
- Díscolo
- Discutidor
- Duro
- Enardecido
- Enfadado
- Exigente

- Explosivo
- Frustrado
- Furibundo
- Furioso
- Hostilidad
- Huraño
- Impaciencia
- Indignado
- Inmisericorde
- Instintos asesinos
- Iracundo

- Irritado
- Loco
- Maleducado
- Malicioso
- Mezquino
- Obstinado
- Odio
- Perverso
- Prepotente
- Quisquilloso
- Rabia
- Rebelde

- Resentimiento
- Riguroso
- Salvaje
- Severo
- Soliviantado
- Testarudo
- Vengativo
- Vicioso
- Violento
- Volcánico

Dedica unos minutos a recordar la última vez que tú o alguien que conozcas sentisteis ira. Luego piensa un momento en el sentimiento que tal recuerdo te produce en este instante.

¿Podrías aceptar que existe ese sentimiento?

¿Podrías soltarlo?

¿Lo soltarías?

¿Cuándo?

Como en los anteriores sentimientos, repite el proceso varias veces hasta que sientas como si pudieras soltar parte de lo que estás sintiendo o todo ello. Luego continúa.

El orgullo

Cuando sentimos orgullo, queremos conservar nuestro estatus. No estamos dispuestos a cambiar ni a movernos; por consiguiente, impedimos que los demás se muevan para evitar que nos adelanten. Nuestro cuerpo tiene un poco más de energía que en la ira, pero muchas veces no podemos disponer de ella. Aunque está menos contraído, suele estar apagado y menos visible. Nuestra mente está un poco menos abarrotada que en la ira, pero sigue siendo ruidosa, rígida y centrada en sí misma. Nuestras imágenes y nuestros pensamientos se refieren a lo que hemos hecho y a lo que sabemos. Si de algún modo somos conscientes de los demás, esperamos que observen lo bien que ocultamos nuestras fastidiosas dudas.

Martin era lo que la mayoría consideraría un ejecutivo dinámico. En su carrera profesional, muy pronto ascendió en la empresa sin preocuparse mucho de a quién iba pisando por el camino. Sin embargo, cuando compró las cintas del Método Sedona fue porque se había encontrado con un muro en su profesión. Pensaba que seguía haciendo lo correcto, pero ya no obtenía los resultados que deseaba. No le habían tenido en cuenta a la hora de los ascensos, y no entendía por qué sus jefes no veían que era mucho mejor que los promocionados finalmente.

Al escuchar las cintas, Martin descubrió que había caído en el orgullo, que no lo dejaba ver sus defectos y le impedía aprovechar el apoyo que habría estado a su disposición si hubiese estado abierto a recibirlo. Cuando soltó, empezó a apreciar a sus compañeros de trabajo de forma más espontánea y se sentía más dispuesto a trabajar para todo el equipo, sin tratar de guardar con ellos las distancias que antes mantenía. Después de hacer este cambio, lo ascendieron. Hoy Martin sabe que puede seguir subiendo hasta lo más alto sin necesidad de pisar a nadie en el camino.

Palabras y expresiones que describen el orgullo:

- Absorto en sí mismo
- Aburrido
- Aferrado a sus ideas
- Aislado
- Altivo
- Arrogante
- Autoritario
- Cerrado
- Crítico
- Desdén
- Despectivo
- Displicente
- Distante
- Dogmático
- Egoísta
- Engreído
- Esnob
- Especial
- Estoico
- Falsa dignidad
- Falsa humildad
- Falsa virtud
- Fanfarrón
- Frío
- Hipócrita
- Impertérrito
- Implacable
- Inexorable
- Inflexible
- Insensible

- Inteligente
- Intolerante
- Irreprochable
- Lleno de prejuicios
- Malcriado
- Mejor que tú
- Nunca se equivoca

- Obcecado
- Pagado de sí mismo
- Paternalista
- Petulante
- Presuntuoso
- Recto
- Regodearse
- Rígido

- Sabelotodo
- Satisfecho de sí mismo
- Sentencioso
- Superior
- Superioridad moral
- Testarudo
- Vanidoso

Dedica unos minutos a recordar la última vez que tú o alguien que conozcas sentisteis orgullo. Luego piensa un momento en el sentimiento que tal recuerdo te produce en este instante.

¿Podrías aceptar que existe ese sentimiento?

¿Podrías soltarlo?

¿Lo soltarías?

¿Cuándo?

Repite el ejercicio varias veces hasta que sientas como si pudieras soltar parte de lo que estás sintiendo, o todo ello, antes de pasar al siguiente sentimiento.

Recuerda que los seis primeros estados emocionales en realidad forman una delgada corteza que encubre los tres sentimientos siguientes de coraje, aceptación y paz. Si los seis primeros incluyen ante todo actitudes de «no puedo», a medida que nos permitimos desvelar los tres siguientes estados emocionales, vamos empezando a sentir el «puedo».

El coraje

Cuando sentimos el coraje estamos dispuestos a actuar sin vacilar. Podemos hacer. Podemos corregir. Podemos cambiar cualquier cosa siempre que sea necesario. Tenemos la voluntad de soltar y de avanzar. Nuestro cuerpo tiene mucha más energía que en el orgullo, y podemos disponer de ella para la acción exterior y constructiva. La energía que tenemos a nuestra disposición es abundante y clara. La mente está menos abarrotada que en el orgullo y es mucho menos ruidosa. Somos flexibles, capaces de recuperarnos, y mantenemos una actitud abierta. Nuestras imágenes y nuestros pensamientos se refieren a lo que podemos hacer y aprender, y a cómo podemos ayudar a los demás de esa misma forma. Estamos motivados y no dependemos más que de nosotros mismos, sin por ello dejar de desear que los otros tengan éxito. Sabemos reírnos a carcajadas, incluso de nuestros propios fallos. La vida es divertida.

Cada vez que decimos «sí» a las preguntas de liberación aprovechamos la energía del coraje. Dado que este es nuestro estado natural, podemos acceder a él en cualquier momento, por muy escondido que parezca estar debido al predominio de cualquiera de los otros sentimientos.

Además de instructor del Método Sedona, David es mimo profesional y representa un espectáculo de cuarenta minutos sobre los peligros de las drogas, dirigido a alumnos de centros públicos urbanos de la ciudad de Nueva York. Todos los años, al menos veinte mil chavales, desde educación infantil hasta octavo curso, ven su representación, y, hoy, David se enfrenta a ellos con un ánimo constante de coraje y aceptación. Pero no siempre fue así. Durante cinco o seis años, solía tener miedo de perder el control, de no ser capaz de realizar su trabajo o de no saber dominar a los alumnos. En el recinto donde actuaba, muchas veces había hasta quinientos chicos rebeldes. Sentía un temor impreciso de que algo fallara, de que se pelearan o no guardaran silencio y de que la actuación fuera un fracaso.

Ahora, gracias a los ejercicios de liberación que realiza antes de sus actuaciones y durante ellas, David no siente miedo alguno, y muchas veces ha vivido las situaciones que antes temía. Puede ocurrir que el director de un centro le suelte a todo un grupo de alumnos que no paran de gritar o que entre el público se encuentre el típico chico que todo lo pregunta con ánimo de destacar. David se limita a dejar que se libere la tensión de su estómago y con toda tranquilidad mira a los alumnos y dice: «Estoy deseando hacer lo que he venido a hacer para vosotros y, dentro de un momento, voy a seguir como si no me hubiera detenido para hablaros. Pero no podré hacerlo si vosotros también montáis vuestro espectáculo mientras yo trabajo». Así se gana a los niños. Su compromiso con la libertad le ha permitido influir muy positivamente con su mensaje vital en los alumnos en situación de riesgo ante quienes actúa. Dice David: «Cuando actúo en un estado de coraje y aceptación, aporto armonía al mundo. Solo lo puedo lograr cuando dejo que los sentimientos se suelten en mi interior. Entonces mis actos automáticamente son más afectuosos y compasivos».

Palabras y expresiones que describen el coraje:

- Abierto
- Accesible
- Afectuoso
- Agudo
- Alegre
- Apasionado
- Atrevido
- Autosuficiente
- Centrado
- Claridad
- Compasión
- Competente
- Con visión de futuro
- Confiado
- Consciente
- Creativo
- Decidido
- Despierto

- Dinámico
- Dispuesto
- Entusiasta
- Espléndido
- Espontáneo
- Estable
- Estudioso
- Euforia
- Feliz
- Firme
- Flexible
- Fuerte
- Honrado
- Humor
- Impaciente
- Incansable
- Independiente
- Ingenioso
- Iniciativa

- Integridad
- Intrépido
- Invencible
- Lúcido
- Motivado
- Objetivos claros
- Optimista
- Perspectiva
- Positivo
- Puedo
- Receptivo
- Resiliente
- Resuelto
- Seguro
- Sensible
- Solícito
- Vigoroso
- Vivo

Dedica unos minutos a recordar la última vez que tú o alguien que conozcas sentisteis coraje. Luego piensa un momento en el sentimiento que tal recuerdo te produce en este instante.

¿Podrías aceptar que existe ese sentimiento?

¿Podrías soltarlo?

¿Lo soltarías?

¿Cuándo?

Si te resulta difícil soltar un buen sentimiento, recuerda que, al hacerlo, permites que mejore. Todos disponemos de una gran reserva de emociones positivas que otras restrictivas ocultan. Por ello muchas veces los sentimientos positivos se refuerzan cuando liberamos, mientras que los negativos se debilitan. Además, debilitas tu eterna tendencia a reprimir y aferrarte.

Repite el proceso de liberación unas cuantas veces más hasta que sientas como si pudieras soltar parte de lo que estás sintiendo o todo ello. Luego pasa al sentimiento siguiente.

La aceptación

Cuando experimentamos la aceptación, tenemos y disfrutamos todo tal como es. No tenemos necesidad de cambiar nada. Las cosas son así, y así están bien. Son hermosas tal como están. Nuestro cuerpo dispone de mucha más energía que en el coraje. La mayor parte de esta energía está en reposo, pero a nuestra disposición si la necesitamos. Es una energía ligera, cálida y abierta. La mente está menos abarrotada que en el coraje, y casi en silencio y satisfecha. Nuestras imágenes y nuestros pensamientos están enamorados de la exquisitez de las cosas. La vida es alegre.

Ralph y su esposa asistían conmigo a un retiro de siete días en Sedona. Todas las mañanas, antes de que empezara el curso, solían dar un paseo. Cierto día, llegaron a un lugar conocido como Bell Rock, donde Ralph dedicó un tiempo a liberar sobre sus objetivos. Cuando le llegó el sentimiento tan familiar de «nunca va a ocurrir», inmediatamente reconoció que el mensaje solo era un sentimiento. Lo que hizo que la experiencia fuera tan especial fue lo visual que era. Mientras estaba allí de pie, podía ver un torbellino de sentimientos que surgían de su interior y observó que se limitaba a aceptarlos sin tener que alargar la mano para aferrarse a ellos. La imagen del torbellino se repitió varias veces, siempre con menor fuerza, hasta que por fin desapareció.

Aunque toda esa visión no duró más que un minuto, más o menos, fue de una gran fuerza. Dice Ralph: «Era como un perro callejero que se acercaba a la puerta, y yo sabía que si alimentaba el sentimiento, este regresaría. Pero si no lo hacía, al final se iría». De vuelta a la clase, contó lo bien y libre que se había sentido.

Palabras y expresiones que describen la aceptación:

- Abierto
- Abundancia
- Afectuoso
- Agradecido
- Alegre
- Armonía
- Armonioso
- Asombro
- Bienestar
- Cálido
- Compasión
- Compenetrado
- Comprensivo
- Considerado
- Cortés
- Deleite
- Empatía
- Enriquecido
- Entusiasta
- Equilibrio
- Eufórico
- Hermoso
- Indulgente
- Ingenuo
- Integrador
- Intuitivo
- Lúdico
- Magnánimo
- Nada que cambiar
- Naturalidad
- Partícipe
- Plenitud
- Radiante
- Seguro
- Sensible
- Simpático
- Sosegado
- Tengo
- Tierno
- Todo va bien

Dedica unos minutos a recordar la última vez que tú o alguien que conozcas sentisteis la aceptación. Luego piensa un momento en el sentimiento que tal recuerdo te produce en este instante.

¿Podrías aceptar que existe ese sentimiento?

¿Podrías soltarlo?

¿Lo soltarías?

¿Cuándo?

Acuérdate de hacer todo lo que puedas para soltar los sentimientos positivos.

Como en los sentimientos anteriores, repite el proceso varias veces hasta que sientas como si pudieras soltar parte de lo que estás sintiendo o todo ello. Luego pasa al último sentimiento: la paz.

La paz

Cuando experimentamos la paz, sentimos: «Soy. Soy un todo, algo completo en mí mismo. Todos y todo forman parte de mí. Todo es perfecto». El cuerpo tiene mucha más energía que en la aceptación, pero está en total reposo, tranquilo. La energía está calmada y en silencio. La mente, clara y vacía, pero plenamente consciente. No hay necesidad de imágenes ni de pensamientos. La vida es como es, y todo está bien.

Mi correctora, Stephanie, me contó un momento de paz y de plenitud personal que hacía poco había experimentado, mientras sostenía al bebé de seis semanas de sus amigos. Cuando el bebé se acurrucó inocentemente contra su pecho, Stephanie se dejó llevar por la experiencia de la confianza que el pequeño mostraba. Liberó por completo todas sus expectativas y preocupaciones. No hacía planes para el futuro ni se preocupaba por el pasado, solo descansaba en el AHORA con aquella pequeña criatura. Nada le impedía amar y ser amada. Todo lo que necesitaba era un corazón. En lo que a la paz se refería, no tenía más que ser.

Palabras y expresiones que describen la paz:

- Ajeno al tiempo
- Calma
- Centrado
- Conciencia
- Entereza
- Espacio
- Eternamente joven
- Eterno
- Identidad
- Ilimitado
- Inagotable
- Libre
- Ligero
- Perfección
- Pleno
- Puro
- Realizado
- Resplandeciente
- Ser

- Serenidad
- Soy
- Tranquilo
- Sosegado
- Todo

Dedica unos minutos a recordar la última vez que tú o alguien que conozcas sentisteis la paz. Luego piensa un momento en el sentimiento que tal recuerdo te produce en este instante.

¿Podrías aceptar que existe ese sentimiento?
¿Podrías soltarlo?
¿Lo soltarías?
¿Cuándo?

La exploración: no somos nuestros sentimientos

Observa cómo te sientes después de tu viaje a lo largo de los nueve estados emocionales. Si te permitiste sentir la importancia de lo que estás leyendo (lo mejor que pudiste), posiblemente ya te sientes un poco más relajado, abierto a tus emociones y en contacto con ellas. Si no estás seguro, o no observas cambio alguno, no te preocupes. Recuerda que estás aprendiendo una habilidad nueva y que puede costar un poco dominarla. Tienes mucha más experiencia en reprimir y expresar tus sentimientos que en soltarlos. Pronto estarás más en contacto con ellos y te será más fácil identificarlos y soltarlos.

Para concluir nuestro viaje por los nueve estados de energía, dediquemos unos minutos a analizar la siguiente afirmación: «Los sentimientos no son más que sentimientos. No somos nuestros sentimientos. No son hechos, y los podemos soltar». Estas sencillas palabras resumen el contenido del Método Sedona. Pero ¿qué significan realmente?

La primera parte («Los sentimientos no son más que sentimientos») puede parecer evidente. Sin embargo, no es así como la mayoría vivimos. Vivimos en una cultura que se ocupa sobre todo de los sentimientos situados en cualquiera de los extremos de un amplio espectro. En uno de ellos, negamos nuestros sentimientos y el efecto que ejercen sobre nuestros procesos de pensamiento racional, nuestra salud o nuestra experiencia de la vida. En el otro extremo, los deificamos, otorgando una importancia exagerada a los supuestos mensajes que van a transmitir y a lo que significan acerca de lo que somos.

La idea de actuar racionalmente y la de no negar nuestras emociones tienen, ambas, su punto de verdad. Sin embargo, la mayoría nos perdemos, y perdemos la capacidad de decidir, en cada una de esas ideas. En función de cómo nuestra mente racional interprete nuestro *input* sensorial en un determinado momento, muchas veces podemos oscilar entre una idea y la otra.

La mayoría tendemos a identificar nuestras emociones como si ellas fueran quienes somos. Como decía en la introducción y en el capítulo uno, esta identificación se encuentra incluso en nuestra forma de hablar, por ejemplo cuando decimos que estamos[*] enfadados, en vez de «nos sentimos enfadados». Es nuestra identificación con los sentimientos lo que a menudo hace más difícil de lo que debiera ser el hecho de soltarlos. Solemos aferrarnos a nuestra identificación con un sentimiento porque pensamos: «Es lo que soy». Creemos: «Siento, luego existo».

Desde la perspectiva de la liberación, las cosas no son así. La segunda parte de la afirmación («No somos nuestros sentimientos»)

> «Mientras iba escuchando el programa de audio en mi camión me ocurrió algo interesante. Oía unos ruidos raros que no me gustaban, así que me dirigí a la gasolinera más próxima y aparqué. Acababa de marcar el número de teléfono del taller para que me mandaran un remolque, cuando un hombre vino corriendo y me dijo: «¡Su camión esta ardiendo!». Luego tomó un extintor, abrió el capó y sofocó el fuego antes de que yo pudiera reaccionar. Normalmente soy una persona que mantiene la calma ante los problemas, pero en aquel caso, era como si fuera un observador de algo que le ocurría a otra persona».
>
> **—Victoria Menear,**
> Pleasant Hill (California)

---

[*] N. del T.: ver nota en pág. 18.

nos recuerda que se trata de una falsa identificación. Te recomiendo que examines tú mismo esta idea. Piensa si es más exacto observar que los sentimientos van y vienen, mientras que tú realmente siempre permaneces.

Si no estás seguro de quién eres más allá de tus sentimientos o emociones, de momento deja las cosas como están. A medida que analices el Método Sedona y empieces a practicar la liberación a lo largo del día, desvelarás esa auténtica naturaleza tuya que hay detrás de las limitaciones autoimpuestas y creadas por nuestros sentimientos.

Cuando te veas perdido en la identificación con un sentimiento, te puedes preguntar: «¿Soy este sentimiento o simplemente tengo un sentimiento?». Esta sencilla pregunta te puede ayudar a diferenciarte de una falsa identificación. También puedes usar la pregunta en el primer paso del Método («Qué estoy sintiendo?») para que te ayude a reconocer que no eres el sentimiento. Ocurre simplemente que tienes un sentimiento. Esto abre la oportunidad de soltarlo.

Al avanzar en el análisis de la anterior afirmación llegamos al: «No son hechos». ¿No te ha ocurrido alguna vez que pensaras que estabas en lo cierto –que pensaras, por ejemplo, que le gustabas a alguien que conoces–, para descubrir después que ocurría todo lo contrario? ¿O no has estado alguna vez seguro de que algo saldría mal, para que luego fuera perfectamente? Son solo dos ejemplos de cómo nos relacionamos con el *input* que recibimos de nuestros sentimientos. Vivimos en un mundo de cosas e ideas que son suposiciones, creyendo que nos relacionamos con hechos. En cierto modo, nuestros sentimientos no son más que historias que hemos elaborado sobre un determinado conjunto de sensaciones. Muchas veces, si no siempre, estas historias llegan cuando el sentimiento ya ha surgido en nuestra consciencia. Luego las utilizamos para explicar por qué nos sentimos como nos sentimos.

Tratar los sentimientos como hechos puede constituir un problema, porque a menudo no nos damos cuenta de que hemos dado algo por supuesto hasta que ya es demasiado tarde. Para entonces, ya hemos tomado una decisión que nos parecía razonable, pero luego vemos que se basaba en una reacción emocional automática.

La última parte de la afirmación se centra en lo que es el tema de este libro: «Los podemos soltar». Cuanto más aceptes y emplees tu capacidad natural para liberar, más se transformará cada una de las partes de tu experiencia.

Comprométete con tu crecimiento

Antes de pasar al capítulo siguiente, te aconsejo que practiques unas cuantas veces más la liberación con los nueve estados emocionales. Cada vez que releas este capítulo, le sacarás más provecho y profundizarás más en el uso del Método. Aprovecha la oportunidad de examinar tu vida desde la nueva perspectiva de mucha y poca energía, y permítete observar cómo los diferentes estados emocionales afectan a tu vida. Además, haz todo lo posible para incorporar de forma más completa el proceso de liberación. Con el uso del Método a lo largo del día es cuando la tarea se vuelve más ardua. Pero así es como empezarás a ver los profundos resultados de que se habla en este libro.

Tabla de los nueve estados emocionales.
Tu mapa para llegar a la libertad emocional

Apatía	Pena	Miedo	Deseo	Ira
Abandonar	A nadie le im-	Amenazado	Acaparador	Acalorado
Abrumado	porto	Aprensivo	Ajeno a lo que le	Agresivo
Aburrido	Abandonado	Asustado	rodea	Airado
Adormilado	Abatido	Aterrorizado	Ansias	A punto de
Agotado	Agotado	Atrapado	Avasallador	estallar
Aislado	Angustiado	Avergonzado	Comedor com-	Amargado
Aletargado	Añoranza	Cauto	pulsivo	Ardiente
Bloqueado	Apenado	Cobardía	Complaciente	Beligerante
Condenado al	Atormentado	Cohibido	Compulsivo	Brusco
fracaso	Avergonzado	Desconfiado	Depredador	Cáustico
Demasiado	Consternado	Deseos de es-	Desenfreno	Celoso
cansado	Culpable	capar	Despiadado	Colérico
Deprimido	Culpado	Desesperado	Egoísta	Desafiante
Derrotado	Decepcionado	Duda	Envidia	Despiadado
Desalentado	Desatendido	Escéptico	Exigente	Destructivo
Descentrado	Desconsolado	Evasivo	Explosivo	Díscolo
Descuidado	Desesperación	Histérico	Frenesí	Discutidor
Desganado	Dolor	Horrorizado	Frustrado	Duro
Desesperación	Engañado	Huraño	Hambre	Enardecido
Desilusionado	Herido	Incierto	Impaciente	Enfadado
Desmoralizado	Ignorado	Inquieto	Impulsivo	Exigente
Desolado	Impotente	Inseguro	Insaciable	Explosivo
Desperdiciado	Incomprendido	Irracional	Insensible	Frustrado
Despreciable	Inconsolable	Mal presenti-	Lascivo	Furibundo
Distraído	Inepto	miento	Libidinoso	Furioso
En shock	Infeliz	Miedo escénico	Licencioso	Hostilidad
Entumecido	Lástima	Náusea	Manipulador	Huraño
Es demasiado	Lastimado	Nervioso	Maquinador	Impaciencia
tarde	Luto	Obsesionado	Mezquino	Indignado
Exhausto	Lloroso	Pánico	No puedo esperar	Inmisericorde
Fracaso	Maltratado	Paralizado	Nunca es	Instintos asesinos
Frío	Marginado	Paranoico	suficiente	Iracundo
Impotente	Melancolía	Precavido	Obsesionado	Irritado
Impreciso	Nadie me ama	Preocupado	Obseso	Loco
Incorregible	No deseado	Receloso	Perverso	Maleducado
Indeciso	No hay derecho	Reservado	Posesivo	Malicioso
Indiferente	No querido	Sudoroso	Previsión	Mezquino
Insensible	Nostalgia	Supersticioso	Quiero	Obstinado
Inútil	Olvidado	Suspicaz	Siempre	Odio
Invisible	Pena	Tembloroso	insatisfecho	Perverso
Muerto	Pérdida	Tenso	Taimado	Prepotente
Negativo	Pesar	Terror	Temerario	Quisquilloso
No estoy de	Pobre de mí	Tímido	Tengo que po-	Rabia
humor	¿Por qué yo?	Vacilante	seerlo	Rebelde
No importo	Rechazado	Vulnerable	Voraz	Resentimiento
No me importa	Relegado			Riguroso
No puedo	Remordimiento			Salvaje
No puedo ganar	Si al menos...			Severo
Olvidadizo	Torturado			Soliviantado
Perdedor	Traicionado			Testarudo
Perdido	Triste			Vengativo
Perezoso	Tristeza			Vicioso
¿Por qué	Vulnerable			Violento
intentarlo?				Volcánico
¿Qué sentido				
tiene?				
Resignado				
Vamos a esperar				
Vano				

Orgullo	Coraje	Aceptación	Paz
Absorto en sí mismo	Abierto	Abierto	Ajeno al tiempo
Aburrido	Accesible	Abundancia	Calma
Aferrado a sus ideas	Afectuoso	Afectuoso	Centrado
Aislado	Agudo	Agradecido	Conciencia
Altivo	Alegre	Alegre	Entereza
Arrogante	Apasionado	Armonía	Espacio
Autoritario	Atrevido	Armonioso	Eternamente joven
Cerrado	Autosuficiente	Asombro	Eterno
Crítico	Centrado	Bienestar	Identidad
Desdén	Claridad	Cálido	Ilimitado
Despectivo	Compasión	Compasión	Inagotable
Displicente	Competente	Compenetrado	Libre
Distante	Con visión de futuro	Comprensivo	Ligero
Dogmático	Confiado	Considerado	Perfección
Egoísta	Consciente	Cortés	Pleno
Engreído	Creativo	Deleite	Puro
Esnob	Decidido	Empatía	Realizado
Especial	Despierto	Enriquecido	Resplandeciente
Estoico	Dinámico	Entusiasta	Ser
Falsa dignidad	Dispuesto	Equilibrio	Serenidad
Falsa humildad	Entusiasta	Eufórico	Sosegado
Falsa virtud	Espléndido	Hermosa	Soy
Fanfarrón	Espontáneo	Indulgente	Todo
Frío	Estable	Ingenuo	Tranquilo
Hipócrita	Estudioso	Integrador	
Impertérrito	Euforia	Intuitivo	
Implacable	Feliz	Lúdico	
Inexorable	Firme	Magnánimo	
Inflexible	Flexible	Nada que cambiar	
Insensible	Fuerte	Naturalidad	
Inteligente	Honorable	Partícipe	
Intolerante	Humor	Plenitud	
Irreprochable	Impaciente	Radiante	
Lleno de prejuicios	Incansable	Seguro	
Malcriado	Independiente	Sensible	
Mejor que tú	Ingenioso	Simpático	
Nunca se equivoca	Iniciativa	Sosegado	
Obcecado	Integridad	Tengo	
Pagado de sí mismo	Intrépido	Tierno	
Paternalista	Invencible	Todo va bien	
Petulante	Lúcido		
Presuntuoso	Motivado		
Recto	Objetivos claros		
Regodearse	Optimista		
Rígido	Perspectiva		
Sabelotodo	Positivo		
Satisfecho de sí mismo	Puedo		
Sentencioso	Receptivo		
Superior	Resiliente		
Superioridad moral	Resuelto		
Testarudo	Seguro		
Vanidoso	Sensible		
	Solícito		
	Vigoroso		
	Vivo		

4

Eliminar tu resistencia

En vez de dejar que el fluir de la vida nos lleve a donde deseamos ir, la mayoría empleamos mucho tiempo en nadar a contracorriente. Presumimos que, para conseguir lo que queremos, tenemos que afanarnos y luchar contra las aguas que nos arrastran. ¿Y si no fuera así? ¿Y si en realidad pudiéramos servirnos del fluir natural de la vida para que nos ayudara a tener lo que ansiamos? Sin duda ya habrás experimentado qué es estar en medio del fluir. Piensa en un día en que todo haya ido a la perfección. Parecía simplemente que estuvieras en el lugar adecuado en el momento preciso y haciendo lo que correspondía. Ahora piensa en un día TÍPICO. ¿Cuál prefieres? El mayor de los obstáculos para seguir en el fluir del día, y todos los días, es oponerse a lo que es.

Una buena noticia: puedes soltar la resistencia como lo puedes hacer con cualquier otro sentimiento.

La resistencia nos impide avanzar en todos los aspectos de nuestra vida, en especial en lo que respecta al crecimiento personal y a la felicidad. Si has leído hasta aquí, ya habrás tenido la experiencia de liberar diversos tipos de sentimientos. Lo más probable es que hayas observado que en ciertos momentos estas dispuesto a liberar sin ninguna vacilación, mientras que en otros te resulta más fácil apartar el libro y hacer otra cosa, cualquier cosa. Es precisamente este tipo de resistencia la que nos impide perseverar en nuestras buenas intenciones, incluso cuando se refieren a una actividad tan claramente beneficiosa como el trabajo que realizamos en este libro.

Es importante señalar que soltar la resistencia no significa que debas dejar que otros te controlen. Puedes seguir defendiendo lo correcto sin ningún tipo de resistencia. Si alguna vez has practicado artes marciales, como aikido, karate o taekwondo, sabrás que si golpeas a alguien con el puño cerrado te haces daño. Pero si lo relajas un poco —dejándolo sin que oponga resistencia— tienes mucho más poder y mucha más fuerza. Quienes practican las artes marciales saben que cuando el contrario te ataca, si no resistes, puedes emplear su propia energía en su contra. Lo mismo ocurre cada vez que sueltas el sentimiento de resistencia. Tienes más fuerza con menos esfuerzo y más aguante y capacidad de recuperación emocionales.

¿Qué es la resistencia?

¿Alguna vez has empezado algún trabajo con una exaltación fanática y, en determinado momento, has perdido el entusiasmo? Esto es la resistencia. La resistencia es completamente insidiosa. Es una de las cosas que más nos impiden tener, hacer o ser lo que queremos en la vida. De hecho, muchas veces nos resistimos o nos oponemos a cosas que realmente nos gustan y nos interesan. Y el hecho de que alguien nos diga que hagamos algo seguro se convierte en un detonador de la resistencia. Esta puede aparecer incluso cuando nos gustaría hacer lo que se nos dice que hagamos. La resistencia puede sabotearse a sí misma y ser contraproducente; actúa de manera constante, porque vivimos en un mar de «debería», «tengo que», «debo» y otros imperativos. Siempre que hay un imperativo, surge la resistencia.

Cuando te dicen que deberías hacer algo o que tienes que hacer algo, ¿qué sientes en tu interior? «¡Que no! ¡No me digan lo que tengo que hacer». Lo mismo ocurre cuando te dices lo que debes hacer. Si te dices: «Tienes que arreglar lo de las facturas», ¿qué sucede?

Seguramente responderás: «¿Ah, sí?». O si te dices: «Mejor que no vuelvas a hacer esto», refiriéndote a un hábito que deseas abandonar, te puedes encontrar con que haces eso mismo y con mayor intensidad o frecuencia. Así es nuestra mente. Simplemente no nos gusta que nos digan lo que tenemos que hacer. Sin embargo, no dejamos de decírnoslo a nosotros mismos, y luego nos extrañamos de que no nos divertimos y de las cosas que no se hacen.

La primera vez que recuerdo la intervención de la resistencia en mi vida era yo muy pequeño. Se inició un patrón de resistencia cierto día en el que me sentía retraído y no quise salir a jugar. Me encantaba salir a jugar con mis amigos de la calle donde vivía, pero aquel día quería estar solo y jugar con mis juguetes. Pero eso de que estuviera solo molestaba a mi madre, de modo que insistía en que me fuera a jugar con mis amigos. Como esa situación se repitió varias veces consecutivas, pronto se convirtió en un motivo de discusión entre mi madre y yo. Sin darse cuenta, mi madre me había abocado a la resistencia a jugar con mis amigos. Yo solo sentía la oposición a sus «deberías», pero durante muchos años pensé que no me gustaba jugar con los demás, lo cual sencillamente no es verdad.

La resistencia se manifiesta de muchas formas, algunas de ellas muy sutiles. Tal vez olvides cosas que son importantes para ti. O quizá veas que poco a poco te vas alejando de las cosas que realmente te son de utilidad. Supongamos, por ejemplo, que haces muy bien lo de la liberación. Disfrutas con ello y crees que es lo mejor que se ha inventado después del pan ya rebanado. Luego, al cabo de unos días, unas semanas o unos meses, te cuesta convencerte a ti mismo de hacerlo, aunque has tenido la experiencia de primera mano de lo útil que te es. ¿Qué ha pasado? Has dado con la resistencia. Lo más probable es que convirtieras la liberación en un «debería». En situaciones como esta el «debería» crea una fuerza opuesta igual, o mayor, que la fuerza que ejerces cuando intentas conseguir que algo ocurra.

Las siguientes son algunas definiciones de resistencia que podrán ayudarte a reconocerla:

- La resistencia es como querer avanzar pisando el freno.
- Siempre que pienses que deberías o que tienes que hacer algo, estás en un estado de resistencia.
- La resistencia es la oposición a la fuerza, real o imaginaria.
- La resistencia es empujar al mundo para que él empuje en sentido contrario.
- Sentir o pensar «no puedo» es resistencia. Se necesita un esfuerzo consciente que se imponga al esfuerzo inconsciente (el hábito) de reprimir los sentimientos. Este hábito inconsciente es la resistencia.
- La resistencia es solo un programa más que hemos fabricado para proteger otros programas. (En el capítulo doce explicaré qué son los programas y cómo nos afectan).
- La resistencia es cuando no hemos decidido aún hacer o no hacer algo, pero en cualquier caso lo hacemos, y es difícil. Para lograr que nos resulte fácil, lo único que tenemos que hacer es decidir hacerlo... y hacerlo (o decidir no hacerlo y no hacerlo).

Liberar la resistencia

Para liberar la resistencia en cualquier momento que observes que la sientes, puedes emplear el proceso de liberación básico de los pasos que aprendiste en el capítulo uno. Puedes leerte las preguntas tú mismo o hacer que alguien te las repase.

Paso 1. Permítete aceptar la resistencia en este momento.
Paso 2. Hazte una de las tres preguntas siguientes:
¿Podría soltar esta resistencia?
¿Podría permitirme sentir la resistencia en este momento?
¿Podría aceptar el sentimiento de resistencia?

A continuación pregunta:
¿Lo haría? ¿Cuándo?

Paso 3. Repite los dos pasos anteriores tantas veces como sean necesarias, hasta que te sientas libre.

Cuando entiendas realmente que puedes soltar la resistencia, verás que lo haces sin tener que pensarlo en exceso. Como siempre, piensa que «sí» y «no» son ambas respuestas aceptables. Muchas veces soltarás aunque digas «no». Así pues, responde a las preguntas que elijas sin detenerte mucho a pensarlas. No quieras criticar *a posteriori* ni entrar en un debate interior sobre los beneficios de liberar tu resistencia o las consecuencias de soltarla. Cualquiera que sea tu respuesta, avanza al siguiente paso.

Es posible que, al principio, los resultados sean sutiles. Sin embargo, muy pronto se harán manifiestos, en especial si eres constante. Quizá observes que tienes varias capas de resistencia en relación con un determinado tema, de modo que la liberación completa puede requerir cierto tiempo. No obstante, cada capa que sueltes desaparece en tu beneficio.

Jane lleva años impartiendo cursos sobre gestión del tiempo en empresas. Pero su propia capacidad para dejar las cosas para más tarde sigue, como ella misma dice, «viva y coleando». A pesar de ello, en vez de castigarse por ese hábito, le resulta mucho más fácil soltar su resistencia, que forma parte de ese dejarlo todo para mañana. Se

> «Durante treinta años me supuso un gran esfuerzo limpiar mi apartamento. Odiaba el momento en que debía enfrentarme al problema. Hoy estoy motivado al cien por cien para echar a la basura todo lo que ya no sirve. Por primera vez en mi vida, puedo dar dos pasos seguidos en mi habitación sin tropezar con algo. Siempre ponía la excusa de que no tenía tiempo. Pero hoy, tengo cuatro trabajos distintos, que me tienen ocupado unas ochenta horas a la semana, y a pesar de ello tengo fuerzas y tiempo para limpiar. Y no es que yo sea un jovenzuelo con energía sin límites. Lo que tengo, y lo que me ha dado el Método Sedona, es la libertad de hacerlo».
>
> **–Terence O'Brien,** Tokio (Japón)

pregunta: «¿Podría aceptar lo mucho que me disgusta esta espantosa tarea?». Luego, para empezar escoge pequeños fragmentos de la tarea y observa que va cobrando velocidad. No, no siempre avanza con coros de ángeles cantando de fondo, pero sigue adelante con mayor facilidad.

«Como cualquier otra cosa, soltar la resistencia no va a funcionar a menos que uno realmente lo haga —dice Jane—. Pero cuando lo haces, es una técnica perfecta. Después se produce una sensación de movimiento y de cambio de perspectiva».

Otras tres formas de eliminar la resistencia

Todos llevamos la resistencia a cuestas, así que podemos buscar en nuestro entorno cosas a las que oponemos resistencia de la que podemos liberarnos. Prueba con lo siguiente:

1. Mira alrededor de la habitación donde te encuentres en este momento y toma cualquier cosa.
2. Concentra tu resistencia en ella y pregúntate: «¿Podría permitirme sentir plenamente mi resistencia hacia este objeto?».
3. Luego sigue los tres pasos básicos de la liberación para soltarla: «¿Podría soltarla? ¿Lo haría? ¿Cuándo?».
4. Repite este ejercicio varias veces consecutivas y luego sigue con lo que estuvieras haciendo. Verás que todas las cosas de tu vida te resultarán más fáciles cuanto más sueltes la resistencia.

Es un ejercicio magnífico para cuando dispongas de tiempo en el trabajo, mientras te desplazas o siempre que desees sentirte más en el fluir y con ánimo del «levántate y anda».

Otra forma estupenda de liberar la resistencia es admitir que cuando te opones a tener, ser o hacer algo, probablemente te opongas también a no tenerlo, serlo o hacerlo. Cuando ocurre esto, aplica el siguiente proceso:

1. Piensa en algo que te resistas a hacer.
   Ahora pregúntate:
   ¿Podría permitirme soltar mi resistencia a hacer...?
   ¿Lo haría?
   ¿Cuándo?
2. Después pregúntate lo contrario:
   ¿Podría permitirme soltar mi resistencia a no hacer...?
   ¿Lo haría?
   ¿Cuándo?
3. Ve repitiendo las dos primeras series de preguntas hasta que sientas que la resistencia desaparece. Luego observa con cuánta facilidad haces eso que había que hacer.

Este mismo proceso sirve para liberar en cosas que te resistes a tener o ser. Basta con que sustituyas las palabras *tener* o *ser* por la palabra *hacer*.

¿Te preguntas cómo puedes poner en práctica esta técnica en tu vida? Veamos dos posibilidades. Supongamos que te resistes a no tener dinero, un sentimiento muy común, sin duda. Piensa que probablemente también te resistes a tenerlo. Si no lo hicieras, lo más seguro es que ya tuvieras más que suficiente. O supongamos que te resistes a estar solo, a no tener una relación. Libera en ambos lados de estos temas y observa qué ocurre en tu vida. Creo que te aguarda una agradable sorpresa.

Muchas veces, cuando intentamos liberar y no lo conseguimos, sabemos que nos estrellamos contra un muro de resistencia. Si es esto lo que te sucede, otra forma de abordar el problema es permitirte aferrarte a tu obstinada resistencia. Una vez que te has concedido permiso para hacer lo que ya estás haciendo, en tu interior se creará el espacio suficiente para que sueltes. Limítate a preguntarte: «¿Podría darme permiso para aferrarme un momento?». Ocurre a menudo que en este punto uno se libera de forma espontánea. Pero si la resistencia no se suelta por completo, vuelve a las tres preguntas de liberación básicas: «¿Podría soltar el aferrarme? ¿Lo haría? ¿Cuándo?».

Puedes ir alternando varias veces el concederte aferrarte y permitirte soltar de forma habitual.

Bob se define como una persona que tiene muchos problemas con la resistencia. «Normalmente, soy decidido y firme, pero hace un par de días tuve una jornada en que era incapaz de decidir nada. Era como si tuviera el lápiz anclado a un ventilador. Al final, decidí dejar que el lápiz se quedara ahí anclado, y la situación se arregló de inmediato». Por lo general, Bob observa que su resistencia desaparece cuando se sumerge en ella o se pregunta: «¿Podría permitirme sin más oponer toda la resistencia que estoy oponiendo?».

La exploración: entrar en contacto con la resistencia

Durante los cursos del Método Sedona, muchas veces realizamos un ejercicio sencillo, pero de mucha fuerza, pensado para que nos ayude a comprender cómo se siente la resistencia en el ámbito físico. Cuanto mejor sepamos conectar con el sentimiento de resistencia, más fácil es soltar. Por lo tanto, te recomiendo que abordes este ejercicio más con el corazón que con la mente. En otras palabras, no intentes encontrar el resultado correcto. No existe.

El ejercicio se puede hacer de dos maneras. En la primera versión, lo hace uno solo. En la segunda, se hace con un compañero. A la mayoría de la gente le resulta de gran ayuda para soltar tanto la resistencia como los sentimientos que se ocultan tras ella.

Explorar solo la resistencia física

Para empezar, coloca las manos ante ti como si fueras a rezar, con las palmas tocándose. Decide arbitrariamente qué mano va a empujar y cuál se va a resistir. Con la que decidas que vas a empujar, empuja suavemente contra la otra, que resiste, y haz que esta se mantenga en su posición.

Mientras haces esto, permítete experimentar, lo mejor que puedas, qué se siente al resistir.

A continuación, suelta la resistencia al empuje sin intentar controlar ni hacer nada en particular con tus manos. Deja simplemente que estas hagan lo que quieran.

Repite este ejercicio varias veces, alternando la mano que empuja y la que resiste, y observando tus sentimientos cuando sueltas.

Cuando termines, dedica un rato a reflexionar sobre el ejercicio y a usar el proceso de liberación básico para soltar cualquier pensamiento o sentimiento que surja.

Explorar la resistencia física con un compañero

En esta versión del ejercicio, recuerda que se trata de una exploración, y no de ver quién es el más fuerte o el que puede derribar al otro. Es muy importante no hacer nunca nada que pueda herir física o emocionalmente a tu compañero.

Para empezar, os ponéis uno enfrente del otro y os miráis a los ojos. Decide quién va a empujar y quién se va a resistir. En este ejemplo, vamos a suponer que tu compañero empuja. Luego, extendiendo los dos brazos a los lados, juntad las palmas de vuestras manos.

Ahora tu compañero empuja suavemente contra tus manos. Tú limítate a resistir el empuje, manteniendo firmes las dos manos. La presión que se ejerza debe ser lo bastante fuerte para que ambos sintáis la resistencia, pero no tanto como para que el que resista tema caerse.

Mientras tu compañero empuja contra tus manos, permítete contactar con lo que se siente al resistir. Luego suelta la resistencia lo mejor que sepas, sin tratar de controlar ni hacer nada en particular con las manos. Deja simplemente que hagan lo que quieran.

A continuación, intercambiad los papeles y repetid el ejercicio. El que antes empujaba ahora resiste, y viceversa. Intercambiad los papeles varias veces, hasta que los dos tengáis una idea clara de lo que se siente al resistir y al soltar la resistencia.

Durante la realización de este ejercicio, es posible que descubras en ti y en los demás algunos patrones que se relacionan con la resistencia. Ten confianza para compartir tus descubrimientos con tu compañero después de terminar el ejercicio, pero evita iniciar un debate intelectual. Debéis apoyaros mutuamente, por turno, en la liberación de cualquier cosa que se suscite.

La liberación por escrito: la hoja de «Cosas que tengo que hacer»

El proceso siguiente está pensado para ayudarte a liberar tu resistencia. Es fácil de usar. Para prepararlo, haz dos columnas en una página en blanco de tu diario de liberación. La primera columna se llama «Cosas que creo que tengo que hacer». La segunda, «¿Cuál es AHORA mi sentimiento al respecto?».

Empieza por escribir en la primera columna una lista de todo aquello que pienses que «tienes» que hacer.

Luego, toma cada una de estas cosas, o apartados, y anota lo que AHORA sientas respecto a ella. Puede ser que intervenga más de una emoción. Al hacer esta exploración, comprueba de forma especial la resistencia, además de otros sentimientos que puedan surgir.

A continuación, libera por completo cada sentimiento y cualquier resistencia. Una vez que estés completamente liberado, puedes poner una señal junto a ese apartado o tacharlo.

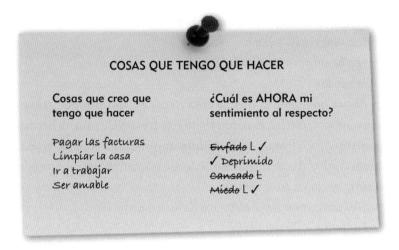

COSAS QUE TENGO QUE HACER

Cosas que creo que tengo que hacer	¿Cuál es AHORA mi sentimiento al respecto?
Pagar las facturas	~~Enfado~~ L ✓
Limpiar la casa	✓ Deprimido
Ir a trabajar	~~Cansado~~ L
Ser amable	~~Miedo~~ L ✓

Repite los pasos anteriores y sigue liberando lo que AHORA sientas, hasta que estés plenamente liberado en ese apartado de la primera columna. Acuérdate de liberar también tus sentimientos llamados positivos, para que puedas pasar a estados superiores de energía.

El proceso de soltar la resistencia

Puedes emplear este proceso para empezar a soltar o seguir soltando tu resistencia. Se puede aplicar en un determinado tema que escojas de la hoja de «Cosas que tengo que hacer» anterior, o lo puedes usar simplemente para liberarte de ese tirón interior que todos experimentamos como una resistencia. Puedes leerte las preguntas tú mismo o hacer que alguien que comparta el proceso de liberación te las lea. Por cierto, cuando liberas tú solo, tienes la opción de sustituir el pronombre personal de primera persona, *yo*, por el de segunda, *tú*, si con ello el proceso te parece más natural.

Para empezar, piensa en algo que crees que deberías hacer, que tienes que hacer o que es importante que hagas, cualquiera de estas posibilidades. Observa cómo aprietas en tu interior cuando piensas en ello, cómo empujas.

¿Podrías aceptar este sentimiento de resistencia?

¿Podrías permitir simplemente que estuviera ahí?

Luego, ¿podrías soltarlo?

¿Lo harías?

¿Cuándo?

Ahora piensa en la misma cosa o en algo distinto que creas que es muy importante hacer o que alguien te haya dicho que debes hacer, por ejemplo, adelgazar, dejar de fumar, ganar más dinero, pagar tus facturas o saldar las deudas. Observa que esto inmediatamente genera una resistencia en tu interior.

¿Podrías aceptar este sentimiento de resistencia?

Luego, ¿podrías soltarlo?

¿Lo harías?

¿Cuándo?

A continuación, piensa en alguna otra cosa de tu vida a la que te resistas. También solemos resistirnos a cosas que tenemos que hacer de forma repetida, incluso algo tan sencillo como cepillarnos los dientes, sacar la basura o cortar el césped. Para mucha gente, las labores de mantenimiento que hacemos a menudo, como lavar los platos, son palabras mayores. Siente de verdad qué significa resistir. Acéptalo. Deja que esté ahí

Luego, ¿podrías soltarlo?

¿Lo harías?

¿Cuándo?

Busca alguna otra cosa de tu vida a la que te resistas. Hay ciertas sensaciones a las que nos oponemos, como los ruidos muy fuertes, las luces muy intensas o determinadas inflexiones de voz de las personas, hasta ciertos olores. Busca alguna de estas cosas a las que opongas resistencia.

¿Podrías aceptar esta resistencia en tu conciencia?

¿Podrías acogerla?

Luego, ¿podrías soltarlo?

¿Lo harías?

¿Cuándo?

También nos resistimos a determinadas personas. Piensa ahora en alguien de tu vida a quien te opongas. Recuerda que resistencia no significa que no te preocupen esas personas. A veces, hasta oponemos resistencia a quienes queremos. ¿Piensas en alguien? Puede que sea algún pariente político —algo bastante común— o cualquier otra persona de tu entorno.

¿Podrías permitir esta resistencia en tu conciencia?

¿Podrías aceptarla?

Luego, ¿podrías soltarlo?

¿Lo harías?

¿Cuándo?

Otra cosa importante a la que nos resistimos son nuestros sentimientos. Muchas veces no queremos sentir lo que sentimos, sobre todo si lo hemos calificado de «desagradable». La mayoría de las personas se oponen a determinadas emociones más que a otras, como al miedo o a la ira. En este momento ¿sientes que te resistes a determinados sentimientos?

¿Podrías permitir esta resistencia en tu conciencia?

¿Podrías permitirte resistir un momento?

Luego, ¿podrías soltarlo?

¿Lo harías?

¿Cuándo?

Piensa ahora en algo que te resistas a hacer a pesar de que te divierte. Curiosamente, muchos nos resistimos a cosas que nos son beneficiosas, que nos gusta hacer. Sigue habiendo dudas. Por ello puede parecer como si nunca encontráramos tiempo para actividades placenteras.

¿Podrías permitirte sentir la resistencia? Acéptala en tu conciencia.

Luego, ¿podrías soltarla?

¿Lo harías?

¿Cuándo?

También nos resistimos a nuestro cuerpo —determinadas sensaciones— o a su aspecto. Incluso cuando nos encontramos en un peso ideal (como si esto fuera posible en nuestra cultura obsesionada por el peso), a la mayoría nos preocupan los kilos y nuestro aspecto, y sea cual sea este, resistimos, aunque tengamos un día estupendo. Así pues, busca algo de tu físico a lo que te resistas, algo de tu cuerpo, sea su aspecto, cómo lo sientes o algo parecido.

Limítate a aceptar la resistencia en tu conciencia.

¿Podrías soltarla?

¿Lo harías?

¿Cuándo?

Cualquiera de los temas anteriores sería ideal para un análisis más detallado. Emplea este proceso siempre que sientas que opones resistencia o que te gustaría integrarte mejor en el fluir de la vida.

Permanecer en la corriente

Si no existiera la resistencia, todos nos liberaríamos enseguida. Por lo tanto es importante que sigamos liberándola constantemente para permitir que nuestros sentimientos afloren y se alejen. Mientras sigues leyendo este libro trabajando en el proceso que en él se expone, acuérdate de liberar la resistencia siempre que te sientas bloqueado.

A continuación tienes tres consejos importantes para ocuparte de la resistencia y permanecer en la corriente:

- **Pide, no impongas.** Ya hemos hablado de lo que ocurre cuando alguien te dice qué tienes que hacer o que deberías hacer algo. Inmediatamente provoca resistencia. Cuando eres tú quien ordena, tus imperativos también generan resistencia en los demás. Por lo tanto, sé inteligente. Evita provocar resistencia innecesaria en los demás, y para ello, en vez de decirles las cosas, pídeselas. Si adquieres esta costumbre, observarás que obtienes mucha más cooperación. En este sentido, también quisiera recomendarte que te comunicaras contigo mismo de esta misma forma, para conseguir de tu interior más colaboración y menos resistencia.

- **Haz lo que haces y no hagas lo que no haces.** Muchas veces pensamos que deberíamos estar haciendo algo distinto de lo que hacemos o que deberíamos estar haciendo algo que no hacemos. La forma de resolver el dilema es permitirte hacer lo que estás haciendo cuando lo hagas y no hacer lo que no estés haciendo cuando no lo hagas, sin la carga de la dimensión extra del «debería». Siempre que te encuentres con el «debería», dedica un minuto a liberar tu resistencia. Ten en cuenta que esto no significa que debas quedarte estancado en la rutina. En realidad, conseguirás todo lo contrario. A medida que sueltes los «debería» y la correspondiente resistencia que generan, verás que haces fácilmente lo que estás haciendo, sin obsesionarte por lo que no estés haciendo. En ello se incluye cualquier cosa que hayas intentado hacer o dejar de hacer. Saldrás de la rutina que la resistencia ha creado en tu vida.

- **Disminuye la presión.** ¿Te parece difícil lo que estás haciendo? Es un signo claro de que te has topado con un muro de tu propia resistencia. Probablemente te estés presionando o estés sintiendo la presión de otra persona. En el primer caso, toma la decisión consciente de eliminar la presión. El resultado será que probablemente observes que consigues hacer de manera mucho más fácil, más rápida e incluso más eficaz y divertida lo que estés intentando hacer. El siguiente es un hecho interesante: no puedes sentir que otros te presionan. Solo puedes sentir que tú presionas a tu vez. Por consiguiente, si crees que los demás te están presionando, suelta tus sentimientos de querer devolver la presión o resistir la que ellos ejercen. La consecuencia será que observarás que cualquier cosa que hagas se hará con mucha mayor facilidad y gracia.

Antes de pasar al capítulo siguiente, analiza cómo la resistencia bloquea las intenciones que escribiste al final del capítulo uno. A medida que sueltes tu resistencia en estos aspectos, empieza a notar la facilidad y la fluidez que siempre están presentes, además de la mayor facilidad y fluidez que se manifiestan cuando sueltas la resistencia. Cuanto más practiques soltar la resistencia, mejor te sentirás y más fácil te será la vida.

La resistencia puede ser un obstáculo importante para tener lo que quieres y sentirte como deseas sentirte. Pero la puedes soltar fácilmente y disfrutar de los beneficios de una vida sin resistencia y llena de todo lo que deseas.

5

Tu clave para la serenidad

Probablemente conozcas la Oración de la Serenidad. Y si eres como la mayoría de nosotros, observarás que a veces sigues esperando una respuesta. Pues bien, ¡aquí la tienes! A medida que hagas lo que se dice en este capítulo, descubrirás una forma de aceptar las cosas que no puedes cambiar. Verás que vas cambiando con facilidad y valentía todo aquello de tu vida que se debe cambiar. Y además, tendrás a tu alcance la sabiduría para distinguir entre ambas situaciones.

> «Concédeme, Señor, la serenidad para aceptar todo aquello que no puedo cambiar, valor para cambiar lo que soy capaz de cambiar y sabiduría para entender la diferencia».
>
> **Reinhold Niebuhr,**
> Oración de la Serenidad

¿Cuál es la respuesta? Es tan sencilla que tal vez te desconcierte: soltar el sentimiento de querer cambiarlo (y este «lo» se refiere a cualquier cosa de tu vida, o que esté dentro de la que es tu experiencia personal, que no te guste y desees que sea diferente de como es, incluidos hechos del pasado). Es una solución que, si mantienes una actitud abierta a su elegancia y sencillez, tiene el poder de liberarte.

¿Cómo nos ayuda el deseo de cambiar las cosas? Además del evidente beneficio de sentirnos mejor a medida que soltamos, hay otros. Empecemos por fijarnos en la aceptación. No siempre es fácil aceptar lo que no podemos cambiar. La mente se rebela ante tal idea. Sin embargo, cuando soltamos el deseo de cambiar las cosas tal como son, de forma natural pasamos a un estado de mayor aceptación, sin tener que esforzarnos para que así ocurra.

Por lo que se refiere a las cosas que se deben cambiar, examina tu experiencia personal. Repasa rápidamente tu vida y haz una lista mental de todo lo que quisieras cambiar. Es probable que sea una relación extensa y que en gran parte de su contenido tenga una larga historia. Hasta ahora, muchas cosas de las que querías cambiar no han cambiado, ¿no es cierto? Aunque la mente nos dice que el deseo de cambiar algo puede realmente cambiarlo, o que querer cambiar lo que necesita cambiarse hará que nos pongamos a trabajar en ello, en la mayoría de los casos, ocurre todo lo contrario. Cuando nos centramos en el deseo de cambiar un problema, la conciencia que tenemos de este hace que persista. Mantenemos el tema en nuestra mente, para cambiarlo u oponerle resistencia.

Las cosas funcionan como se explica a continuación. Quizá tengamos una experiencia que no nos guste (el jefe nos grita), o a alguien que queremos le pasa algo (un amigo enferma o tiene un accidente), o tal vez no nos gusten las noticias que oímos ese día (la bolsa se desmorona). Por consiguiente, queremos cambiarlo. Pensamos: «Espero que esto no me ocurra a mí» o «Confío en que nunca se repita esto», y es ahí donde nos estancamos. La mente ve y crea imágenes, por eso no traduce con precisión las negociaciones: palabras como *no* o *nunca*. El resultado es que interpreta al revés nuestras esperanzas y así las mantiene.

Si no me crees, intenta ahora no imaginar un zapato. ¿Qué ha ocurrido? Como nos pasa a la mayoría, inmediatamente habrás percibido un zapato en el ojo de tu mente. Cuanto más nos empeñamos en no crear lo que no queremos, mayor es la fuerza con que nos aferramos a esa idea; así que mayor es la probabilidad de lo que creemos en nuestra realidad.

¿Cuál es, pues, la solución? Muy fácil. Liberarse del sentimiento de querer cambiar algo, e inmediatamente las imágenes no deseadas sobre eso mismo que albergas en la mente desaparecerán; luego te pondrás a trabajar con valentía para cambiar lo que sea necesario cambiar.

Por último, ¿cómo podemos distinguir entre lo que podemos y lo que no podemos cambiar? Existe un proceso muy sencillo. Siempre que no estés seguro de si se debe cambiar algo de tu vida o dejar que siga como está, decide soltar el sentimiento de querer

> «El mejor método de autoayuda que jamás he visto. Al principio usaba el Método para que me ayudara a controlar mis arrebatos de ira. De niña, sufrí malos tratos psicológicos. Me hice orientadora psicológica para ayudar a otras personas que sufrían tanto o más que yo. Pero a pesar de mi formación y mis estudios, nada de lo que intentaba surtía el efecto deseado. Desde que conozco el Método Sedona, me he dado cuenta muchas veces de las razones y los sentimientos que se ocultan detrás de mi conducta destructiva. Me ha proporcionado la libertad que siempre anduve buscando. Gracias. Gracias de parte de mi familia. Por fin me he encontrado a mí misma».
>
> **–Donna B. Gisclair,**
> Morgan City (Los Ángeles)

cambiarlo. Si te liberas de este sentimiento, y es algo que no se puede cambiar, verás que lo aceptas tal como es sin esfuerzo alguno. Por otro lado, si es algo que sí necesita cambiarse, el soltar te ayuda a ponerte en acción fácilmente para conseguir que se produzca un cambio.

Prueba este principio en tu vida y observa qué ocurre. Como en todo lo demás que se dice en este libro, por favor, no aceptes sin más lo que te diga.

¿Atrapado en un sentimiento?

Soltar el deseo de cambiar lo que sientes AHORA es la clave para lograr la serenidad cuando te ha sido difícil liberarte de determinados sentimientos o creencias o cuando te sientes inseguro sobre la liberación. Cuando dudamos en soltar, muchas veces se debe a que queremos mantener el control. Este paso nos puede ayudar a liberar nuestra necesidad de controlar. En el capítulo cuatro analizábamos diferentes procesos para soltar la resistencia. Esta es otra forma de abordar el mismo tipo de dilema. Lo puedes usar como un paso más en cualquier punto de tu proceso de liberación; por esto soltar el deseo de cambiar las cosas actúa como válvula de seguridad del Método.

Si te bloqueas, suelta el deseo de cambiar esta situación. Basta con que te preguntes: «¿Me gustaría cambiar esto?». La respuesta será invariablemente «sí». Luego ponte a soltar. El siguiente es un breve proceso que puedes ensayar. Léete las siguientes preguntas en segunda persona («¿Podrías...?») o en primera («¿Podría...?») siempre que tengas problema de soltar o sentir algo que no te guste. Es un proceso en que también te puede ayudar un compañero.

En primer lugar, observa si te sientes un tanto estancado en algo de tu vida o si te has quedado paralizado en algún punto del proceso de soltar. *¿Podrías permitirte aceptar este sentimiento de estancamiento?*

Luego, comprueba si tienes el deseo de cambiar la situación de estancamiento. *Si es así, ¿podrías permitirte tener también este sentimiento?*

Ahora, ¿podrías soltar el deseo de cambiarlo?

¿Lo harías?

¿Cuándo?

Observa cómo te sientes ahora. *¿Te sientes igual de estancado? ¿Menos estancado? En cualquier caso, ¿sientes aún algún deseo de cambiarlo?*

¿Podrías soltar el deseo de cambiarlo?

¿Lo harías si pudieras?

¿Cuándo?

Una vez más, observa cómo te sientes en tu interior. Si has estado abierto a esta experiencia, probablemente te encuentres ya un poco o mucho más ligero.

Ahora, observa de nuevo en tu interior. Comprueba si sigue habiendo algo de ese deseo de cambiar cómo te sientes. *Si lo hay, ¿podrías soltar el deseo de cambiarlo?*

¿Lo harías?

¿Cuándo?

Sí, soltar el estancamiento puede ser así de sencillo. Por ello te aconsejo que cultives la costumbre de observar cuando deseas cambiar lo que sientes. Aunque el proceso te pueda parecer obvio hasta la exageración, cuando yo aprendí el Método, a menudo olvidaba que existía esta forma de soltar. Pero siempre que me acordaba de preguntarme si había algo que deseara cambiar —luego era capaz de soltar el deseo de cambiarlo—, aquel sentimiento que unos minutos antes me parecía insuperable simplemente desaparecía.

Los instructores de las primeras clases sobre el Método Sedona a las que asistí sabían que era una forma fácil de conseguir que me liberara. Llegó incluso a convertirse en una broma entre ellos. Primero, dedicaba unos minutos a lloriquear porque era un problema importante y de gran trascendencia, me había empleado a fondo en él, y sin embargo se negaba a desaparecer. Entonces ellos simplemente me preguntaban: «¿Te gustaría cambiarlo?». Esto solía ser suficiente para hacer que me liberara de manera espontánea, muchas veces con una risa incontrolable.

Lester Levenson encontró en esta técnica una de las primeras claves para liberarse de las limitaciones interiores. Cuando la descubrió revisó su vida y observó que deseaba cambiarlo todo, incluso cosas sin importancia, como el final de las películas y hechos intrascendentes de muchos años antes. Cuando soltó el deseo de cambiar las cosas, pudo eliminar fácilmente muchísimas de sus limitaciones interiores y se sintió mucho más feliz de lo que jamás había soñado. Y no se detuvo aquí, por supuesto...

Frank: la serenidad en medio del caos

Frank es un fiscal que se ocupa de los delitos menores en un importante juzgado. Los casos en los que trabaja, dice, son como la «escarcha de la nevera»: infracciones de tráfico y pequeños hurtos, en su mayoría. El orden del día es siempre muy extenso, por lo que el caos es enorme. Antes, se agitaba con facilidad ante una tan frenética actividad. Pero desde que hace un par de años, estudió el Método Sedona, ocuparse de todo ese trabajo y de las distintas personalidades de quienes comparecen ante el tribunal se ha convertido en algo mucho más fácil y que apenas requiere esfuerzo alguno. Lo que a muchos fiscales les cuesta horas solucionar, Frank lo hace tranquilo y en poco tiempo.

Dice Frank:

Una jueza me dijo: «La mayoría de los fiscales, cuando se los interrumpe, necesitan tiempo para reorganizarse. Si ocurre así seis veces, se irritan. Si ocurre diez, están a punto de saltarle a la yugular a cualquiera. Pero en tu caso, he visto cómo te interrumpían cuarenta veces. Tú ayudabas con toda tranquilidad a todos, y luego te centrabas de inmediato y recuperabas el hilo de lo que estabas diciendo». Le impresionaba la imperturbabilidad que estoy desarrollando. Os aseguro que aún estoy trabajando en ello. Pero cuando la gente me molesta, hago el correspondiente ejercicio de liberación. Así que me divierto y me muestro mucho más afectuoso con los demás, incluso en el juzgado. Me siento mucho más libre y ligero...

Frank se pregunta a menudo: «¿Podría permitirme tener un día tranquilo y fácil? ¿Podría permitirme tratar a todos con respeto? ¿Podría soltar cualquier conducta de autosabotaje, pasada, presente o futura?». Hace cierto tiempo, se dio cuenta de que podía practicar la liberación en cualquier cosa. Si dejaba de desear que cambiara lo que ocurría a su alrededor en la sala, el humor le cambiaba de forma natural. Muchas veces, liberar el deseo de cambiar a una determinada persona le ayuda a ganar los casos.

En la sala de juicios pueden ocurrir cosas extrañas –dice–. Muchas veces, ayudo a los acusados en los procesos judiciales. Muchos me lo agradecen cuando se dan cuenta de que los voy a tratar con dignidad. Les digo con sinceridad: «En el fondo, no es usted una mala persona; ocurre simplemente que hizo algo malo en un determinado momento». Con otros acusados, es como si desde el otro extremo de la sala me abofetearan con todas sus fuerzas. Creen que voy a por ellos, por lo que rechazan mi ayuda y así empeoran su situación. Cuando actúan así, no dejo de quererlos y de liberarlos en mi mente, y ya no me preocupo por el resultado. Todo depende del juez y el jurado, no de mí. Si después esos acusados son condenados, cosa que suele ocurrir, lo siento por ellos, pero también me libero de eso.

Frank ha encontrado la serenidad porque ha decidido aceptar todo lo que ocurre AHORA. Para él no hay nada más importante que la paz en su mente. Al usar el Método Sedona ha descubierto: «La vida es para vivirla y disfrutarla en cada momento».

Liberar el deseo de cambiar

Vamos a trabajar juntos un poco más en el tema del deseo de cambiar las cosas. Unas páginas atrás, te pedía que repasaras rápidamente las cosas de tu vida que no te gustan y que quisieras cambiar. Para este ejercicio vamos a analizar esa lista y volver a uno o más temas de los que escribiste al final del capítulo uno como objetivos que te proponías para este curso de autoestudio.

Empecemos por dedicar un momento a centrarnos en nuestro interior y a relajarnos. Siéntete libre y cierra los ojos. Pero ten en cuenta que puedes mantener los ojos abiertos sin por ello perder ninguno de los beneficios, ya que el Método es una herramienta que hay que emplear en la actividad cotidiana. En cualquier caso, deja que tu atención cambie y se mueva más hacia el interior. Observa que lo puedes hacer y que puedes ser más consciente de tus sentimientos y de tu estado interior incluso con los ojos abiertos. Este cambio probablemente ya habrá empezado a tranquilizarte.

Si lees este material solo, te pido que recuerdes siempre que has de ir a tu ritmo y sentir como si fuera yo quien te hiciera las preguntas, o que te las haces tú mismo en segunda persona.

Ahora, piensa en una persona, lugar o cosa concreta de tu vida que quisieras que fuera distinto, que quieres que cambie. *¿Podrías aceptar cualquier sentimiento que su modo de ser genere?* Acéptalo sin reservas.

¿Podrías soltar el deseo de cambiarlo?

¿Lo harías?

¿Cuándo?

¿Cómo te sientes ahora? ¿Existe algún sentimiento de querer cambiar esa determinada situación?

De ser así, ¿podrías soltar el deseo de cambiarla?

¿Lo harías?

¿Cuándo?

Comprueba de nuevo si sigues queriendo cambiarla. Si has estado abierto al proceso, es posible que ahora veas la situación desde la perspectiva de encontrar soluciones, más que desde la de estar estancado en el problema. Quizá hayas descubierto también que no hay nada que cambiar y que la situación es perfecta tal y como está. Sigue haciéndote las preguntas, hasta que ya no desees cambiarla y puedas aceptarla plenamente tal cual es.

Acuérdate de tener la posibilidad de soltar en cualquiera de las fases del proceso. Por ejemplo, cuando tienes dificultades para soltar el deseo de cambiar algo, pregúntate si quieres cambiar el grado de dificultad y luego soltar. Enseguida recuperarás el proceso.

Si aún no puedes soltar, usa otra pregunta: «¿Y si quisiera que las cosas fueran así?». Si te habitúas a esa excelente pregunta, te liberará para que sueltes.

Puedes incluso ampliar las preguntas hasta extremos ridículos. Te puedes preguntar: «¿Y si me hubiera pasado toda la vida intentando desarrollar este grado de estancamiento o crear este grado de dificultad?». Es posible que te veas soltando de forma espontánea.

Recuerda también que siempre es una buena idea concederte permiso para detenerte un momento si tienes problemas para soltar. De esta forma, invariablemente se crea más espacio para liberar.

Concéntrate en tu interior de nuevo y permítete tomar conciencia de alguna cosa que quieras cambiar. Puede ser una persona, un lugar, una cosa, una situación. Sea lo que fuere, limítate a centrarte en ello y sentir cómo es el deseo de cambiarlo.

Luego, ¿podría cambiarlo?

¿Lo haría?

¿Cuándo?

Ahora concéntrate en eso mismo o en otra cosa de tu vida que te gustaría cambiar.

¿Y podrías soltar el deseo de cambiarlo?

Recuerda que nada tiene de malo cambiar las cosas de la vida que te gustaría cambiar. Muchas veces nos estancamos en el deseo, en vez de ponernos en acción. Por ello, es una buena idea experimentar el soltar el deseo de cambiar las cosas.

Concéntrate de nuevo en esa misma situación o en otra cosa de tu vida que te gustaría cambiar.

¿Podrías, de momento, como un experimento, soltar el deseo de cambiarlo?

¿Lo harías?

¿Cuándo?

Observa cómo te sientes en tu interior ahora mismo. Quizá tengas la sensación de que, en lo más profundo de ti mismo y a medida que sueltas el deseo de cambiar las cosas, se van abriendo espacios. *¿El hecho de soltar el deseo de cambiar las cosas hace que te sientas un poco incómodo? ¿Te hace sentir que pierdes un poco el control? ¿Podrías aceptar ese sentimiento?*

Luego, ¿podrías soltar el deseo de cambiarlo?

¿Lo harías?

¿Cuándo?

Observa si en lo que ahora mismo sientes hay algo que quisieras cambiar.

Si es así, ¿podrías soltar el deseo de cambiarlo?

¿Lo harías?

¿Cuándo?

Cuando queremos cambiar las cosas, decimos que no están bien tal como están. Nos decimos que hay que cambiarlas, arreglarlas o mejorarlas de un modo u otro. Pero muchas veces no es verdad. O si es verdad que es necesario cambiar algo, el deseo de cambiarlo nos mantiene estancados. Aferrarnos al ansia de cambiar realmente no nos ayuda a avanzar y emprender las acciones necesarias.

Ahora, ¿podrías permitirte exactamente como te sientes en este momento? ¿Podrías aceptarlo? Siempre que aceptas como te sientes, siempre que lo permites, adoptas una forma natural de soltar el deseo de cambiarlo.

Si has estado dispuesto a soltar el deseo de cambiar como te sientes y las circunstancias de tu vida, ahora deberías sentirte más tranquilo, más relajado y más centrado... y más capaz de ponerte a cambiar realmente las cosas. Esta es la auténtica clave de la serenidad.

«El beneficio más evidente del Método es el sentimiento de paciencia. Al principio el proceso parecía superfluo. A medida que pasaba el tiempo, empecé a comprender el sentido de todo y me aferré al proceso de la liberación redundante. Cuanto más la practicaba, más me percataba de que las cosas que me preocupaban eran creación mía. Creaba más problemas porque reiteraba en mi mente todas las escenas perturbadoras y me repetía la misma idea y lo importante que era para mí el pensamiento de que nunca me había dado cuenta de que nada es realmente tan importante, al menos no tanto como ser feliz».

–M. M., Bronx (Nueva York)

Profundiza a medida que avanzas

Antes de leer el capítulo siguiente, dedica unos minutos a analizar cómo deseas cambiar determinados hechos, recuerdos y sentimientos, y a soltar el deseo de cambiarlos. En este proceso observa si eres capaz de abordar temas cada vez más profundos; además, permítete observar aspectos de tu vida en los que ya te sientes realizado y agradecido, y que aceptes tal como son. Si haces esto todos los días, aunque sea solo un poco, te prometo que producirá en tu vida un profundo efecto. Es probable que los resultados te sorprendan y te llenen de alegría.

6

Profundizar en tu liberación

Si has leído hasta aquí y has practicado con tu propia experiencia los procesos que se proponen en los capítulos anteriores, estoy seguro de que ya has empezado a descubrir que los sentimientos influyen en gran medida en tu manera de actuar y tu claridad mental; creo, además, que ya eres capaz de soltar los sentimientos no deseados. A medida que los sueltas, no solo te sientes mejor, sino que funcionas mejor. En este capítulo vamos a analizar el Método Sedona a un nivel aún más profundo y de mayor fuerza: las motivaciones o necesidades ocultas.

¿Estás motivado por lo que deseas?

Sí y no. Piensa unos minutos en lo que deseas. ¿Quieres más dinero y menos deudas? ¿Deseas disfrutar de unas mejores relaciones con la familia y los amigos o iniciar una relación amorosa especial? ¿Quieres una salud mejor o al menos que disminuyan los sufrimientos y los dolores? ¿Deseas el éxito o como mínimo dejar de sentirte un fracasado? ¿Quieres más tiempo libre y menos presión? ¿Prefieres un coche nuevo, un vestido nuevo, un equipo de música nuevo, un peinado nuevo, una vida nueva? Tu lista podría ser interminable.

¿De verdad quieres todo eso? ¿O buscas la felicidad que estas cosas representan? ¿Y si pudieras lograr la felicidad sin necesidad de todo aquello con que la asocias?

Querer equivale a carecer, a no poseer. Nuestra vida está limitada por la tendencia que tenemos a centrarnos en la lucha que lleva a poseer, en vez de hacerlo en la propia posesión. Cuando soltamos un deseo, nos sentimos más capaces de poseer. Además, observamos el correspondiente incremento en lo que ya poseemos. Cualquiera que se haya dedicado a vender sabe que cuando quieres realizar una venta muchas veces es cuando más difícil te resulta. Y al revés, cuando crees que no necesitas vender, suele ocurrir que vendes. La razón está en que la mejor forma de hacer realidad lo que decidimos es desde la postura de que «está bien» tanto si lo conseguimos como si no. Este modelo se aplica a todos los aspectos de nuestra vida.

Todos estamos motivados por cuatro necesidades fundamentales que subyacen bajo nuestros pensamientos, creencias, actitudes y modelos de conducta. Estos motivadores subyacentes –la necesidad de aprobación, la necesidad de control, la necesidad de seguridad y la necesidad de separación– forman el núcleo de nuestra limitación. Cuando liberamos estas necesidades, podemos obtener lo que deseamos y seguir motivados. En este proceso, simplemente soltamos la sensación de privación y carencia.

Emprendemos la vida con unas tendencias determinadas por la herencia y el entorno (y si se cree en la reencarnación, por el pasado). Estas tendencias pueden ser cualquier cosa, desde predisposiciones genéticas o medioambientales hasta simples preferencias. Pero, en general, estas tendencias en su mayor parte subconscientes no se imponen ni rigen nuestra vida hasta que nos hacemos mayores. Durante la infancia, solo dan la dimensión a lo que se experimenta. Sin embargo, cuando llegamos a la madurez, hemos aprendido a sublimar nuestras necesidades ocultas con los deseos más adultos, cosas que se alejan de la auténtica motivación. Es posible, por ejemplo, que identifiquemos un coche con el control o el dinero con la seguridad (cada uno asignamos significados distintos a los diferentes objetos).

Esta es una razón de que la felicidad que logramos al conseguir lo que queremos sea tan efímera. Solo creemos que lo queremos.

La experiencia me dice que otra razón de que no nos sintamos plenamente satisfechos al «conseguir lo que queremos» es que no podemos obtener nada externo de lo que realmente deseamos. No obstante, muchas personas se niegan las cosas que creen que quieren, porque piensan que nunca las podrán tener o les han dicho que está mal hasta el hecho de desearlas. El Método Sedona ha ayudado literalmente a decenas de miles de personas a liberarse de la imposición de tales limitaciones sobre sí mismas, y tú también podrás hacerlo.

«He experimentado una confianza significativamente mejor gracias a la liberación, sobre todo del miedo a las emociones fuertes. Estos sentimientos fuertes pueden surgir, pero desaparecen suavemente o se reducen a un nivel que permite seguir pensando, escuchando y reaccionando de forma razonable, a menudo mientras sigo liberando».

Cómo empezó todo

La historia que sigue no es más que eso, una historia. Cualquier parecido que pueda tener con tu vida es pura coincidencia. Aunque está pensada para que veas cómo pueden haber evolucionado tus motivaciones ocultas, no pretende ser una nueva teoría del desarrollo infantil ni confirmar o rebatir ninguna teoría. Tampoco pretende sustituir ni cuestionar ninguna experiencia espiritual particular. La experiencia de tu vida puede ser semejante o distinta. En cualquier caso, haz todo lo que puedas para identificarte con la evolución del personaje de esta historia, sin preocuparte demasiado por cómo se aplica en tu caso.

Partimos de la premisa de que somos, y siempre hemos sido, un Ser Ilimitado. Así, tú –el protagonista– empiezas como una conciencia indiferenciada, sabedor de nada en particular, pleno y consciente en ti mismo. Este es el lienzo sobre el que se pinta la historia, ya que incluso abre la posibilidad de que esta se desarrolle. Además, el lienzo no está aún marcado ni cambiado por el avance de la historia.

En un determinado momento, en esta conciencia natural y sin prejuicio alguno que tú eres empiezan a surgir sonidos, sensaciones e imágenes. Algunos sonidos se repiten, como el suave golpeteo del corazón y la respiración de tu madre, parecido al flujo y reflujo de las olas del mar. Lejos hay también sonidos apagados, como la voz de tu madre, la de otras personas y de todo lo que ocurre a tu alrededor. Cuando el cuerpo de tu madre se mueve por la vida y tu mundo se mueve al unísono, se producen sensaciones de calidez, de suave mecer y flotar. Existe también una semioscuridad ondulante que envuelve y llena la conciencia. Todas esas sensaciones, sonidos e imágenes entran y salen en sosegada conciencia.

Este Ser sigue hasta que, cuando tu mundo empieza a contraerse, surgen nuevas sensaciones en la conciencia. Porque, cueste el tiempo que cueste, hay una transición de un mundo lleno solo de sensaciones, sonidos e imágenes relativamente amortiguados, a otro mundo lleno de otros distintos y más fuertes. La experiencia de nacer es a veces violenta. Sin embargo, por muy traumática que pueda parecer la transición, una vez que se ha pasado por ella, estas sensaciones también entran y salen de la conciencia. Durante cierto tiempo, pasamos la mayor parte del día durmiendo.

Muy pronto las imágenes cobran mayor definición a medida que los ojos empiezan a funcionar en este nuevo mundo. Los oídos y el resto del cuerpo también se acostumbran a vivir en un mundo lleno de aire en vez de líquido amniótico. Pasa el tiempo y aparecen patrones en nuestra conciencia a medida que surgen distintos grupos de sensaciones, sonidos e imágenes a intervalos variables. Algunos de todos estos pronto se reconocerán como «tu» cuerpo. Existe aún una sensación subyacente de unidad entre tú, como trasfondo, y cualquier percepción que se produzca.

Hay un sentimiento de fondo de amor, incluso hacia experiencias que se podrían calificar de traumáticas. Las percepciones, incluidas las del cuerpo, no tienen nombre ni significado. Simplemente surgen y luego se difuminan en aquello que eres. Las partes del cuerpo se convierten en objetos de juego cuando descubres que determinados cambios internos las hacen reaccionar. Se disfruta de ellas, pero nadie en particular es su dueño.

Si tienes una infancia que la mayoría consideraría normal, en tu conciencia aparecen y desaparecen unas benignas presencias, a las que más tarde llamarás Mamá y Papá. Estas presencias llegan con unos determinados patrones de percepción. Pasa el tiempo y, a través de la paciente repetición de los distintos movimientos de estas benevolentes presencias, empiezas a familiarizarte con el mundo de los conceptos y los símbolos. Mamá y Papá se señalan una y otra vez y dicen: «Mamá» o «Papá», y luego señalan tu cuerpo y repiten tu nombre. Es un juego divertido, y cualquier intento que hagas por participar en él recibe su recompensa. Al final, descubres que determinados cambios de percepción interiores hacen que tu cuerpo pueda emitir sonidos como los de ellos. En ese momento, cuando te inicias en el mundo de los conceptos y los símbolos, empieza a ser más difícil —excepto en los momentos de sueño— seguir siendo la unidad de fondo que eres. Va aumentando en ti la sensación de separación o alejamiento de tu naturaleza básica.

No todo en la vida es diversión y juego, por supuesto. La experiencia de algunas personas hasta este punto es bastante traumática. Pero esta obra que se va representando, y a la que más tarde llamarás tu vida, no te ha integrado por completo. La conciencia sigue en el irregular proceso de identificación con el protagonista, del mismo modo que ahora probablemente te identificas con los personajes de una buena novela o película. Cuando empiezas a emplear el lenguaje, es posible que pases por un período en que te refieras en tercera persona a quien, más tarde, crees que eres tú: «Es el juguete de Hale» o «Es el juguete de Mary», no: «Es mi juguete». Lloras si te haces daño o chillas si no consigues lo que quieres, pero sin la obstinación que aparece más adelante

Después, hacia los dos años o dos años y medio, se produce otra transición. Ahora estás tan convencido de que eres una identidad separada (por ejemplo, Hale o Mary) que de repente todo se convierte en *mi* juguete, *mis* necesidades y *yo*. Ahora, a las sensaciones, las imágenes y los sonidos que surgen en la conciencia se les da un nombre y una historia basada en esta creencia creciente en un «yo». Y entonces es cuando comienzas a querer cambiar las cosas. Opones resistencia a como son. Quieres que sean como tú deseas. El nombre de esta fase es «los terribles dos años». Suele ser una época difícil tanto para los padres como para el hijo. El mundo ya no es tan seguro como en un momento pudo parecer. Es posible que compitas con otros hermanos por la atención de los demás. Conseguir la aprobación de Mamá y Papá adquiere una importancia enorme, y no obtenerla puede ser algo peligroso. Quieres controlar lo que hasta ahora parecía un mundo perfecto.

Añoras la tranquilidad y la sencillez cuando tus padres y tu mundo te controlaban; al mismo tiempo, quieres imponerte a tu mundo. Deseas aprobación, y hasta la desaprobación, que te llegan desde fuera, pero también deseas volver a querer todo lo que existe. Quieres estar sano y salvo, y sobrevivir, pero también deseas la sensación de ser una entidad separada que puede morir y desaparecer. Sueñas con ser de nuevo una unidad —una sola cosa con todo lo que existe–, pero te sientes impelido a afirmar tu identidad exclusiva y separada.

Así pues, para algunos de nosotros, desarrollar la separación es un proceso gradual, que empieza mucho antes de los dos años; para otros, es algo muy repentino. Pero parece que no existe la posibilidad de retroceder para nadie, a menos que, a medida que uno se hace mayor, emprenda un proceso como el que estás aprendiendo en este libro. Por mucho que añoremos la seguridad y la unidad que sentíamos cuando éramos pequeños, el proceso de desarrollo sigue su curso.

¿Hay algo en todo esto que te resulte familiar? Podríamos extendernos en ello sin acabar nunca, considerando todos los detalles sutiles y no tan sutiles de cada nacimiento y de cómo se despliega la vida del niño. Sin embargo, lo dicho basta para que entiendas lo que se pretende, en concreto que cuando nos empeñamos en identificarnos con un cuerpo y una mente particulares hasta pensar que son nuestros, empezamos a estar más motivados por algunas necesidades básicas (las necesidades ocultas) que refuerzan nuestra sensación de separación y nos causan un sufrimiento sin fin.

Cinco pasos para liberar las necesidades subyacentes

Siempre que sueltas tus sentimientos y pensamientos restrictivos que se encuentran en el nivel oculto de las necesidades, aceleras tu progreso. Como se decía en el capítulo uno, es posible que observes que en algunos aspectos de tu vida van cobrando orden, a pesar de que nunca liberas directamente sobre ellos. Como todo se relaciona directamente con las necesidades, muchos aspectos cambian de inmediato cuando sueltas esas necesidades.

> «He obtenido más resultados deseables (cambios en mi actitud y mi conducta) en seis meses con el Método Sedona de los que todo mi empeño había conseguido en diez años. Siempre tuve clara la idea de "unicidad" con el universo, pero recientemente, cuando liberaba, cobró vida en mi mente. Es difícil explicar este descubrimiento. Saber y sentir que todo forma parte de mí, y que yo formo parte de todo, es una experiencia increíble».
>
> **–Michael McGrath,**
> Belfast (Irlanda del Norte)

¿Qué prefieres, *necesitar* la aprobación o *tenerla*? ¿*Necesitar* el control o *tenerlo*? ¿*Necesitar* la seguridad o *tenerla*? La respuesta es evidente.

Lo que sigue es un procedimiento fácil de cinco pasos para soltar esas necesidades. Cuando lo incorpores a tus actividades cotidianas, verás que te resulta mucho más fácil. El mero hecho de situar en tu conciencia esa necesidad hará a menudo que la sueltes de manera espontánea, incluso antes de que te hagas las preguntas. Estas preguntas sustituyen a una serie de preguntas de liberación básica (o se pueden añadir al final de estas) con las que has estado trabajando hasta ahora. A partir de este momento, ya no hacemos las preguntas de seguimiento «¿lo harías?» y «¿cuándo?» porque, cuando lo soltamos a este nivel más profundo, la decisión de hacerlo se produce más deprisa y con mayor espontaneidad. Sin embargo, te pido que tengas toda la confianza para usarlas en cualquier momento que las necesites, para ayudarte en tu proceso de liberación.

Puedes emprender este proceso tú solo, con la lectura en silencio de las preguntas que siguen, o hacerlo con la ayuda de algún compañero.

Paso 1: céntrate en tu tema y permítete aceptar cualquier cosa que sientas AHORA.

Paso 2: profundiza un poco más para ver si el sentimiento ACTUAL surge de una sensación de necesidad. Hazte una de las dos preguntas siguientes:

- *¿El sentimiento surge de la necesidad de aprobación, control, seguridad o separación?*
- *¿Cuál es la necesidad que hay detrás de este sentimiento?*

Si no estás seguro de qué necesidad hay detrás del sentimiento, o si sospechas que puede haber varias necesidades al mismo tiempo —como suele ocurrir—, escoge la que creas que domina o que quisieras soltar en primer lugar. Luego ve al paso 3.

Paso 3: hazte una de las preguntas siguientes:
- *¿Podría permitirme necesitar (la aprobación, el control, la seguridad o la separación)?*
- *¿Podría aceptar la necesidad (de aprobación, control, seguridad o separación)?*
- *¿Podría soltar la necesidad (de aprobación, control, seguridad o separación)?*

Cuando liberes respecto a las necesidades, simplifica las preguntas. Una vez que te des cuenta de que puedes soltar las necesidades, observarás que lo haces sin pensar mucho en ello. Recuerda que «sí» y «no» son ambas respuestas aceptables y que muchas veces soltarás aunque digas que «no». Además, si quieres, permítete reservarte un momento antes de liberar, ya que así se suele crear espacio para una liberación aún más profunda. Los compañeros deben seguir haciendo las preguntas aunque oigan que la respuesta es «no». Responde lo mejor que puedas la pregunta escogida con la mínima reflexión. Abstente de consideraciones posteriores o de entrar a debatir los beneficios de una acción o de sus consecuencias. Cualquiera que sea la respuesta, ve al paso siguiente.

Te pido que tengas en cuenta que no se te pide que sueltes el control, la aprobación, la seguridad ni la separación, sino que lo hagas con cualquier sentimiento de carencia de ellos o de necesidad.

Paso 4: puedes usar este paso en cualquier momento del proceso de liberación para abordar cualquier sentimiento, necesidad o sensación de indecisión o estancamiento. Como viste en el capítulo cinco, es la válvula de seguridad del Método.

Limítate a preguntar: *¿Me gustaría cambiar esto?*

La respuesta será invariablemente «sí». Pero si no estás seguro del todo, comprueba si te gusta tal como está el tema en cuestión. Siempre que no te guste algo tal como está, es indicio de que quieres cambiarlo.

Luego pregúntate: *¿Podrías soltar el deseo de cambiarlo?*

En la mayoría de los casos, incluso si te encuentras bloqueado, podrás contestar «sí» a esta pregunta. Soltar el deseo

«Mi hija y yo teníamos una relación disfuncional y habíamos perdido el contacto. Después de aprender a liberar, empecé a buscarla de nuevo, y hemos vuelto a conectar. No solo hemos resuelto nuestras diferencias, sino que hoy mi hija también libera. Ahora nos comunicamos mejor que en muchos años».

–Carole Dunham,
Miami (Florida)

de cambiarlo hará que desaparezca el bloqueo y te situará de nuevo en tu camino. Como recordarás, querer cambiar es un subconjunto de querer controlar.

Paso 5: repite los cuatro pasos anteriores tantas veces como sea necesario, hasta que te sientas libre de esa necesidad concreta en la que estás trabajando.

Lester pensaba que, cuando liberamos, es más importante centrarse en la necesidad de aprobación, de control y de seguridad que en la necesidad de separación. Creía que si soltamos lo suficiente de las tres primeras necesidades, el sentimiento de necesidad de estar separado desaparecerá por sí mismo. Era parte del proceso que él seguía. Excepto en este capítulo y en el siguiente, nuestras preguntas de liberación a lo largo de la mayor parte del libro se centrarán exclusivamente en la aprobación, el control y la seguridad. Huelga decir que, si observas que necesitas estar separado, puedes soltar con toda libertad esta necesidad.

La exploración: observar a través de la perfección, mediante la liberación de las necesidades

Lester Levenson solía decir: «Libera y permítete ver la perfección donde parece haber una aparente imperfección». Durante este proceso acepta tus pensamientos, tus sensaciones, tus sentimientos y las historias que cuentas. Deja que todo ello este ahí y comprende que todo está bien como está. Parte de lo que ocurre cuando liberamos esto es que empecemos a reconocer la perfección que subyace a nuestros pensamientos y sentimientos.

Empieza por ponerte cómodo y centrar tu atención en tu interior.

Ahora, recuerda alguno de los principales temas con los que hasta el momento has trabajado en este libro o un tema nuevo y distinto que actualmente esté en tu conciencia. A medida que piensas en esta situación, este problema, esta intención o este objetivo, familiarízate con lo que en este preciso momento sientas con respecto a ello.

¿Podrías aceptar este sentimiento?

Luego profundiza un poco más y observa si puedes determinar si el sentimiento actual procede de la necesidad de aprobación, control, seguridad o separación. Mientras sueltes las necesidades, recuerda que nada hay de malo en tener la aprobación, el control, la seguridad o la individualidad; tú te limitas a soltar la sensación, o el sentimiento, de que careces de ellos.

Cualquiera que sea la necesidad, pregunta: *¿Podría permitirme sentirla? Luego, ¿podría soltarla?*

Observa otra vez el mismo tema y considera cuál es tu nuevo sentimiento AHORA.

¿El sentimiento procede de la necesidad de aprobación, control, supervivencia o separación?

¿Podrías soltar esta sensación de necesidad? ¿Podrías dejar que se liberara?

A continuación, concéntrate de nuevo en tu tema y observa si hay algo en él que te provoque resistencia. Quizá te resistas a que cambie, a la situación en que se encuentra, o puede que haya un aspecto concreto de él ante el que sientas recelo.

¿Podrías permitirte sentir la resistencia?

Luego, ¿podrías permitirte soltarla?

Observa si hay algo más sobre este tema a lo que te resistas.

¿Podrías soltar esta resistencia?

Recuerda que la resistencia significa empujar contra el mundo para que este empuje en sentido contrario. Significa decir que las cosas no están bien tal como están y cerrarse en banda en su contra.

Repite dos o tres veces más los últimos pasos sobre la resistencia y luego sigue.

Mira ahora si hay algo sobre este tema que quisieras cambiar.

¿Podrías soltar el deseo de cambiarlo?

Busca alguna otra cosa sobre el tema, o sobre cómo te sientes al respecto, que te gustaría cambiar.

¿Podrías soltar el deseo de cambiarlo?

¿Hay algo sobre el tema que de un modo u otro parezca estancado?

¿Quieres cambiar esa sensación de estancamiento?

¿Podrías soltar el deseo de cambiar esta sensación de estancamiento?

Comprueba de nuevo. *¿Hay algo en el modo como te sientes sobre el tema o en tu actitud ante él que parezca estancado?*

Cuando nos sentimos estancados, queremos conseguir que las cosas sean distintas, pero esto nos paraliza aún más. Para soltar esta parálisis, lo único que tenemos que hacer es soltar el deseo de cambiar las cosas.

Así pues, ¿podrías soltar el deseo de cambiar cualquier sensación de bloqueo que puedas sentir en este mismo momento?

A continuación, observa cómo te sientes ahora mismo en relación con el tema en cuestión. Fíjate en que tus sentimientos ya han cambiado. Este pequeño proceso probablemente ya haya marcado una gran diferencia.

Subyacente al tema en cuestión, ¿hay algo que te gustaría controlar, por ejemplo la forma en que lo sientes o cómo te parece que es?

¿Podrías aceptar esta sensación de necesidad de controlar?

Luego, ¿podrías soltarla?

Repite la serie de preguntas anteriores varias veces más, observando siempre cómo va cambiando tu energía sobre el tema y cómo va desapareciendo cualquier correspondiente sensación restante de necesidad de controlar.

Así pues, ¿hay algo acerca del tema —cómo te sientes al respecto, cómo interactúas con otras personas en relación con él o cómo lo haces contigo mismo— que genere una sensación de necesidad de tu propia aceptación o de la de cualquier otra persona?

¿Podrías aceptar lo mucho que necesitas la aprobación?

¿Podrías soltar esa necesidad?

Repite la serie de preguntas anterior varias veces, eliminando cualquier sensación restante de necesitar la aprobación que pueda existir.

Y ahora, profundicemos aún más. *¿Hay algo acerca de esta situación, problema o tema que genere un sentimiento de necesidad de seguridad o supervivencia?*

¿Podrías permitirte experimentar la sensación de necesitar la seguridad?

Luego, ¿podrías soltarla?

Concéntrate de nuevo en la situación y observa si puedes encontrar algo con respecto a ella que te haga sentir un poco inseguro o amenazado y fíjate en que todo procede de la necesidad de seguridad o supervivencia.

¿Podrías soltar la necesidad de seguridad o supervivencia?

Repite la serie de preguntas anterior varias veces más, eliminando cualquier sensación que quede de necesidad de seguridad.

Y ahora, simplemente concéntrate y toma conciencia de cómo te sientes en tu interior. Verás que probablemente sientes mucho más espacio y ligereza. Si hay cualquier sensación de deseo de aferrarse a este buen sentimiento, observa que procede de la necesidad de control. Fíjate también en que hay muchos más buenos sentimientos de los que ese procede. Nuestros sentimientos de limitación son finitos, mientras que los buenos son infinitos.

Así pues, ¿podrías soltar la necesidad de controlar el buen sentimiento y dejarlo como está?

Ahora, relájate en lo que estés sintiendo en este momento. Acéptalo plenamente. Siempre que aceptamos plenamente un sentimiento, soltamos el deseo de cambiarlo o controlarlo. Lo aceptamos como es, al menos en el momento presente. Si queda aún cierta sensación de contracción o negatividad acerca del tema en cuestión, pasa a centrar tu atención en la mayor ligereza de la que eres consciente y olvídate de lo demás, por ahora.

Déjate poseer por ella.

Relájate en esta situación.

Permítete descansar.

La bondad natural que sientes en tu interior siempre está presente, por extremos que tus sentimientos puedan llegar a ser. La bondad subyace bajo tus emociones y pensamientos, y puedes disponer de ella siempre que orientes hacia ella tu atención. Todo el poder de tu potencial ilimitado está a tu disposición, y, si así lo permites, puedes eliminar de manera natural la sensación de limitación que aún te queda.

¿Podrías permitirte adentrarte aún más en este momento y confiar en el poder que conoce el camino?

Permítete, incluso para este momento, ver la perfección allí donde parece estar la imperfección.

Por un momento, ¿podrías controlar la idea de que quizá todo esta bien y se desarrolla como debe ser?

Ahora, en un momento, empieza a dirigir poco a poco tu atención de nuevo hacia el exterior y observa que todo lo que has obtenido con este proceso te acompañará siempre. Todo proceso es un inicio, un abrirse a la vida que siempre has deseado y un descubrimiento de lo que realmente es verdad para ti.

Así pues, deja que esto fluya suavemente hacia el interior de tu vida.

Utiliza este proceso –y la perspectiva que ofrece– con tanta frecuencia como quieras para obtener mayor libertad sobre un determinado tema o simplemente para sentirte más feliz y vivo.

7

Soltar las cuatro necesidades básicas

C uando Lester Levenson analizaba su propio proceso, dedicaba mucho tiempo a repasar su pasado y a soltar sus motivaciones interiores. Descubrió que cuando las personas limpian su pasado de todo lo relativo a las cuatro necesidades básicas, pueden deshacerse fácilmente de las enormes cargas que han estado arrastrando en su vida y nunca jamás tendrán que soportarlas de nuevo.

En este capítulo vamos a analizar las cuatro necesidades básicas con mayor detalle y haremos algunos ejercicios escritos de liberación dirigidos a cada una de ellas. Es interesante observar que cada deseo o necesidad incluye una fuerza opuesta. De modo que la necesidad no solo genera en nosotros una sensación de carencia, sino que también experimentamos diversos grados de conflicto entre la necesidad de controlar y de ser controlados, de que se nos apruebe y se nos desapruebe, de estar seguros e inseguros, de separación y de unidad. En función de la personalidad de cada uno, todos albergamos estas necesidades en diferente medida. Además, cada situación en que nos encontramos desencadena en mayor o menor grado unas fuerzas opuestas en nuestra conciencia.

¿Cabe extrañarse de que prácticamente todos nos quedemos atrapados en algún punto intermedio? Todos somos un poco como el Pushmi-Pullyu* de *Doctor Dolittle*, que trata de un animal parecido a una llama pero con dos cabezas, cada una mirando en sentido opuesto. Dados los deseos encontrados, la mayoría de nosotros damos tres pasos hacia delante en nuestras metas de la vida y dos pasos hacia atrás antes de poder avanzar de nuevo.

Si en este apartado la liberación te resulta un poco confusa al principio, tómatelo con tranquilidad. Te recomiendo que trabajes más en las necesidades primarias y que te sientas cómodo con ellas antes de empezar a concentrarte en sus opuestos.

> «El Método Sedona me ha ayudado a aumentar la confianza en mí misma, lo cual me ha permitido asumir mayores riesgos y analizarme con mayor profundidad. Me afectan menos las críticas o la desaprobación. Cuando algo se me "enfrenta" me siento más tranquila. Busco menos los fallos y soy más comprensiva. Acepto a los demás tal como son, sin intentar controlar su conducta. También ha mejorado mi capacidad de resolución de problemas. Antes solía buscar consejo antes de dar cualquier paso, y ahora encuentro con mayor rapidez mis propias soluciones y me siento cómoda con ellas».
>
> **–Jeanie A.,**
> Seattle (Washington)

Evidentemente, si durante el proceso te percatas de los opuestos, no te preocupes por ellos, deja que se te manifiesten tal como lo hagan. Pero no debes preocuparte, porque se trata de un proceso holístico. Cuando soltamos una determinada necesidad, al mismo tiempo siempre soltamos parte de su opuesta. Es como echar una moneda al aire; solo tiene sentido si la moneda tiene cara y cruz.

---

* N. del T.: Personaje creado por Hugh Lofting, autor de las historias del Dr. Dolittle. Su nombre es la reproducción fonética de *push me, pull you* (literalmente, 'empújame a mí, tira de ti').

La necesidad de controlar

Necesitamos controlar cuando creemos que no poseemos control alguno. Para reconocer la sensación de querer controlar te ayudará saber que no se trata de un sentimiento, aunque conlleva una sensación. Parece algo difícil y agresivo, como si dijeras: «Tiene que ser como yo digo». Cuando necesitamos controlar, sentimos que no tenemos control alguno, como si tuviéramos que actuar para recuperarlo. Sinónimos de la necesidad de control son la resistencia y la necesidad de cambiar, además de la necesidad de comprender, manipular, impulsar, arreglar, obligar, de que las cosas se hagan como nosotros decimos, de tener razón y ser el primero, entre otros. A medida que soltamos la necesidad de controlar, sentimos que controlamos mejor las cosas.

¿Recuerdas la Oración de la Serenidad que aparece al principio del capítulo cinco? Cuando empieces a soltar el deseo de cambiar o controlar las cosas, verás que aceptas aquello que no puedes cambiar, que cambias lo que procede cambiar y que te preocupan mucho menos las cosas que escapan a tu control. Nada hay de malo en hacer lo que sea necesario para cambiar las cosas que se deban cambiar en los negocios o en la vida personal. Sin embargo, mucha gente se queda atrapada en el deseo de cambiar o controlar las que están bien como están o que no se pueden cambiar, como el pasado o el tiempo. El deseo de cambiarlas nos impide ver que están bien tal como están.

Como decía en el capítulo cuatro, la resistencia es la razón de que puedas perder motivación en medio de un proyecto que iniciaste con todo entusiasmo. Resistencia es también sinónimo de necesidad de control. Puede sabotear tu crecimiento personal e impedirte que avances en todos los aspectos de tu vida. Incluso puede impedir que hagas cosas que te gusta hacer o que te reportan muchos beneficios, como el Método Sedona. La resistencia es como intentar avanzar con el freno puesto. Como ya he dicho, surgirá siempre que pienses que tienes que, has de o debes hacer algo. Cuando sueltes la resistencia, tu vida empezará a fluir hacia lo que más te conviene.

La necesidad de ser controlado

Un subconjunto de la necesidad de controlar es la fuerza integrada opuesta de necesitar ser controlado. Cuando tal fuerza es lo que nos motiva, añoramos tener a alguien a quien culpar o que asuma la responsabilidad de nuestra vida y nuestros sentimientos. Queremos que se nos diga lo que tenemos que hacer. Preferimos seguir que dirigir. Reconocerás la necesidad de ser controlado, porque es un sentimiento de debilidad y dejadez, como si dijeras: «Quiero ceder mi poder». Cuando queremos que se nos controle, sentimos como si quisiéramos estar descontrolados y no hacer nada a menos que antes se nos conceda permiso.

Entre los sinónimos de la necesidad de ser controlado están la resistencia y la necesidad de cambiar (una y otro aparecen en ambos aspectos del control), de estar confundido, de ser manipulado, de ceder, de que nos arreglen los problemas, de seguir a otros, de estar desvalido, de culpar y de ser la víctima, por nombrar unos cuantos. Cuando soltamos la necesidad de ser controlados, sentimos que poseemos mayor control y una mejor disposición para controlar nuestra vida.

En el proceso de liberación, cuando trabajes con la sensación de necesitar controlar, comprueba en tu interior su opuesto, al menos de vez en cuando. Hasta la persona más motivada y que mejor sepa controlar alberga esta necesidad opuesta.

La liberación por escrito: la necesidad de controlar

Este proceso en dos partes y por escrito está pensado para que te ayude a liberar la necesidad de controlar. Es muy sencillo. Para preparar la primera parte, haz dos columnas en una hoja en blanco de tu diario de liberación. También puedes hacerlo con el ordenador. El encabezamiento de la primera columna es: «Casos concretos en que necesité controlar». El de la segunda es: «¿Cuál es AHORA mi necesidad al respecto?».

Empieza por escribir en la primera columna todos los casos que recuerdes en que necesitaras controlar. Luego, en la segunda columna, escribe tu necesidad AHORA (por ejemplo, necesidad de aprobación, necesidad de control, necesidad de seguridad). Puedes abreviarlo con «n/a» (necesidad de aprobación), «n/c» (necesidad de control) y «n/s» (necesidad de seguridad). Cuando hayas liberado por completo esa necesidad, pon una señal junto a la abreviatura o táchala. Repite los pasos anteriores y sigue liberando tu necesidad ACTUAL hasta que sientas que estás completamente liberado respecto a ese incidente. Acuérdate de liberar tus llamados sentimientos positivos, para que así puedas seguir avanzando hacia estados de energía superiores.

LIBERAR LA NECESIDAD DE CONTROLAR

Casos concretos en que necesité controlar	¿Cuál es AHORA mi necesidad al respecto?
La última vez que fui al dentista.	Estaba asustado n/s
Llovió todo el fin de semana.	Aburrido n/c n/a ✓
No me cuadraban las cuentas.	Frustrado n/s ✓

Cuando estés dispuesto para seguir, prepara otra hoja para la segunda parte del proceso. Haz dos columnas en otra hoja de tu diario, la primera con el encabezamiento «Cómo intento controlar» y la segunda con el de «Cómo intento ser controlado».

A continuación haz una lista de tus diversas formas de hacerte con el control de tu vida actual (en el trabajo, en las relaciones, etc.). Toma cada uno de los apartados y familiarízate con tu necesidad ACTUAL, escribe si este guarda relación con la necesidad de aprobación, de control o de seguridad, y luego libérala por completo. Cuando hayas liberado del todo esa necesidad, pon una señal al lado de su abreviatura o táchala.

Luego haz una lista de todas las formas que tienes de intentar tener el control en tu vida actual (en el trabajo, en las relaciones, etc.).
Toma cada uno de los apartados y familiarízate con tu necesidad AC-
TUAL, escribe si este guarda relación con la necesidad de aprobación,
de control o de seguridad, y luego libérala por completo. Cuando hayas liberado del todo esa necesidad, pon una señal al lado de su abreviatura o táchala.

Ten en cuenta que no hay necesariamente nada de malo en tus
acciones, aunque sea la necesidad de controlar lo que las motive. Este
proceso simplemente te ayuda a seguir siendo consciente de qué acciones provienen de tu necesidad de controlar, con lo cual te será más
fácil liberarlo en el momento. Luego puedes emprender la acción o
no; tú decides.

El proceso de soltar la necesidad de controlar

Empieza por acomodarte y centrar tu atención hacia el interior
de ti mismo. Si observas que te aferras en cualquier parte de tu conciencia, pregúntate si se debe a la necesidad de controlar.

¿Podrías aceptar la sensación de necesitar controlar?

¿Podrías dejar que se liberara?

¿Tienes ahora mismo la sensación física de que necesitas controlar o cambiar?

¿Podrías soltar la necesidad de cambiarla?

Repite las dos últimas preguntas para tantas sensaciones físicas como quieras.

Ahora busca algo en tu vida que te gustaría controlar.

¿Podrías soltar el deseo de cambiar eso?

Busca algo más en tu vida que necesites controlar.

¿Podrías soltar la necesidad de controlar eso?

Repite las últimas series de preguntas para tantos temas como quieras y luego sigue adelante.

A continuación, piensa en una situación del pasado que recuerdes que necesitabas controlar. Acepta el sentimiento de necesitar controlarla de nuevo.

¿Podrías soltar ahora?

Cuando te centres en ese tema, y en cualquier otro tema de control del pasado, observa de qué forma la necesidad de controlar ha influido en tu vida, cómo hizo que te sintieras, cómo hizo que actuaras. ¿Hay en tu vida algún tema recurrente relacionado con el control?

¿Podrías aceptar esa tendencia o cualquier acción que proceda de la necesidad de controlar?

Comprueba si necesitas controlar tu sensación de necesitar controlar.

¿Podrías soltar la necesidad de controlar o cambiar eso?

Ahora, deja que la necesidad de controlar entre en tu conciencia —si es necesario, despiértala recordando algún suceso— y luego relájate en la que es su propia esencia.

¿Podrías sumergirte hasta su núcleo?

¿Y un poco más profundo aún?

¿Y más aún?

Observa de dónde surge la sensación de necesitar controlar.

Si no lo has hecho aún, ¿podrías soltarla ahora?

A continuación, concéntrate en tu sentimiento ACTUAL. Observa el cambio que se ha producido en tu conciencia al liberar un poco al menos tu sensación de necesitar controlar. Imagina cómo sería tu vida si siempre sintieras que tienes el control, que estás tranquilo y cómodo y que no hay nada que creas que deba cambiar; todo está a la perfección tal como está.

Si eres consciente de que sigue habiendo cierta necesidad de controlar, ¿podrías hacer que desapareciera ahora?

Descansa y siéntete cómodo.

La necesidad de aprobación/amor

Cuando buscamos la aprobación, es que pensamos que no contamos con ella. En consecuencia, actuamos de una forma que nos ayude a conseguirla, al tiempo que no dejamos de impedir su verdadera consecución. Nos centramos en nosotros mismos y nos sentimos acomplejados. Es evidente nuestra preocupación por lo que los demás piensen de nosotros. Podemos decir «sí» cuando queremos decir «no». Tal vez dejemos que los demás se rían de nosotros o nos controlen para conseguir que nos quieran. Es posible que asumamos excesiva responsabilidad o que no deleguemos tareas porque creemos que esto nos hará más populares.

Es fácil reconocer la necesidad de aprobación, porque es una sensación de debilidad e indefensión, como si dijeras: «Dame» o «Hazlo por mí». Cuando buscamos la aprobación, pensamos que no somos objeto de amor y que algo tenemos que hacer para recuperar este. Sinónimos de la necesidad de aprobación son las necesidades de amor, de aceptación, de admiración, de cariño, de que se fijen en nosotros, de que nos entiendan, de que nos acaricien, de que nos mimen y nos quieran, entre otros. A medida que soltamos la necesidad de aprobación, nos sentimos más cariñosos y solícitos, más queridos y aceptados.

La necesidad de aprobación en realidad tiene dos fuerzas opuestas, cada una de ellas con un sentimiento muy distinto. Son la sensación de necesitar la desaprobación y la sensación de necesitar amar. A continuación se describen ambas por separado.

La búsqueda de desaprobación

Cuando queremos que se nos desapruebe sentimos que no necesitamos la aprobación. En consecuencia, actuamos de forma que nos ayude a mantener esta alejada de nosotros. Al igual que con la necesidad de aprobación, nos centramos en nosotros mismos y nos sentimos acomplejados. Nos preocupa de forma manifiesta lo que los demás piensen de nosotros, pero simulamos que no nos importa. A menudo decimos «no» cuando del mismo modo podríamos decir «sí». Dejamos que los demás se rían de nosotros para asegurarnos de que no nos quieren. Es posible que huyamos de las responsabilidades o dejemos las cosas sin hacer. Nos abandonamos para hacernos impopulares.

Este deseo se reconoce fácilmente porque uno se siente sin defensas, desprotegido, y va acompañado de la actitud de «dejadme solo». Cuando buscamos la desaprobación, sentimos que no queremos el amor y que debemos hacer algo para asegurar que no lo conseguimos. Sinónimos de la necesidad de desaprobación son, entre otros, la necesidad de desagradar, la necesidad de ser rechazados, la necesidad de ser menospreciados, de escondernos y de que se nos malinterprete. Cuando soltamos la búsqueda de desaprobación, nos sentimos más capaces de ser queridos y aceptados, y más capaces también de querer a los demás y preocuparnos por ellos.

La necesidad de amar

Cuando necesitamos amar, sentimos como si no pudiéramos dar lo suficiente. En consecuencia, actuamos de forma que nos ayude a sentirnos cariñosos, al tiempo que en realidad saboteamos la posibilidad de sentir el amor. Nos centramos en los demás y sentimos que renunciamos a nosotros mismos. Es evidente nuestra preocupación por los sentimientos de los demás. Al igual que con la necesidad de aprobación, es posible que digamos «sí» cuando queremos decir «no». Podemos dejar que los demás nos mangoneen o nos controlen para lograr que se sientan mejor. Es posible que asumamos demasiadas responsabilidades o no deleguemos tareas por no molestar a los demás.

Podrás reconocer esa sensación de necesidad de amar porque uno se siente indulgente y vulnerable y con un sentimiento evidente de servilismo o de «deja que yo te lo haga». Cuando deseamos amar, sentimos que no podemos dar suficiente amor o aprobación y que debemos hacer algo para que los demás comprendan lo mucho que nos importan. Sinónimos de la necesidad de amar son la necesidad de aprobar, de aceptar, de admirar, de preocuparse, de mimar, de comprender, de acariciar, de sacrificarse, de educar, de gustar, por citar unos pocos. Cuando soltamos la necesidad de amar, nos sentimos más plenos en nuestro interior y al mismo tiempo somos capaces de amar a los demás y preocuparnos por ellos sin que tenga que ser a costa nuestra.

La liberación por escrito: la necesidad de aprobación/amor

Este proceso por escrito y en dos partes está pensado para que te ayude a liberar la necesidad de aprobación. Al igual que hiciste cuando soltabas la necesidad de control, para preparar la primera parte separa en dos columnas una hoja en blanco de tu diario de liberación. El encabezamiento de la primera es: «Casos concretos en que necesitaba la aprobación», y el de la segunda: «¿Cuál es AHORA mi necesidad al respecto?». Y, por supuesto, puedes abreviar las palabras.

Empieza por escribir en la primera columna todos los casos que recuerdes en que buscabas la aprobación. Luego, en la segunda columna, escribe tu necesidad ACTUAL con relación a esos casos (por ejemplo, necesidad de aprobación, necesidad de control o necesidad de seguridad). Cuando hayas liberado por completo esa necesidad, haz una señal a su lado o táchala. Repite los pasos anteriores y sigue soltando tu necesidad ACTUAL hasta que sientas que estás completamente liberado de ese incidente. Como siempre, acuérdate también de liberar tus llamados sentimientos positivos, para que así puedas seguir avanzando hacia estados de energía superiores.

LIBERAR LA NECESIDAD DE APROBACIÓN/AMOR

Casos concretos en que necesitaba la aprobación	¿Cuál es AHORA mi necesidad al respecto?
Mi primera cita.	Torpe - avergonzado n/a
La presentación.	Nervioso n/c, n/a ✓
El cóctel.	Cohibido n/a, n/s ✓

Cuando te sientas listo para seguir, prepara una segunda hoja en tu diario, con dos columnas. El encabezamiento de la primera es: «Cómo busco la aprobación». El de la segunda: «Cómo busco la desaprobación».

A continuación, haz una lista de todas las formas en que intentas conseguir la aprobación en tu vida actual (en el trabajo, en las relaciones, etc.). Luego, toma cada apartado, familiarízate con tu necesidad ACTUAL, escribe si guarda relación con la necesidad de aprobación, de control o de seguridad, y libérala completamente. Después, señala o tacha la necesidad ACTUAL y concéntrate en la siguiente acción.

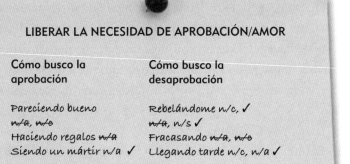

LIBERAR LA NECESIDAD DE APROBACIÓN/AMOR

Cómo busco la aprobación	Cómo busco la desaprobación
Pareciendo bueno n/a, n/e	Rebelándome n/c, ✓
Haciendo regalos n/a	n/a, n/s ✓
Siendo un mártir n/a ✓	Fracasando n/a, n/e
	Llegando tarde n/c, n/a ✓

A continuación, haz una lista de todas tus formas de buscar la desaprobación en tu vida actual. Luego, toma cada apartado, analiza tu necesidad ACTUAL respecto a él, escribe si guarda relación con la necesidad de aprobación, de control o de seguridad, y luego libérala completamente. Cuando hayas soltado por completo esa necesidad, señala su abreviatura o táchala.

El proceso de soltar la necesidad de aprobación

Para empezar, acomódate y dirige la atención hacia tu interior. Recuerda todos los casos que puedas en que buscabas la aprobación.

¿Podrías aceptar la sensación de necesitar la aprobación?

¿Podrías soltarla?

Piensa en una situación de tu vida en que sintieras que alguien te desaprobaba, no te quería o no te reconocía como pensabas que te merecías. Observa qué se siente al necesitar la aprobación.

¿Podrías aceptar esa sensación de necesitar la aprobación?

¿Podrías soltarla?

Ahora piensa en una persona determinada, sea del trabajo o de tu vida personal, cuya aprobación busques a menudo y de forma repetida.

¿Podrías permitirte necesitar su aprobación ahora, solo por un momento?

¿Podrías soltar?

Repite esta última serie de preguntas para tantas otras personas como quieras.

Después, piensa en alguna ocasión en que necesitaras tu propia aprobación. Tal vez desaprobaras algo que hiciste, que no dijiste o que dejaste de hacer. Tal vez no conseguiste algo que pensabas que deberías haber conseguido y realmente te lo tomaste a pecho.

¿Podrías aceptar ahora mismo en tu conciencia tu necesidad de aprobación?

Luego, ¿podrías soltarlo?

Repite las preguntas con tantos casos de necesidad de tu propia aprobación como quieras.

Exploremos ahora un poco más la necesidad de aprobación. Suele ser un patrón en la vida de cada persona. Así pues, ¿cuáles son tus pensamientos, sentimientos y conductas recurrentes que nacen de la necesidad de aprobación? Tal vez: «No es culpa mía» o «No le importa a nadie». Quizá te sientas avergonzado, desprotegido, vulnerable o herido. Entre tus conductas pueden estar las de hacer cosas para llamar la atención, ser educado, hacer falsos cumplidos o decir «sí» cuando en realidad quieres decir «no». Deja que todos estos tipos de necesidad de aprobación se integren en tu conciencia.

¿Podrías dejar estar esa necesidad de aprobación?

Luego, ¿podrías soltarlo?

Repite los pasos anteriores unas cuantas veces más, practicando la liberación con las imágenes que aparezcan.

Después, acepta plenamente en tu conciencia la necesidad de aprobación.

¿Podrías sumergirte hasta llegar a su propia esencia?

¿Y más profundamente aún?

¿Y aún más?

Llega hasta su núcleo, hasta el punto del que nace, y deja que se disuelva.

Imagínate ahora cómo será la vida cuando sueltes la necesidad de aprobación. Serás una persona segura de sí misma y sabrás que eres importante para los demás. Te aprueben o no, te sentirás bien.

Es una posibilidad real. Cuando sueltas la necesidad de aprobación, misteriosamente la gente te aprueba mucho más de lo que antes te aprobaba.

La necesidad de seguridad/supervivencia

Cuando necesitamos seguridad es porque sentimos que carecemos de ella. Nos enfrentamos a la vida como si se tratara de una lucha por la supervivencia. Todos, al menos en un nivel sutil, nos parecen enemigos. A menudo podemos pensar que los más pequeños cambios o decisiones suponen una amenaza para nuestra vida, y reaccionamos en consecuencia. Evitamos asumir riesgos, aunque ello suponga renunciar al éxito. Evitamos la confrontación, aunque sea necesaria. Vamos por el mundo a la espera del próximo desastre.

Puedes reconocer la necesidad de seguridad porque suele incluir una sensación de amenaza, de desasosiego, de recelo o de muerte inminente. En los casos extremos, es un miedo que paraliza; se nos antoja que vamos a morir. También sentimos que haríamos cualquier cosa por recuperar la seguridad. Sinónimos de la necesidad de seguridad son las necesidades de sobrevivir, de venganza, de protegernos y proteger a los demás, de atacar, de defender, de matar y de estar a salvo, por nombrar unos cuantos. A medida que soltamos la necesidad de seguridad, nos sentimos más seguros y tranquilos dondequiera que estemos, sin esa sensación de que tenemos que lograr la seguridad a costa de los demás.

El deseo de morir

La fuerza integrada opuesta a la necesidad de seguridad, o de supervivencia, es la sensación de querer morir. Cuando deseamos morir, sentimos como si la vida nos superara. Nos da miedo vivir, por lo que queremos acabar con todo. Abordamos la vida como si de un campo de minas se tratara. Somos nuestro peor enemigo. Al igual que con el deseo de supervivencia, a menudo sentimos los más pequeños cambios o decisiones, y reaccionamos ante ellos, como si supusieran una amenaza para nuestra vida. Sin embargo, a diferencia del deseo de supervivencia, es posible que busquemos el riesgo y la confrontación, con la secreta esperanza de que ocurra lo peor. Podemos ir por el mundo esperando el próximo desastre, confiando en secreto que se produzca.

A veces es difícil distinguir el deseo de morir de la necesidad de seguridad. Puede incluir también una sensación de estar amenazado, inquieto, en peligro, a la defensiva o ante una muerte inminente. Sin embargo, lo podrás reconocer porque también puede producir un sentimiento de desesperanza y derrota, como si se acercara el fin. En los casos extremos, se trata o de un miedo o de una apatía paralizantes;

se nos antoja que vamos a morir, y no nos importa. Cuando deseamos morir, sentimos que no necesitamos seguridad e incluso podemos hacer cosas para cerciorarnos de que no estamos seguros.

Entre los sinónimos del deseo de morir están los deseos de peligro, de acabar con todo, de exponerse y exponer a los demás, de ser atacado, de estar indefenso o de ser asesinado, aniquilado o amenazado. Cuando soltamos el deseo de morir, nos sentimos más seguros y cómodos con la vida. Queremos vivir y disfrutar al máximo de ella, sin preocuparnos por las consecuencias.

La liberación por escrito: la necesidad de seguridad

Este proceso por escrito y de dos partes está pensado para que te ayude a liberar la necesidad de seguridad. Una vez más, igual que hiciste con la liberación de las necesidades de control y de aprobación, para preparar la primera parte separa en dos columnas una hoja en blanco de tu diario de liberación. El encabezamiento de la primera columna será: «Casos concretos en que quise la seguridad». El de la segunda es: «¿Cuál es AHORA mi necesidad al respecto?».

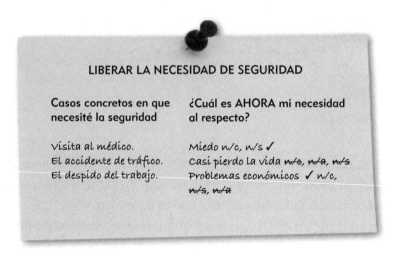

LIBERAR LA NECESIDAD DE SEGURIDAD

Casos concretos en que necesité la seguridad	¿Cuál es AHORA mi necesidad al respecto?
Visita al médico.	Miedo n/c, n/s ✓
El accidente de tráfico.	Casi pierdo la vida n/c, n/a, n/s
El despido del trabajo.	Problemas económicos ✓ n/c, n/s, n/a

Empieza por escribir en la primera columna todas las ocasiones que recuerdes en que necesitabas la seguridad. Luego, en la segunda columna, escribe tu necesidad ACTUAL al respecto (por ejemplo, necesidad de aprobación, necesidad de control o necesidad de seguridad) o su abreviatura. Cuando hayas soltado por completo esa necesidad, haz una señal a su lado o táchala. Repite los pasos anteriores y sigue liberando tu necesidad ACTUAL hasta que sientas que estás completamente liberado en lo que a ese incidente se refiere. Como siempre, acuérdate de liberar también tus llamados sentimientos positivos, para que puedas lograr estados de energía superiores.

Cuando te sientas listo para seguir, prepara otra hoja para la segunda parte del proceso. Sepárala en dos columnas. El encabezamiento de la primera es: «Cómo busco la seguridad». El de la segunda: «Cómo hago peligrar mi seguridad».

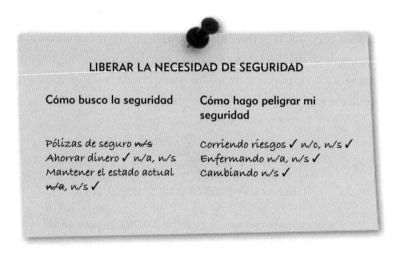

A continuación, haz una lista de todas tus formas de buscar la seguridad en tu vida actual (en el trabajo, en las relaciones, etc.). Toma cada apartado, familiarízate con tu necesidad ACTUAL, escribe si guarda relación con la necesidad de aprobación, de control o de seguridad, y libérala por completo. Después, marca o tacha la necesidad ACTUAL y concéntrate en la acción siguiente.

Luego, haz una lista de todas tus formas de poner en peligro tu seguridad en tu vida actual. Toma cada apartado, familiarízate con la necesidad ACTUAL, escribe si guarda relación con la necesidad de aprobación, control o seguridad, y luego libérala por completo. Cuando hayas soltado del todo esa necesidad, haz una señal al lado de su abreviatura o táchala.

El proceso de soltar la necesidad de seguridad

Para empezar, dirige tu atención hacia tu interior. Deja que el cuerpo se relaje. Familiarízate con el sentimiento general que tengas en este momento.

¿Podrías aceptar la necesidad ACTUAL y comprender que está bien?

Recuerda ahora una situación de tu vida en que te sentiste amenazado o en peligro, alguna ocasión en que surgiera en ti el sentimiento de necesitar la seguridad.

¿Podrías aceptar en tu conciencia el sentimiento de necesitar la seguridad?

¿Podrías soltarlo?

A continuación, concéntrate en esa misma situación o en otra en que te sintieras muy amenazado. ¿Podrías aceptar esa sensación de necesidad de seguridad?

Luego, ¿podrías soltarla?

Repite los pasos anteriores tantas veces como quieras y luego sigue adelante.

Ahora, permítete sentir en este preciso momento y en la mayor medida posible necesidad de seguridad o supervivencia, pero sin forzarlo. Si es necesario, busca recuerdos, sin dejar de tener en cuenta que todas las necesidades no son más que energía. No son ni «buenas» ni «malas». Simplemente son.

¿Podrías dejar que se liberara el sentimiento de necesitar seguridad?

Una vez más, invita a tu sentimiento de necesidad de seguridad a que entre en tu conciencia.

¿Podrías soltarlo?

Repite el proceso varias veces, observando que las cosas que antes te amenazaban ahora parecen cada vez menos peligrosas.

Recuerda que los deseos o necesidades son sistemas de creencias, programas que empleamos para hacer que funcione nuestra vida. Por consiguiente, experimentamos pensamientos, sentimientos y conductas recurrentes. Cuando buscas la seguridad, es posible que pienses: «Oh, esto no está bien. Algo malo va a ocurrir» o «Esto no es así. Va a ser un gran error». Quizá te sientas asustado, amenazado o fuera de control. Puedes sufrir un ataque de pánico. Es posible que te quedes paralizado justo en medio de una reunión o una situación importante. Tu conducta puede incluir el exceso de planificación, la vigilancia obsesiva, luchar cuando no hay nada contra lo que luchar, escapar y hacer todo lo que puedas para preservar el estado actual de las cosas.

Piensa en lo que haces cuando crees que necesitas la seguridad: un pensamiento recurrente, una acción que emprendas o un sentimiento. *¿Podrías realmente aceptar todo esto en tu conciencia?*

Luego, ¿podrías soltar el sentimiento de necesitar la seguridad del que surge esa tendencia?

Repite el paso anterior cuatro o cinco veces, liberando las imágenes que te lleguen a la mente.

¿Podrías, ahora, dejar que surgiera de nuevo la sensación de necesitar la seguridad?

¿Podrías sumergirte en el núcleo de la necesidad de seguridad o supervivencia?

¿Sabrías profundizar más aún?

¿Y aún más?

¿Y un poquito más?

Si sigues observando cualquier resto de la necesidad de seguridad o supervivencia en este momento, ¿podrías liberarlo?

Observa hasta qué punto te sientes más seguro ahora mismo, después de liberar. Imagina cómo será tu vida a medida que te veas más seguro y sueltes el sentimiento de carencia de seguridad, cuando te sientas más cómodo y tranquilo.

Descansa un momento en la seguridad interior que has descubierto.

La necesidad de estar separado

Cuando queremos estar separados sentimos que no necesitamos pertenecer a nada ni nadie o que necesitamos mantener una identidad separada. En consecuencia, actuamos de forma que nos ayude a conservar una identidad diferenciada. Estamos siempre en un permanente proceso de diferenciarnos de todas las demás personas y cosas. Queremos demostrar que somos distintos, mejores y especiales. Solemos decirle al mundo: «Dejadme solo». Para la mayoría de nosotros, la necesidad de estar separados, pese a su frecuencia, es tan sutil que, por mucho que influya en todo lo que decimos, hacemos o pensamos, muchas veces es difícil de discernir con claridad.

La necesidad de separación puede ser muy evidente o muy sutil. En el primer caso, es un sentimiento de rechazo y alejamiento. Muchos pensamos que la separación es la esencia de lo que somos. Cuando necesitamos estar separados, nos vemos empujados en dos direcciones: queremos alejarnos de todos los demás o queremos sobresalir de la multitud. No queremos ser seres corrientes e integrados.

Entre los sinónimos de la necesidad de separación están las necesidades de estar solo, de rechazar, de menospreciar, de destacar, de ser especial, de marginarse, de apartarse y de desconectar. Cuando soltamos la necesidad de estar separados, nos sentimos más capaces de unirnos a los demás, de conectar con ellos, sin perder nuestra singularidad.

La necesidad de ser Uno

Cuando queremos ser Uno, sentimos el deseo de pertenencia, o como si necesitáramos eliminar nuestra identidad separada y fundirnos con los demás o con todas las demás cosas. Las personas que han seguido caminos espirituales suelen estar muy motivadas por esta necesidad. Andamos siempre a la busca de la unidad, ignorando al mismo tiempo la unidad subyacente que ya está presente sin necesidad de esfuerzo alguno. Al igual que con la necesidad de separación, la necesidad de ser Uno es tan frecuente en la mayoría de nosotros que influye en todo lo que decimos, hacemos o pensamos. Pero en la medida en que tenemos cualquier sensación de querer ser Uno, siempre nos sentimos un poco, o muy, solos y aislados y deseamos terminar con esa soledad y ese aislamiento. Muchas veces llenamos nuestra vida de signos exteriores de conexión, para esconder o evitar nuestros sentimientos de aislamiento.

La necesidad de ser Uno puede ser intensa o sutil. Es como una sensación de ansia, de añoranza de conexión. Entre sus sinónimos están la necesidad de unirse, de aceptar, de ser igual, de ser normal, de juntarse, de asociarse, de participar y de conectar. Cuando soltamos la necesidad de ser Uno, somos más capaces de sentir la unidad que ya existe aquí y ahora, sin necesidad de que la busquemos fuera de nosotros mismos.

La liberación por escrito: la necesidad de separación

Este proceso por escrito y en dos partes está pensado para que te ayude a liberar la necesidad de separación. También aquí, como en los anteriores procesos por escrito, para preparar la primera parte, divide en dos columnas una hoja en blanco de tu diario de liberación. El encabezamiento de la primera columna es: «Casos concretos en que necesitaba la separación». El de la segunda: «¿Cuál es AHORA mi necesidad al respecto?».

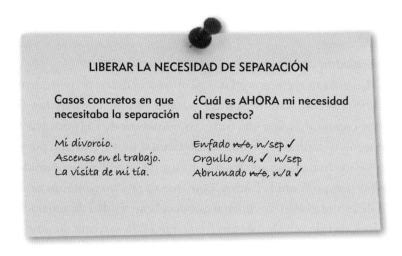

LIBERAR LA NECESIDAD DE SEPARACIÓN

Casos concretos en que necesitaba la separación	¿Cuál es AHORA mi necesidad al respecto?
Mi divorcio.	Enfado n/e, n/sep ✓
Ascenso en el trabajo.	Orgullo n/a, ✓ n/sep
La visita de mi tía.	Abrumado n/e, n/a ✓

Empieza por escribir en la primera columna tantas ocasiones como puedas recordar en que necesitaras la separación o que quisieras ser Uno. Luego, en la segunda columna, escribe tu necesidad ACTUAL (por ejemplo, necesidad de aprobación, necesidad de control, necesidad de seguridad o necesidad de separación o unidad) o su abreviatura. Cuando hayas soltado por completo esa necesidad, hazle una señal o táchala. Repite los pasos anteriores y sigue liberando tu necesidad ACTUAL hasta que sientas que estás completamente liberado respecto a ese incidente. Acuérdate también, una vez más, de liberar tus llamados sentimientos positivos, para que puedas seguir avanzando hacia estados de energía superiores.

Cuando creas que estás listo para seguir, prepara otra hoja para la segunda parte del proceso. Sepárala también en dos columnas. La primera lleva como encabezamiento: «Cómo busco la separación». La segunda: «Cómo busco la unidad».

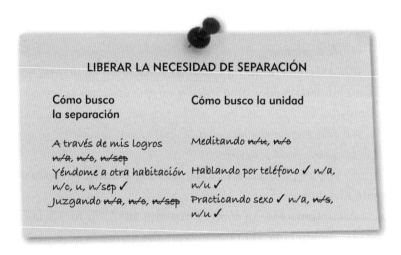

LIBERAR LA NECESIDAD DE SEPARACIÓN

Cómo busco la separación	Cómo busco la unidad
A través de mis logros n/a, n/e, n/sep	Meditando n/u, n/e
Yéndome a otra habitación n/c, u, n/sep ✓	Hablando por teléfono ✓ n/a, n/u ✓
Juzgando n/a, n/e, n/sep	Practicando sexo ✓ n/a, n/s, n/u ✓

Ahora, haz una lista de todas tus formas de buscar la separación en tu vida actual (en el trabajo, en las relaciones, etc.). A continuación, toma cada apartado, familiarízate con tu sentimiento ACTUAL, escribe si guarda relación con las necesidades de aprobación, control, seguridad, separación o unidad, y libéralo por completo. Después señala o tacha la necesidad ACTUAL y concéntrate en la acción siguiente.

Haz ahora una lista de todas las formas que tienes de buscar la unidad en tu vida actual. Toma cada apartado, familiarízate con tu sentimiento ACTUAL, escribe si guarda relación con la necesidad de aprobación, control, seguridad o unidad, y luego libérala por completo. Una vez que lo hayas hecho, señala o tacha la abreviatura de esa necesidad.

Proceso para soltar la necesidad de separación

Empieza por acomodarte y centrar la atención hacia tu interior. Limítate a ser.

¿Podrías aceptar el sentimiento ACTUAL y comprender que está bien?

Ahora, recuerda una situación de tu vida en que te sintieras solo o quisieras que los demás se alejaran de ti, alguna ocasión en que se despertara tu necesidad de separación o de unidad.

¿Podrías aceptar en tu conciencia este sentimiento de necesidad de separación o de unidad?

¿Podrías soltarlo?

Ahora, concéntrate en la misma situación o en otra en que sintieras el deseo de «dejadme solo» o en que añoraras la separación o la unidad.

¿Podrías aceptar esta necesidad de separación o unidad?

Luego, ¿la podrías soltar?

Repite los pasos anteriores tantas veces como te apetezca y luego sigue adelante.

A continuación, permítete experimentar, sin forzar las cosas, toda la amplitud que ahora mismo puedas darle a la necesidad de separación o de ser Uno. Si es necesario, despiértala con suavidad, sin dejar de pensar que todas las necesidades no son más que energía. No son «buenas» ni «malas»: simplemente son.

¿Podrías soltar la necesidad de estar separado o de ser Uno?

Una vez más, deja que el sentimiento de la necesidad de separación o de unidad entre en tu conciencia.

¿Podrías soltarlo?

Repite el proceso varias veces, observando que las cosas que antes te separaban ahora parecen cada vez menos importantes y que te sientes más inmerso en el fluir.

Recuerda que las necesidades son sistemas de creencias, programas que empleamos para hacer funcionar nuestra vida. Por consiguiente, experimentamos unos pensamientos, unos sentimientos y unas conductas recurrentes. Cuando necesitas la separación, es posible que pienses: «Realmente soy especial», o, si necesitas la unidad: «Estoy completamente solo, apartado de todo lo que me importa de verdad». Te puedes sentir aislado, solo o rechazado. Es posible que simplemente te sientas marginado, perdido o insatisfecho con lo que te rodea.

Piensa en lo que haces cuando necesitas sentirte separado o cuando necesitas sentirte en unidad: un pensamiento recurrente, una acción que emprendas o un sentimiento. *¿Podrías aceptar de verdad todo esto en tu conciencia?*

Luego, ¿podrías soltar este sentimiento de necesidad de separación, o de ser Uno, del que surge esa tendencia?

Repite el paso anterior cuatro o cinco veces, soltando las imágenes que te lleguen a la mente.

Ahora, ¿podrías permitir que surgiera de nuevo esa sensación de necesidad de separación o de ser Uno?

¿Podrías sumergirte hasta el núcleo de esta necesidad?

¿Podrías profundizar más?

¿Y más aún?

¿Y un poco más?

Si sigues siendo consciente todavía de algún resto de necesidad de separación o necesidad de ser Uno en este momento, ¿podrías liberarla?

Observa cómo ahora, después de liberar, te sientes mucho más unido y cómodo. Imagina cómo será tu vida a medida que vayas conectando cada vez más con el fluir de lo que existe, y lo tranquilo y cómodo que te vas a sentir cuando tu sentimiento habitual sea que todo está bien y se desarrolla como corresponde.

Descansa un momento en la unidad interior que has descubierto.

La anatomía del árbol de la limitación

Imagina que estás perdido en medio de un espeso bosque de limitación imaginaria. ¿Cuál es la anatomía de esos árboles? En el nivel más sutil, están formados de unos átomos que, en nuestro mundo, llamamos «pensamientos». Las ramas representan los nueve estados emocionales. El tronco y las raíces que desde su base se extienden hacia los lados representan la necesidad de aprobación y la necesidad de control, además de sus opuestos. La raíz principal, que se hunde en el suelo, representa la necesidad de seguridad y su opuesto. Por último, el suelo representa la necesidad de estar separado y su opuesto, la necesidad de unidad (ver la ilustración en la página 178).

Si quisiéramos talar estos árboles imaginarios de limitación y abrirnos paso entre este bosque mediante la liberación, hay varias formas de hacerlo. Podríamos soltar un átomo cada vez, trabajando para cambiar nuestro pensamiento. Pero esto requeriría mucho tiempo. Podríamos proceder de forma aún más activa y arrancar algunas hojas sueltas (sentimientos). Pero las hojas tienden a rebrotar. O podríamos empezar a podar las ramas (los nueve estados emocionales). Sin embargo, si alguna vez has podado un árbol sabrás que las ramas suelen aparecer de nuevo con mayor vigor que antes. Solo comenzaremos a avanzar de modo significativo cuando empecemos a cortar en el tronco y en las raíces laterales (la necesidad de aprobación y la necesidad de control). Evidentemente, de los tocones vuelven a brotar muchos árboles, incluso después de arrancarles parte de sus raíces.

No hay mucha seguridad de haber eliminado este árbol imaginario hasta que nos ponemos a cortar su raíz principal: la necesidad de seguridad y su opuesto, el deseo de morir. Recuerda ahora que, en el bosque de limitación en el que andas perdido, todos los árboles son imaginarios.

Toda limitación es imaginaria. En cualquier punto de este proceso, puedes vislumbrar qué hay más allá de los árboles, el telón de fondo de perfección e infinitud que sustenta al bosque pero al cual el mismo bosque no puede afectar. Así pues, cuando uses el Método Sedona, acepta la posibilidad de que grandes áreas del propio bosque caigan y desaparezcan. A menudo, cuando menos lo esperes, soltarás de forma espontánea grandes trozos de tu imaginaria limitación. Es algo que se producirá cada vez con mayor frecuencia a medida que vayas liberando en el ámbito de las cuatro necesidades básicas.

EL ÁRBOL IMAGINARIO DE LA LIMITACIÓN

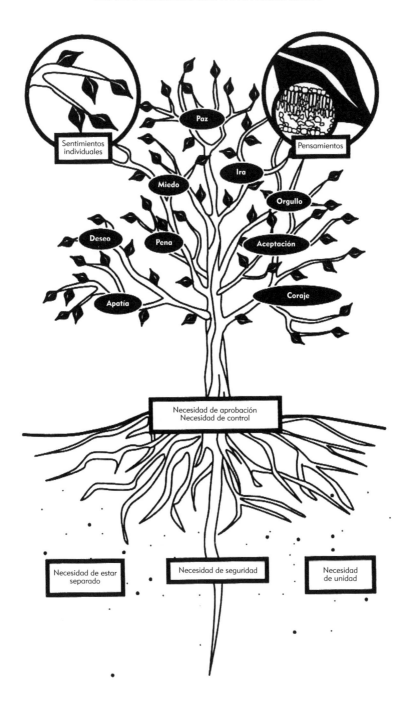

178

8

Fijar y lograr tus objetivos

En este capítulo vamos a explorar una aplicación de gran fuerza del Método Sedona: la determinación y consecución de objetivos. No te puedo garantizar que el proceso que aquí se expone te vaya a ayudar a lograr cualquier meta que te fijes, pero puedo prometer que mejorará de forma drástica las posibilidades a tu favor. Este proceso no solo te puede ayudar a discernir qué objetivos son los que realmente puedes y debes perseguir, sino que te ayudará a soltar objetivos que no son apropiados. Además, empezarás a sentirte mejor en todo lo que se refiere a la determinación de objetivos en general.

Cuando oyes las palabras *objetivo* o *meta*, ¿te evocan fuertes sentimientos positivos o negativos? Vivimos en una cultura en la que los objetivos tienen gran importancia, pero la mayoría de nosotros albergamos sentimientos ambivalentes acerca de la determinación y consecución de los mismos. Hemos interiorizado tantos «debería» y «no debería» que dictan lo que se supone que queremos y aquello por lo que tenemos que luchar en la vida, que los objetivos que perseguíamos en el pasado, o que andamos persiguiendo ahora, muchas veces no nos parece que sean los nuestros.

¿En tu trabajo se te imponen unas metas? ¿Tu familia ejerce una influencia indebida en tus decisiones? ¿Te sientes como si para tus amigos y compañeros solo fueran aceptables determinados objetivos?

Si has respondido «sí» a cualquiera de las preguntas anteriores, no eres el único. A veces, la mayoría nos sentimos acorralados o empujados hacia unas metas que probablemente no hubiéramos escogido si de nosotros hubiese dependido.

Además, hemos tenido experiencias diversas en nuestra lucha por lograr nuestras metas: unas han sido buenas, otras ni buenas ni malas y otras frustrantes. Aunque hemos intentado con todas nuestras fuerzas conseguir determinados objetivos, al final hemos desistido, porque tardábamos demasiado tiempo en lograrlos. Otros objetivos los hemos alcanzado sin ni siquiera proponérnoslo. Este tipo de experiencias influyen en nuestras impresiones acerca de la determinación de objetivos y generan un amplio espectro de reacciones emocionales. En pocas palabras, existe mucha confusión en torno a todo este tema.

Cuando Lester Levenson dirigió la creación del *proceso de determinar objetivos* que estás a punto de aprender, era consciente de la confusión que mucha gente siente al respecto. Con el diseño de un sistema sencillo, confiaba en poder aliviar gran parte del sufrimiento que conllevan los objetivos. Elaboró a conciencia un proceso con el que, además de crear lo que deseáramos en nuestra vida, obtuviéramos un beneficio de mayor importancia aún: la imperturbabilidad.

Hacerse «imperturbable»

Todos dedicamos gran parte de nuestro tiempo a alejarnos de los contenidos actuales o potenciales de nuestra vida, o a acercarnos a ellos, como consecuencia de nuestros apegos y nuestras aversiones. Estos son los objetos reales o imaginarios que mantenemos en la conciencia y que otorgan el poder de conceder o negar el estado natural de felicidad. Los apegos son aquellas cosas que deseamos mantener cerca. Las aversiones, aquellas que deseamos mantener alejadas. En ambos casos, la palabra clave es *mantener*. Dado que son la principal causa de nuestro sufrimiento innecesario, una definición elemental de libertad sería no tener apegos ni aversiones.

Cuando te fijas una meta y empleas la liberación para lograrla, despiertas en tu conciencia los apegos y las aversiones que tengas sobre ese tema en particular. Luego, cuando sueltas tus apegos y aversiones al respecto, consigues o no consigues alcanzar la meta que te habías fijado, pero, en ambos casos, has aligerado tu carga de sufrimiento. Has llegado a ser libre.

Los resultados se obtienen mediante un estado interior que Lester denominaba «imperturbabilidad». Ser imperturbable significa no darle importancia ni atención al hecho de alcanzar o no una determinada meta. Contrariamente a lo que se suele pensar, los objetivos no se consiguen cuando se desean con la fuerza suficiente. De hecho, si analizas sinceramente tus experiencias pasadas, descubrirás que la mayor parte de los objetivos que conseguiste son aquellos que dejaste de desear, aunque fuera sin proponértelo. Muchas personas se concentran en el empeño que conduce a liberar, y luego atribuyen los resultados a ese empeño y no a la liberación. Se equivocan.

A medida que avances por este proceso, descubrirás que la lucha es innecesaria. Esto no significa, por supuesto, que no debas dar pasos activos para lograr tus metas. Significa simplemente que los pasos que decidas dar requerirán menos esfuerzo y dramatismo. Cuando te permitas liberar hasta el punto de permanecer imperturbable acerca de la consecución de un objetivo, pueden ocurrir dos cosas. Puede que descubras que abandonas por completo ese objetivo y por ello te sientes aliviado, o puede que la probabilidad de que alcances esa meta sea mayor que cuando la deseabas. Como solía decir Lester: «Hasta lo imposible se hace completamente posible cuando estás liberado por completo de ello. Y sabes que lo estás cuando te importa un bledo, cuando permaneces imperturbable».

Tal vez te preocupe ahora la idea de que si eres imperturbable no vas a disfrutar de los frutos de tus esfuerzos. Permíteme que aleje tal temor. Es algo que, según mi experiencia, no podría estar más lejos de la verdad.

Cuanto más imperturbable permanezcas, más libre te sentirás para gozar de lo que poseas en ese momento, sin el miedo habitual a perderlo o a la decepción.

En el capítulo seis nos fijábamos en nuestras motivaciones y en que tendemos a confundir los objetos con los sentimientos. Buscamos la aprobación, el control, la seguridad y la separación, además de sus opuestos, y creemos erróneamente que los objetos nos cubren esas necesidades. Así pues, otra razón de que podamos tener unos sentimientos encontrados acerca de los objetivos es que, incluso cuando conseguimos algo que pensamos que queremos, nunca nos satisface de verdad.

Al fin y al cabo, ¿cuánto tiempo disfrutamos de un coche, un equipo de música o un par de zapatos nuevos? Normalmente, no mucho. Casi en el momento en que añadimos un artículo nuevo en nuestra lista, pasamos al siguiente, porque la felicidad que buscamos no está realmente en ese objeto. Al contrario, es nuestro estado natural de ser. Cuando nos olvidamos de la búsqueda de objetos y resultados, nos hacemos imperturbables.

¿Significa esto que debas dejar de proponerte objetivos? Desde luego que no. Te recomiendo encarecidamente que te fijes tus metas utilizando el proceso que se expone en este capítulo, hasta que las alcances o liberes el deseo que tienes de ellas. Negar que deseas algo no hará que desaparezca el deseo. Mientras no reconozcas un deseo, y lo consigas o te liberes de él, te corroerá por dentro. Descansa tranquilo; te divertirás al perseguir tus objetivos utilizando este proceso, porque te sentirás más libre y feliz en cada paso que des.

Robert: manifestar sin inquietarse

A los sesenta y tres años, Robert llevaba tiempo pensando en jubilarse. Dirigía para el gobierno federal un proyecto multimillonario que no terminaba de concretarse, y se desesperaba porque deseaba que fuera un éxito. Luego se encontró en medio de un divorcio tormentoso, que a su mujer le salió muy rentable. De repente, su situación económica era difícil, y estaba furioso. Fue cuando se compró las cintas del Método Sedona y empezó a escucharlas.

Unos años atrás, Robert había hecho su propio descubrimiento acerca de la imperturbabilidad. Vio que si realmente necesitaba o quería que algún objeto material fuera suyo, lo primero que debía hacer era articular de forma clara en su mente qué era con exactitud lo que quería. El segundo paso y el más importante era expulsar cualquier sentimiento de necesidad o de deseo, soltarlo. Después, más pronto o más tarde, cualquier cosa que deseara se materializaba. Siempre que conseguía hacer esto, disfrutaba de unos resultados sorprendentes. Y al revés, si se inquietaba o alimentaba la codicia por esa cosa, su adquisición nunca se producía. Para él fue toda una revelación ver explicado este fenómeno en el Método Sedona. Al final comprendió su relación con las necesidades básicas de aprobación, control y seguridad. Cree sinceramente que no fue ninguna coincidencia que, hacia la mitad del programa de audio, viviera un «milagro» que de un día para otro lo convirtió, literalmente, en millonario. Por una sucesión imprevisible de acontecimientos, una de sus inversiones triplicó su valor.

Y no acaba aquí la historia, pues Robert se había propuesto diversas metas. La prioritaria era librarse de cualquier sentimiento negativo acerca de las personas que tenían que ver con su vida. La logró casi de inmediato mediante la liberación diaria. También quería más dinero del que había conseguido con los beneficios de sus acciones y tener un empleo para poder trabajar en casa y establecer su propio horario. Estaba dispuesto a dejar su trabajo y sus viajes, pero su jefe no le permitía que se fuera. Así pues, se hizo asesor. Aunque en el gobierno federal casi nadie trabaja desde casa, Robert lo hacía. Duplicó sus ingresos después de su «jubilación». Además, deseaba vivir en una casa junto a un lago. Con el proceso de determinar objetivos, manifestó su sueño de una casa durante un año. Simplemente visualizaba que contemplaba una puesta de sol sobre el lago, sentado detrás de su mesa de trabajo. Luego, empleaba las tres preguntas básicas de liberación y soltaba el sueño por completo. No dejaba que le angustiara.

Cierto día, ocurrió que Robert iba conduciendo junto a un lago y vio un letrero en que se anunciaba la venta de varias propiedades. Se detuvo a mirar unas cuantas casas bonitas que, por diferentes razones, no le resultaron atractivas. Luego, observó un camino que conducía a otra casa más próxima al agua. Al entrar en ella, podía ver el lago desde una ventana de la parte delantera. En realidad, todas las habitaciones, excepto los dos baños, daban al lago. La casa era del tamaño adecuado para él: ni demasiado grande ni demasiado pequeña. Los dueños anteriores habían eliminado algunos tabiques, y solo hacían falta algunos pequeños cambios. Como el precio era bueno, la compró ese mismo día.

En palabras de Robert: «La imperturbabilidad es importante para mí. Todo lo que tengo que me gusta, y todo lo que he querido tener, ha llegado gracias a ese estado. No sabría decir con qué frecuencia se produce. La mente es una propiedad preciosa. Antes de descubrir el Método, ya sabía que era necesario fijarse unas metas y relajar la mente. El Método me enseñó cómo hacerlo».

Liberar los sentimientos acerca de la determinación de objetivos

Antes de ponernos a trabajar de verdad en el proceso de determinar objetivos, vamos a practicar un poco la liberación general. Como explicaba al principio del capítulo, la mayoría tenemos sentimientos distintos sobre la persecución de objetivos. Vivimos en una sociedad orientada siempre hacia unas metas, una sociedad que suele ser implacable. Si en nuestros intentos anteriores hemos logrado esas metas, nos podemos sentir entusiasmados al respecto. Pero aun en el caso de que en el pasado hayamos tenido éxito, es posible que sintamos cierto temor a adoptar una nueva forma de trabajar con los objetivos y de avanzar. ¿Y qué ocurre si no hemos tenido éxito? Si hemos intentado lograr unas metas con anterioridad y fracasamos, es probable que transfiramos a cualquier esfuerzo futuro nuestros sentimientos hacia estos fracasos anteriores.

Por consiguiente, observa cómo te sientes con respecto a tu historia relativa a objetivos que anteriormente te hayas propuesto. Analiza qué sientes en general respecto a los objetivos.

Permítete sentir cualquier cosa que puedas sentir AHORA acerca de los objetivos. Acepta lo mejor que puedas el sentimiento. Deja que esté ahí.

Luego, ¿podrías permitirte observar de qué necesidad procede (aprobación, control o seguridad)?

¿Podrías soltar esa necesidad?

Piensa ahora en un momento concreto en que no lograras un objetivo. Lo fijaste. Diste los pasos para conseguirlo y, pese a todo, no ocurrió así. *¿Cómo te sientes ahora en relación con esa historia?*

Acepta como te sientes ahora por no haber conseguido aquel objetivo.

¿Podrías permitir que el sentimiento estuviera simplemente ahí?

Comprueba si procede de una sensación interior de necesidad de aprobación, control o seguridad.

A continuación, cualquiera que sea la necesidad, *¿podrías soltarla?*

Repite el proceso concentrándote en ese mismo recuerdo si aún guardas sentimientos relativos a él. O pasa a otro momento en que te fijaras un objetivo y no lo consiguieras, determina qué necesidades surgen en este momento y suéltalas lo mejor que puedas.

Ahora recuerda si alguien alguna vez te ha presionado para que consiguieras algo. Quizá te dediques a las ventas, o trabajes en alguna empresa que te imponga un determinado objetivo. Es muy frecuente que se nos presione para que intentemos lograr unas metas que quizá no nos sintamos capaces de lograr. Es posible que tus padres o tu cónyuge te impusieran un objetivo. Cuando recuerdes una situación de este tipo, observa cuáles son AHORA los sentimientos al respecto.

Permítete sentir cualquier cosa que sientas ahora sobre ese momento en que te veías presionado para lograr una meta.

Luego, comprueba de qué necesidad procede.

¿Podrías soltar esa necesidad?

Céntrate de nuevo en aquel momento concreto en que te presionaban para que consiguieras un objetivo, fueras tú mismo u otras personas quienes ejercieran tal presión, y observa cómo te sientes ahora al respecto.

¿Existe alguna sensación de necesidad relacionada con aquel recuerdo?
¿Podrías soltar esa necesidad?

Ahora piensa en un objetivo que creas que deberías, debes o tienes que lograr. Quizá no quieras proponértelo, pero piensas que debes hacerlo. *¿Cómo te hace sentir esto en tu interior?*

¿Podrías dejar que este sentimiento estuviera ahí; dejar simplemente que exista?

¿Despierta este sentimiento alguna resistencia u otro deseo?
¿Podrías soltarlos?

Concéntrate en la presión de lograr unas metas, seas tú quien la ejerza o lo hagan otras personas, y acepta en tu conciencia esta sensación de presión para tener, hacer o ser.

¿Podrías permitir que la presión estuviera ahí y aceptarla plenamente?

Comprueba qué necesidad despierta esta presión en tu interior.
Luego, ¿podrías soltarla?

Perseguir unos objetivos debería ser siempre una decisión. Cuanto más podamos partir de cero en cada momento, sin ninguna idea preconcebida, y sin arrastrar una carga excesiva del pasado, más probabilidades tendremos de triunfar y lograr las metas que nos hayamos propuesto. Cuando consideres que has soltado lo suficiente de tus creencias y sentimientos restrictivos, estarás preparado para continuar con lo que se dice más adelante sobre el proceso de determinar objetivos.

Elaborar tus declaraciones de objetivos

Formular una declaración de objetivos

Escribir tus objetivos es una de las claves para conseguirlos. De hecho, estudios sobre personas de éxito demuestran que quienes ponen por escrito sus objetivos tienen más tendencia a conseguirlos que quienes se limitan a pensar en ellos. Además, formular correctamente un objetivo puede marcar la diferencia a la hora de conseguirlo o no. Antes de pasar a la formulación, hay unos cuantos puntos que debes tener en cuenta:

- **Formula tu objetivo en el AHORA, como si ya lo hubieras conseguido.** Muchos caemos en la trampa de pensar que en el futuro vamos a crear lo que queramos. Pero el futuro parece que nunca llega. ¿Cuántas veces te has dicho: «Mañana lo haré», y no lo hiciste? Siempre que pienses: «Lo haré más tarde/la semana que viene/el año que viene», proyectas hacia el futuro tu objetivo. Formularlo como un suceso futuro suele mantenerlo siempre fuera de tu alcance.

  Esto me recuerda un anuncio inteligente que uno de mis alumnos vio en un *pub* inglés, y que decía: «Mañana, cerveza gratis». Nadie pudo beneficiarse jamás de la oferta.

- **Formula tu objetivo de forma positiva.** Incluye en él lo que deseas, no lo que no deseas. Céntrate en la solución. La declaración de tu objetivo debe reflejar el resultado final que te gustaría conseguir. Evita incluir en la declaración nada de lo que quieras librarte, porque pensar en lo que no quieres hace que esto mismo exista. Supongamos, por ejemplo, que quieres dejar de fumar. No sería correcto formular así tu objetivo: «Me permito dejar de fumar».

  ¿Recuerdas que antes decía que la mente no traduce las expresiones de negación como *no*, *no lo hagas*, *deja de*, porque piensa en imágenes? Intenta no pensar en un elefante blanco..., ¿y en qué piensas? En un elefante blanco.

  Pon siempre en el objetivo algo que tu mente pueda visualizar. Por ejemplo: «Me permito a mí mismo ser un no fumador». Puedes imaginar el hecho de ser no fumador, ya que se trata de algo que puedes ver (a otras personas que no fuman). También puedes imaginar una sensación cinestésica de respirar profunda y libremente o de subir un largo tramo de escaleras sin que te falte el aire. Formular así tus objetivos marca una gran diferencia.

- **Tu objetivo te ha de parecer realista y correcto.** Tiene que parecer posible, tienes que formularlo con la sensación de «puedo conseguirlo». Supongamos que ganas mil dólares a

187

la semana, pero lo que realmente te gustaría es ganar diez mil. Aumentar tus ingresos de mil a diez mil dólares semanales puede ser un salto demasiado grande para que lo puedas aceptar en una única declaración de objetivos. En vez de ello, puedes empezar por formular así tu objetivo: «Me propongo ganar sin mayor esfuerzo dos mil quinientos dólares a la semana». Es un paso adelante respecto a tu situación actual, pero parece más realista.

Cuanto más alcanzable sea la meta que te propongas –formulada de modo que la mente al menos la pueda aceptar como posibilidad–, más fácil te será liberar los obstáculos que mantienes en tu interior ante la consecución de tal objetivo.

• ***Inclúyete en la formulación del objetivo.*** En otras palabras, si quieres limpiar la casa, puedes formular así tu objetivo: «Me permito a mí mismo limpiar mi casa», en vez de: «La casa está limpia». Cuando dices: «La casa está limpia», es posible que no te lo creas. Si lo formularas de este modo, en cierto sentido podrías también empezar a esperar que se produjera un milagro y que la casa se limpiara sola. En cambio, si en el pasado has tenido mucha resistencia a limpiar tu casa, y luego liberas sobre el objetivo «acepto limpiar fácilmente la casa», es probable que te veas limpiándola. Así es mucho más sencillo.

• ***Sé preciso y conciso.*** Concéntrate en un objetivo en cada declaración. No repartas tu energía creando múltiples objetivos. Además, utiliza el menor número de palabras posible, asegurándote siempre de hacer una declaración completa de lo que quieres. Escoge las palabras exactas que transmitan el significado concreto que te hace sentir entusiasmado. El entusiasmo es importante.

Hace años, en uno de nuestros talleres, un señor se fijó un objetivo: «Me permito contar con unos buenos ingresos, para poder tener un coche deportivo nuevo, una casa en el campo, empleadas que se ocupen de la segunda residencia y la mujer perfecta con la que compartir todo esto». Como se verá, había varios objetivos en uno, y empujaban a ese señor en direcciones diferentes. El instructor lo ayudó a que simplificara su objetivo, descomponiéndolo para ello en objetivos individuales concretos. Luego crearon un objetivo paraguas que cubría toda la situación: «Me permito tener todas las cosas buenas de la vida y disfrutarlas». Observarás que ahí entra todo.

- *Sé concreto, pero no restrictivo.* Deja las cosas tan abiertas como puedas, para así poder proponerte resultados mejores que los que inicialmente te propusiste.
- *Elimina los verbos «querer» o «necesitar».* Como ya he explicado con detalle en el capítulo seis, el deseo te impide tener. ¿Qué prefieres, desear tener mucho dinero o realmente tener mucho dinero? ¿Desear tener la relación perfecta o tenerla de verdad? ¿Desear una buena salud o tener buena salud? *Querer* siempre equivale a un sentimiento de carencia o privación, de modo que evita incluir en tu declaración de objetivos este sentimiento de carencia.
- *Formula tu objetivo de manera que facilite el soltar.* Asegúrate de que formulas la declaración de objetivos de forma que no incluya ninguna necesidad de aprobación, control, seguridad o separación. Un aspecto en el que puedes tener problemas es en el de las relaciones. Por ejemplo, si te fijas el objetivo: «Permito que Mary (o Joe) me quiera», puedes quedarte encerrado en la necesidad de aprobación. Irás a donde haga falta y harás todo lo necesario para intentar conseguir que esa persona te quiera. Pero ¿qué ocurrirá si resulta que esa persona no es la que te conviene? El objetivo sería mucho más abierto e integrador si lo formularas así: «Me permito tener una relación amorosa». Es más fácil liberar sobre este objetivo, y el resultado puede ser, o no, una relación con la persona que actualmente te interesa.

Otro objetivo que te puede plantear problemas es: «Permito que _____ (el nombre de otra persona) tenga/

sea/haga _____ (algo que quieras que tenga/sea/ haga)». Si formulas de esta manera una declaración de objetivos, indica que quieres controlar la experiencia de esa otra persona. Si alguien de tu entorno parece necesitar ayuda, es mucho más liberador formular tu objetivo así: «Permito que _____ (el nombre de la persona) tenga cualquier cosa que desee para sí». Este enfoque es especialmente útil para quienes padecen algún tipo de sufrimiento. Les concede su propia fuerza y capacidad de entender: su propio ser.

- *Formula el resultado final, no los medios para conseguirlo.* Volvamos al ejemplo anterior de conseguir unos ingresos semanales de dos mil quinientos dólares. Cuando formules tu declaración de objetivos, no expliques cómo vas a conseguir el dinero. He visto a personas que hacían declaraciones como estas: «Me permito ganar dos mil quinientos dólares a la semana trabajando dieciocho horas al día, seis días a la semana», y toda una lista de otras acciones que consideraban necesario emprender para lograr sus objetivos. De hecho, todo ello son limitaciones. Las acciones que pensamos que debemos emprender muchas veces no tienen nada que ver con el propio objetivo. No son más que obstáculos artificiales que nos ponemos en el camino.

  Cuando en este mismo capítulo trabajemos en tus objetivos, aprenderás a liberar de forma concreta respecto a cada paso que puedas dar. Debes estar siempre abierto a lo inesperado. ¿Qué ocurriría si alguien te diera una gran cantidad de dinero? ¿Y si ganaras en la lotería? Podrían ocurrir muchas cosas, lo cual te permite albergar un objetivo en tu conciencia.

- *Formula tu objetivo de forma que guarde relación con el coraje, la aceptación o la paz.* «Me permito...», «Puedo...» o «Me abro a la posibilidad de que...» son buenas maneras de empezar un objetivo relacionado con el coraje. «Tengo...» es una buena manera de empezar un objetivo relacionado con la aceptación. «Soy...» es una buena manera de empezar un objetivo relacionado con la paz. Estas formas de empezar una declaración de objetivos hacen posible que la mente emplee su creatividad para generar posibilidades de cómo se puede cumplir el objetivo.

Por cierto, si no te sientes aún con el coraje necesario ante un determinado objetivo, llegar hasta él será un gran paso hacia delante. Después, siempre puedes reformular el objetivo para elevar aún más la energía hacia la aceptación o la paz.

Ejemplos de declaraciones de objetivos

Puedes utilizar estos ejemplos de base para crear tus propias declaraciones de objetivos. Basta con que ajustes la redacción final de modo que refleje tu situación particular.

Trabajo/Profesión/Economía

* Me permito dirigir mi _____ (negocio/departamento) con eficacia y éxito.
* Me permito liberar con tranquilidad a lo largo de mi jornada laboral.
* Me permito tener fácilmente el trabajo que más me conviene en este momento de mi _____ (vida/carrera) y disfrutar de él.
* Me permito encontrar y desarrollar de forma fácil una profesión que utilice al máximo mis capacidades (o destrezas) creativas y que me reporte muchas recompensas económicas.

Relaciones/Comunicación

* Me permito que mi relación con _____ sea _____ (escoge entre la siguiente lista: fácil, relajada, cómoda, cordial, armoniosa, cariñosa, constructiva, de apoyo, abierta, honesta, amable o mutuamente beneficiosa).
* Me permito comunicarme con eficacia y facilidad con mi(s) _____ (escoge entre la categoría adecuada: cónyuge,

compañeros de trabajo, jefe, subordinados, hijos, amigos o el nombre específico de una persona).

- Me permito que mi situación con _____ se resuelva de forma justa y beneficiosa para todos los implicados.
- Me permito amarme y aceptarme (o perdonarme) o hacer lo mismo con _____ (inserta el nombre de la persona), pase lo que pase.
- Me permito ayudar con todo cariño a _____ (insertar el nombre) en su crecimiento y libertad.
- Permito que _____ (inserta el nombre) tenga lo que desee para sí.

Dieta

- Me permito lograr y mantener sin ansiedad alguna mi peso ideal.
- Me permito disfrutar de alimentos que me mantengan en mi peso, sano y en forma.

Salud en general

- Me permito liberar de forma natural y tranquila.
- Me permito dormir bien y despertarme descansado y fresco a las _____.
- Me permito establecer y mantener fácilmente un estilo de vida que favorezca la buena salud y el estar en forma.
- Me permito disfrutar de no ser fumador.

Actividad: poner por escrito tus objetivos

Ahora que conoces todos los detalles de cómo redactar una declaración de objetivos, vuelve a la lista de intenciones para este curso que anotaste en tu diario de liberación, como te sugerí en el capítulo uno, y escoge uno o dos elementos con los que trabajar. Puedes tomar más de un objetivo para reescribirlo utilizando las orientaciones y los ejemplos anteriores, pero te recomiendo que limites el número de objetivos en los que trabajes activamente en un determinado momento. Lo hago por dos razones: la primera, porque es más probable que lleves hasta el final tus objetivos (sea su consecución o la liberación completa) si consigues evitar dispersar la energía por centrarte a la vez en demasiados objetivos. Y la segunda, porque, dado que el Método nos ayuda a soltar a un nivel tan profundo, observarás que muchos de los elementos de tu lista se consiguen sin tener que trabajar conscientemente en ellos.

En una hoja en blanco de tu cuaderno de liberación, reescribe los objetivos que hayas seleccionado utilizando las orientaciones anteriores. Cuando trabajes en el proceso de determinar objetivos y el proceso de pasar a la acción que siguen, te será de utilidad haber redactado de la mejor manera posible las declaraciones de objetivos.

> «Empecé este curso en una época de mucha confusión en mis negocios. Durante los veintidós meses anteriores, habíamos sufrido cuatro importantes reveses y las ventas de mi empresa habían bajado hasta un nivel sin precedentes: un ochenta por ciento de lo que habría sido normal. Tuve que tomar muchas decisiones difíciles, y aún me quedaban fuerzas para elaborar y poner en práctica un plan de recuperación. Con las herramientas del Método, conté con una metodología para tomar las decisiones, actuar y dormir por la noche. Además, todas las acciones se volvían más fáciles, más claras y con un objetivo mejor definido. La empresa ha cambiado de forma drástica. No hemos salido del bosque por completo, pero ya sentimos los rayos de sol».
>
> —**M. P.,** Nueva York

El proceso de determinar objetivos

El proceso de determinar objetivos es increíblemente sencillo. Te vas a concentrar en las declaraciones positivas de objetivos, una después de otra, y usarás cada una como si se tratara de un imán para sacar de tu mente subconsciente cualquier actitud negativa que puedas tener hacia ese objetivo y luego la soltarás. Si el proceso hace que te sientas nervioso o escéptico, ten en cuenta una cosa: si siempre haces lo que siempre has hecho, siempre conseguirás lo que siempre has conseguido.

El proceso de determinar objetivos es una oportunidad de aprender a hacer de una forma nueva lo que hagas.

Paso 1: escribe tu objetivo en la parte superior de una hoja de papel, empleando la redacción correcta.

Paso 2: lee el objetivo en silencio o en voz alta y, debajo de él, escribe lo primero que pienses o sientas relacionado con él.

Paso 3: pregúntate qué necesidad subyace tras ese pensamiento o sentimiento, empleando la pregunta: «¿Procede esto de una sensación de necesidad de aprobación, de control o de seguridad?». Anota la necesidad de que se trate con su correspondiente abreviatura: para la necesidad de aprobación, escribe n/a. Para la de control, n/c. Para la de seguridad, n/s. Si surge más de una necesidad, no tienes más que escribir las correspondientes abreviaturas.

Paso 4: libera todas las necesidades que surjan en el momento ACTUAL acerca del sentimiento o pensamiento que escribiste. Pregúntate: «¿Podría soltar la necesidad de aprobación, control o seguridad?». Cuando sueltes una determinada necesidad, táchala o márcala con una señal.

Paso 5: repite los pasos 2, 3 y 4 hasta que sientas coraje, aceptación o paz respecto al objetivo. Una vez que sientas uno de estos estados emocionales superiores, puedes estar seguro de que has eliminado una capa de limitación acerca de ese objetivo en particular. Luego tienes tres posibles opciones en el paso 6.

Paso 6: tu primera opción es seguir repitiendo el proceso anterior con el fin de eliminar algunas capas más de limitación sobre ese objetivo concreto.

EL PROCESO DE DETERMINAR OBJETIVOS

OBJETIVO: Me permito lograr y mantener sin ansiedad alguna mi peso ideal.

¿Cuál es mi sentimiento ACTUAL con relación a este objetivo?

Deseo - Me gusta comer n/a, n/c ✓
Ira - Odio las dietas n/c ✓
Frustración - No tengo tiempo para hacer ejercicio físico n/a, n/c ✓
Coraje - Puedo conseguirlo n/a ✓

La segunda opción es dejar de lado de momento el proceso de determinar objetivos y seguir con tus cosas. Haz todo lo que puedas para liberar siempre que pienses en ese objetivo a lo largo del día.

Una pequeña advertencia sobre el abandonar demasiado pronto: antes de interrumpir el proceso, es mejor lograr al menos un estado de coraje, aceptación o paz. De lo contrario, mantendrás en tu mente un resultado que nada tiene de ideal. Además, probablemente no tendrás ningún interés en repetir la liberación en cualquier nivel de energía que esté por debajo del coraje.

La tercera opción en el paso 6 es seguir con el proceso de determinar objetivos trabajando en *el proceso de pasar a la acción* que explico en el apartado siguiente.

El proceso de pasar a la acción

El proceso de pasar a la acción está pensado como complemento del proceso de determinar objetivos y te ayudará a liberar mejor tus limitaciones interiores —las barreras emocionales, mentales y conductuales– que te impiden actuar y perseguir tus objetivos de forma eficaz. Además, este proceso te servirá para distinguir entre los pasos de actuación que son realmente necesarios para conseguir un determinado objetivo y aquellos que no lo son. De este modo podrás ahorrar mucho tiempo y esfuerzo.

Muchos evitamos proponernos una determinada meta porque imaginamos que no tenemos voluntad para emprender las acciones necesarias para lograrla. Cuando liberes sobre tus pasos de acción, puede ser que descubras que es posible liberar tu resistencia a emprender esas acciones concretas o que, de hecho, las acciones son innecesarias y un simple producto mental.

Toma, pues, una hoja en blanco de tu diario de liberación, y empecemos.

Paso 1: escribe tu declaración de objetivos en la parte superior de la página, redactando palabra por palabra sin usar abreviaturas.

Paso 2: después de leer en silencio el objetivo, pregúntate: «¿Qué acciones creo que debo emprender para conseguir este objetivo?». Luego, en líneas distintas, escribe todas las acciones que se te ocurran. Habrá unas pocas que se te vendrán a la mente enseguida.

También tienes la opción de escribir una única acción cada vez y repetir los pasos 3, 4 y 5 antes de pasar a la siguiente acción.

Paso 3: junto a cada acción concreta escribe cualquier pensamiento o sentimiento que tengas sobre ella.

Paso 4: pregúntate qué necesidad subyace en ese pensamiento o sentimiento, usando la pregunta: «¿Procede esto de una sensación de necesidad de aprobación, necesidad de control o necesidad de seguridad?». Anota la respuesta, como hiciste durante el proceso de determinar objetivos, y escribe una abreviatura al lado de la pregunta: n/a (aprobación), n/c (control) o n/s (seguridad). Si surge más de una necesidad, escribe las correspondientes abreviaturas.

Paso 5: suelta cualquier necesidad que surja en el momento ACTUAL sobre el sentimiento o pensamiento que anotaste. Usa la pregunta: «¿Podría soltar la necesidad de aprobación, control o seguridad?». Cuando sueltes una determinada necesidad, táchala o márcala con una señal. Sigue liberando sobre cada paso de acción hasta que sientas coraje, aceptación o paz.

Paso 6: repite los pasos 2, 3, 4 y 5 hasta que hayas completado el proceso de pasar a la acción para todas las acciones que hayas anotado. Si te apremia el tiempo, puedes dedicar unos minutos a completar el proceso respecto a unos cuantos pasos y más tarde terminar los que falten. Pero dedícale todo el tiempo que haga falta para sentirte con coraje en cada paso en el que trabajes.

Paso 7: empieza a actuar donde proceda. Además, asegúrate de seguir liberando antes de dar los pasos de acción, mientras los estés dando y una vez que los hayas dado.

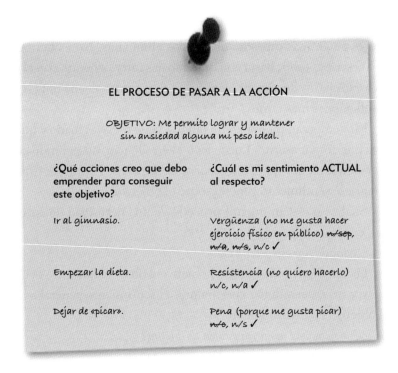

EL PROCESO DE PASAR A LA ACCIÓN

OBJETIVO: Me permito lograr y mantener
sin ansiedad alguna mi peso ideal.

¿Qué acciones creo que debo emprender para conseguir este objetivo?	¿Cuál es mi sentimiento ACTUAL al respecto?
Ir al gimnasio.	Vergüenza (no me gusta hacer ejercicio físico en público) ~~n/sep,~~ ~~n/a,~~ ~~n/s,~~ n/c ✓
Empezar la dieta.	Resistencia (no quiero hacerlo) n/c, n/a ✓
Dejar de «picar».	Pena (porque me gusta picar) ~~n/c,~~ n/s ✓

197

Si ya utilizas en el ordenador algún programa de gestión del tiempo, o algún libro que contenga un plan de acción diario, puedes abreviar el proceso anterior siguiendo los mismos siete pasos –sin anotar tus pensamientos ni sentimientos– cuando planifiques la jornada. Basta con que señales las abreviaturas de las necesidades y las taches o borres a medida que vayas liberando.

Cuando te vayas acostumbrando a liberar respecto a tus pasos de acción antes de darlos, empezarás a avanzar más deprisa y con mayor facilidad. Además, abordarás tus objetivos y tus pasos de acción con una sensación de entusiasmo renovado y una mejor motivación. Pensarás también a menudo en acciones mucho más creativas que las que se te ocurrirían si no liberaras.

Liberar respecto a tus objetivos y tus acciones

Para conseguir los mejores resultados, sigue este proceso con tanta frecuencia como puedas, tú solo o con algún compañero. Cuanto más trabajes en él, más capas de obstáculos eliminarás. No es necesario que lo escribas todo. Basta con que trabajes interiormente con el objetivo y los pasos de acción. Siempre podrás tomar alguna nota sobre tus reflexiones más tarde.

Para empezar, piensa en un objetivo que te hayas fijado y que ya hayas puesto por escrito. Luego léetelo en silencio, observando cualquier pensamiento que se te ocurra al respecto. Permítete experimentar ese sentimiento general sobre el objetivo.

Analiza si el sentimiento procede de una necesidad de aprobación, control o seguridad.

¿Podrías soltar esa necesidad?

Lee en silencio de nuevo el objetivo y observa qué se te ocurre. Una vez más, permítete experimentar el sentimiento general acerca del objetivo en este momento.

¿Qué necesidad despierta esto en tu interior?

¿Podrías soltar esta necesidad?

Repite los pasos anteriores otras tres o cuatro veces. Cada vez que leas en silencio el objetivo, observa cómo va cambiando tu sentimiento con relación a él. Tal vez te sientas ya muy positivo sobre el objetivo o quizá no hagas sino acercarte a esta actitud positiva. Te sientas como te sientas, permítete tal sentimiento y sigue liberando sobre cualquier sensación de necesidad oculta.

Cuando ya sientas coraje, aceptación o paz acerca del objetivo, tienes diversas opciones sobre cómo proceder. Puedes dejar de lado el objetivo y volver sobre él más adelante o puedes pasar a liberar sobre tus pasos de acción, de la forma siguiente: lee de nuevo tu objetivo y luego piensa en una acción que puedas emprender para conseguirlo.

¿Cuál es tu sentimiento ACTUAL sobre esa acción?

¿Podrías dejar simplemente que ese sentimiento estuviera presente?

¿Este sentimiento procede de una sensación de necesidad de control, aprobación o seguridad?

¿Podrías soltar esta necesidad?

Ahora, concéntrate en este mismo paso de acción o en otro que puedas dar para lograr tu objetivo. Observa qué sentimiento te produce emprender esa acción.

¿Podrías aceptar más plenamente en tu conciencia el sentimiento?

¿Podrías identificar la necesidad de la que procede?

Luego, ¿podrías soltar esa necesidad?

Repite esta última serie de preguntas de liberación referidas a varios otros pasos de acción.

Ahora, observa en qué medida te sientes mucho más positivo respecto al objetivo, después de haber liberado sobre él directamente y también después de haber liberado sobre los pasos de acción que implica la consecución del objetivo.

La exploración: experimentarla, soltarla y hacerla realidad

Es posible que ya utilices la visualización para lograr tus metas. Si es así, estoy seguro de que disfrutarás los resultados del siguiente proceso, ya que la visualización tiene mucha más fuerza cuando se combina con la liberación. Muchos de los que han estudiado el Método Sedona hablan de los grandes beneficios que reporta la conjunción de ambas. Te recomiendo que dediques unos minutos al día a explorar este proceso.

Ponte cómodo, relájate y concéntrate en tu interior. Puedes seguir este proceso con los ojos abiertos o cerrados, aunque parece que a la mayoría de las personas con las que he trabajado les resulta más fácil visualizar con los ojos cerrados. Así pues, si haces este ejercicio tú solo, lee cada una de las instrucciones y luego cierra los ojos para ponerla en práctica. Cuando creas que has terminado por completo lo que se te pedía, abre los ojos y lee la pregunta o instrucción siguiente. Luego, ciérralos de nuevo mientras la respondes o la llevas a cabo. Acuérdate también de tomarte el tiempo necesario para ir a tu ritmo. No hay motivos para correr.

Cuando hayas seguido todo el proceso varias veces, no hay duda de que podrás hacerlo solo y de memoria, sin ni siquiera tener que leer las instrucciones. Otra posibilidad es que cuentes con un compañero que te vaya leyendo las instrucciones, paso a paso.

Empieza por pensar en un determinado objetivo, tal vez el que acabas de formular por escrito.

Después, usando tu imaginación, compón una imagen de cómo serán las cosas cuando hayas logrado ese objetivo. Si eres una persona de orientación visual, es probable que veas una imagen de verdad. Pero si te riges por señales corporales (eres cinestésico), en vez de una imagen quizá tengas una sensación física. Y si te riges por el oído, es posible que en la mente oigas una narración sobre esa situación. Emplea cualquier combinación de los sentidos que te resulte cómoda. Algunas personas se empeñan en visualizar, porque piensan que la imagen ha de ser visual. Por favor, olvídalo.

Así pues, permítete crear ahora la imagen más nítida que puedas sobre cómo van a ser las cosas cuando hayas conseguido lo que te habías propuesto. Entra en ella lo mejor que sepas. Satisface tus sentimientos, si puedes. ¿Qué aspecto tiene? ¿Qué sientes? ¿Qué oyes? Observa tus percepciones en cada uno de los niveles de tu ser.

A continuación, comprueba si existe dentro de ti algún sentimiento que diga: «No, no puedo tener esto», «Esto no es real» o «Es pura fantasía». Identifica todo sentimiento que se oponga a que se haga realidad tu imagen ideal.

¿Podrías aceptar este sentimiento opuesto?

Pregúntate:

¿Procede de la necesidad de aprobación, de la de control o de la de seguridad?

Cualquiera que sea la necesidad, ¿podrías soltarla?

Después, usando la sensación o las sensaciones con las que más cómodo te sientas, imagina de nuevo que consigues tu objetivo. ¿Cómo van a ser las cosas cuando lo hayas logrado?

Luego, comprueba si hay algo dentro de ti que diga: «No, no puedo tenerlo», «No debería tenerlo» o «No lo tengo», y sitúa esta creencia, este pensamiento o sentimiento en el primer plano de tu conciencia.

¿Procede de la necesidad de aprobación, de la de control o de la de seguridad?

¿Podrías soltarla?

Repite este proceso cinco o seis veces, liberando todo lo que se oponga a tu objetivo. Observa que este se hace más alcanzable cada vez que vuelves a la visualización y liberas. Aumenta la sensación de «puedo hacerlo» o «puedo tenerlo».

Ahora, imagina que tienes o haces lo que haya en tu objetivo. Experiméntalo como si ocurriese en este mismo momento. Procura que sea una imagen lo más vívida y auténtica posible.

Analiza si opones algún tipo de resistencia, aunque sea sutil, a hacer que tu objetivo esté ahora mismo aquí, ya cumplido. ¿Tienes alguna duda de que estás experimentando tal resultado?

Si es así, ¿podrías soltar ese empeño y aceptar de forma consciente durante un momento esa resistencia? Deja que esté ahí.

¿Podrías soltar la resistencia a que el objetivo entre en tu experiencia?

A continuación, vuelve de nuevo a la visualización y permítete ver, sentir u oír que tienes o consigues exactamente lo que quieres.

¿Podrías aceptar plenamente esa imagen en tu conciencia, asumirla, apropiártela y dejar que exista de verdad?

Y ahora descansa. Piensa que está bien tener lo que quieres. Está bien que en tu conciencia hayas conseguido ese objetivo. Te lo mereces.

Cuando estés preparado, poco a poco deja de concentrarte en tu conciencia para hacerlo en el mundo exterior.

Otros dos pasos adelante

En los dos capítulos siguientes, aprenderás dos técnicas adicionales que te ayudarán a lograr un estado de imperturbabilidad: el *proceso de gustos/aversiones* y el *proceso de ventajas/inconvenientes*. Ambas técnicas nos permiten adoptar una actitud más neutral ante nuestros diversos apegos y aversiones, lo cual los convierte en complementos liberadores del proceso de determinar objetivos. Sin embargo, antes de seguir adelante, permítete trabajar un poco más sobre tus objetivos. Estoy seguro de que el material del capítulo que acabas de leer puede marcar, y marcará, una profunda diferencia en tu vida y en tu capacidad de conseguir todo lo que te propongas.

9

Más allá de los apegos
y las aversiones

Si has leído los capítulos anteriores y has aplicado con diligencia las técnicas que en ellos se exponen, estoy seguro de que ya habrás avanzado sustancialmente en tu camino hacia la libertad emocional. La mayoría de quienes participan en los talleres del curso básico del Método Sedona al llegar a este apartado sonríen y se ríen abiertamente y dicen que se sienten más ligeros, tranquilos y con las ideas más claras que nunca. Les resulta difícil creer en la rapidez y el poco esfuerzo con que se han movido por el terreno de las creencias y los sentimientos no deseados en el que habían estado atrapados, a veces durante muchos años. Les ilusiona la idea de que el enfoque que el Método hace de la determinación de objetivos, en particular, ponga en sus manos la libertad y el poder de decidir su destino. Además, una vez que han tenido experiencias positivas con la liberación, están más abiertos a la auténtica promesa de lo que puede proporcionar. Empiezan a usarla con mayor frecuencia y a buscar otros aspectos de su vida a los que aplicarla.

Tan pronto como te intereses por las aplicaciones del Método Sedona a la vida real, como las que se describen en la segunda parte de este libro, el proceso de gustos/aversiones que estás a punto de aprender te será de gran valor. Es una forma excelente de profundizar aún más en un tema concreto durante muy poco tiempo, y puede ser especialmente útil para soltar tus apegos y aversiones a personas, lugares y cosas. Sin embargo, puedes emplear el proceso de gustos/aversiones para liberar un poco más sobre cualquier tema que escojas.

> «El beneficio mayor y más importante es que siempre había sentido un miedo anormal a las multitudes, a los grupos y concentraciones de personas, fueran reuniones sociales o de otro tipo, y el Método ha acabado con ese miedo».
>
> **—G. H. Malinoski,**
> Normandy Park
> (Australia Occidental)

Como veíamos en el capítulo ocho, todos tendemos a aferrarnos a las cosas que nos gustan y desarrollamos un apego hacia ellas. También tendemos a huir de lo que no nos gusta y desarrollamos aversiones hacia ello. Cada vez que soltamos tanto nuestros gustos como nuestras aversiones sobre un tema determinado, nos liberamos de ellos. Si usamos esta técnica con la frecuencia suficiente, toda nuestra vida será más libre, lo cual, en última instancia, aumenta nuestra felicidad y nuestra paz de espíritu.

¿Qué finalidad tiene este proceso?

A lo largo de este libro, has tenido oportunidad de trabajar con lápiz y papel. Para muchas personas, la liberación por escrito es comparable a trabajar en la liberación con un compañero, pero es solo una de tus opciones. También puedes utilizar el Método eficazmente, muy eficazmente, de hecho, sin tener que recurrir nunca al lápiz o el bolígrafo. Cuando realices el proceso de gustos/aversiones, puede serte útil objetivar la experiencia de tus liberaciones poniéndolas por escrito. Sin embargo, realizar una serie rápida de liberaciones internas de gustos y aversiones mientras vas trabajando en tus ocupaciones cotidianas te puede ayudar a que estas discurran con suavidad.

Una de las áreas fundamentales en las que el proceso de gustos/ aversiones puede influir positivamente es en la de las relaciones. Y es que, incluso en nuestras relaciones más íntimas, la mayoría de nosotros albergamos gustos y aversiones sobre cada una de las personas que forman parte de ellas. De hecho, muchos guardamos unas listas conscientes o semiconscientes de cosas que nos gustan y cosas que no nos gustan de nuestra pareja, nuestra familia, nuestros amigos y nuestros colegas. Luego, comparamos todo lo que hacen con estas listas interiores, lo cual tiende a reafirmar las expectativas que tenemos sobre las personas y nuestra forma habitual de relacionarnos con ellas. Lamentablemente, los modelos que reafirmamos no son los más saludables, ni siquiera en unas relaciones sanas. Al contrario, son unos modelos que están motivados por las cuatro necesidades básicas. Como pronto descubrirás, el resultado de liberar tanto tus gustos como tus aversiones hacia una determinada persona es que puedes abrirte más a ella.

En nuestras relaciones personales, nos obsesionamos con las cosas que nos gustan y escondemos debajo de la alfombra las que no nos gustan. Pero, evidentemente, las aversiones se enquistan justo por debajo de nuestra conciencia, hasta que al final explotan y saltan a la superficie. En las relaciones que «no funcionan», ocurre todo lo contrario. Olvidamos todas las cosas que nos gustan de esas relaciones y de las personas con quienes nos relacionamos. Empezamos a eliminar todo lo bueno y a fijarnos de forma obsesiva en todo lo que no nos gusta de ellas. El proceso de gustos/aversiones restablece el equilibrio entre ambas partes de la ecuación que suponen las relaciones, de ahí su gran utilidad. Nos permite estar conectados con mucha mayor fuerza con los demás.

Este proceso no es exclusivo de las relaciones personales, por supuesto. También es muy eficaz para trabajar con las relaciones profesionales. La mayoría tenemos a alguien en nuestra vida profesional —una persona como mínimo— con quien pensamos que debemos interactuar, a pesar de que no nos gusta. Puede ser un proveedor, un cliente o cualquier otra persona clave para nuestros negocios, con quien debemos mantener una relación permanente, y tenemos la sensación de que no nos queda otra alternativa. Deseamos que la relación pudiera mejorar o que se terminara. Puedes intentar aplicar este proceso a alguien difícil de este ámbito. Si liberas los gustos y las aversiones, estoy seguro de que descubrirás que te sientes mejor con esa persona.

Además, puedes utilizar el proceso de gustos/aversiones para liberar tus tendencias y creencias personales que te mantienen atrapado en los surcos del camino. Por ejemplo, es posible que pienses que hablas demasiado o que piensas demasiado, o que actúas con excesiva timidez, con excesivo orgullo o con una actitud demasiado crítica. Ya sabes a lo que me refiero. El valor de aplicar el proceso de gustos y aversiones a una tendencia como la de tener sobrepeso es que te será difícil pensar que pueda haber algún gusto al respecto, especialmente si ese sobrepeso te supone un problema, pero cuando analices el tema, descubrirás que existen algunas razones ocultas que te llevan a creer que pesar más de lo conveniente es algo bueno. Descubrir esos gustos y soltarlos podría ser la clave para cambiar ese patrón de conducta.

De modo parecido a las listas de gustos y aversiones sobre las personas con quienes nos relacionamos, la mayoría disponemos de unas listas sobre nosotros mismos, y normalmente son mucho menos positivas que las que tenemos sobre quienes nos rodean. Por consiguiente, te aconsejo que, en algún momento, te apliques también el proceso de gustos/aversiones. Puede ser una experiencia muy esclarecedora y extremadamente liberadora.

El proceso de gustos/aversiones

Normalmente, para realizar el proceso de gustos/aversiones se usa una hoja de papel. Sin embargo, de momento te sugiero que no escribas nada. Limítate a leerte este proceso o haz que tu compañero te lo lea y haz tu liberación lo mejor que puedas. Después de cierta liberación imaginativa inicial, te daré instrucciones para preparar una hoja donde escribir el proceso.

Para empezar, deja que se te ocurra un tema. Como puedes emplear este proceso para ámbitos tan distintos, si te resulta difícil pensar en un tema en este momento, vuelve a las intenciones que determinaste en tu diario de liberación, como te sugerí en el capítulo uno, o a un objetivo de los que te fijaste en el capítulo ocho, y escoge uno de ellos.

¿Qué es lo que te gusta de esta persona, este lugar o esta cosa?

Experimenta cualquier sentimiento que se genere en tu interior. Acéptalo plenamente.

¿Procede de la necesidad de aprobación, control o seguridad?

¿Podrías soltarla?

Ahora, piensa de nuevo en tu tema.

¿Qué es lo que no te gusta de esta persona, este lugar o esta cosa?

De nuevo, permítete experimentar cualquier sentimiento que se genere en este momento.

¿Podrías dejar que este sentimiento estuviera ahí?

¿Procede de la necesidad de aprobación, control o seguridad?

¿Podrías soltarla?

Repite los pasos anteriores, alternando entre los aspectos del tema que te gusten y los que no te gusten, y luego liberando tus sentimientos y tus necesidades subyacentes ACTUALES. Es posible que descubras que el mismo aspecto aparece como gusto y como aversión, o que un elemento de tu lista aparece más de una vez. No pasa nada. Siempre que ocurra esto, libera sobre esos elementos. Recuerda también que es importante soltar tus sentimientos «buenos»; esta práctica te ayudará a conseguir mayor claridad y a profundizar en todo lo que de bueno pueda haber ya en una determinada situación.

Cuando hayas hecho ya unas nueve tandas de liberación en total, para y observa lo distintos que son tus sentimientos acerca de aquello sobre lo que has estado liberando. Cada par de gustos y aversiones compone una capa de limitación, o una reticencia, sobre un determinado tema. Suele ocurrir que un tema contenga muchas de estas capas. Las primeras veces que emplees el proceso de gustos/aversiones, es posible que te sorprendas de su eficacia.

Suzanne: sentirse más cómoda con las citas de ventas

El proceso de gustos/aversiones ayudó a Suzanne, una instructora del Método Sedona, a superar su resistencia a llamar sin más a las empresas para promocionar sus clases. Como trabajadora autónoma, hacía mucho que pensaba que no arriesgaba todo lo que podía arriesgar ni conseguía todo lo que podía conseguir.

> Soy una persona que ha vivido experiencias sorprendentes y que ha hecho de todo. He vivido en el extranjero y hablo varios idiomas. Pero nunca he podido incidir en mi trabajo público –lo más importante de mí, o mi auténtico yo– y aplicar todo eso plenamente a mi vida. Creo que muchas personas tienen una vida interior que no se corresponde con su vida exterior, así que es posible que mi historia les sea útil.

Elaboró un proyecto de objetivos para vender formación a empresas y empezó a liberar sobre él hasta que cambió su forma de pensar y las llamadas de teléfono se convirtieron en una fuente de buenos sentimientos.

> Llamar por teléfono puede ser todo un reto. Cuando me fijé mi objetivo, a veces me sorprendía diciéndome cosas negativas como: «¡Vamos! No puedo vender esto, porque no lo van a querer. El mercado no está en buen momento, y las empresas no disponen ahora de dinero para formación. No van a pagar lo que queremos que paguen. Tienen demasiado trabajo, y nunca voy a conseguir que se ponga al teléfono la persona adecuada». Ideas de este tipo. Así que empecé a trabajar sobre gustos y aversiones: me gusta mucho reírme y hablar con la gente por teléfono. No me gusta el buzón de voz. Me encanta hacer amistades nuevas. No me gusta el tiempo que se requiere para ello. Me gusta hablar del Método a la gente, porque es algo que me estimula. La consecuencia fue que hice mis llamadas de teléfono. A medida que liberaba sobre las cosas a las

que me resisto y sobre las que acepto, las llamadas fueron convirtiéndose en algo automático, y están produciendo unos resultados fantásticos.

La liberación por escrito sobre tus gustos y aversiones

Por escrito, el proceso de gustos/aversiones es exactamente lo mismo que hacíamos anteriormente, excepto que ahora escribes tus respuestas a las preguntas como una forma de controlar tu propio proceso. Así pues, saca tu diario de liberación y empecemos. Para ello, traza una línea vertical en el centro de la hoja, dejando espacio en la parte superior para escribir tu tema. Son ocho pasos en total.

Paso 1: escribe tu tema en la parte superior de la página. Recuerda que el tema puede ser el nombre de una persona, un lugar, una cosa o unas pocas palabras que describan una situación de cualquier aspecto de tu vida donde quisieras experimentar mayor libertad. Podrías escribir el nombre de una ciudad a la que estés pensando trasladarte, por ejemplo Nueva York. En la columna de la izquierda escribe: «Gustos». En la de la derecha: «Aversiones». Ahora estás preparado para el segundo paso.

Paso 2: pregúntate: *¿Qué me gusta de* _____ *(tu tema)?* A continuación, escribe en la columna de la izquierda el primer pensamiento o sentimiento que se te ocurra. Siguiendo con el ejemplo de Nueva York, podrías escribir: «Animación» o «Teatros de Broadway».

Paso 3: para comprobar de qué necesidad básica procede tu gusto, pregúntate: *¿Existe alguna sensación de necesidad de aprobación, control o seguridad?* Cuando hayas identificado la necesidad de la que procede el pensamiento o sentimiento, escríbelo, usando las abreviaturas habituales: n/a para la necesidad de aprobación, n/c, para la necesidad de control y n/s para la necesidad de seguridad.

Paso 4: suelta la necesidad subyacente, utilizando para ello una de las siguientes preguntas:

- *¿Podría aceptar esta necesidad plenamente?*
- *¿Podría soltar la necesidad de* _____ *(nombre de la necesidad de que se trate)?*

Tacha la necesidad una vez que la sueltes y luego pasa a una aversión. Trabaja solo con un gusto a la vez.

Paso 5: pregúntate: *¿Qué es lo que no me gusta de* _____ *(tu tema)?* Luego, escribe en la columna de la derecha el primer pensamiento o sentimiento que se te ocurra. En el ejemplo de Nueva York, podrías escribir: «Demasiada gente» o «Mucho ruido».

Paso 6: comprueba cuál es la necesidad básica de la que procede tu aversión, y para ello pregúntate: *¿Existe una sensación de necesidad de aprobación, control o seguridad?*

Paso 7: permítete soltar la necesidad subyacente, utilizando para ello una de las preguntas siguientes:

- *¿Podría aceptar esta necesidad plenamente?*
- *¿Podría soltar le necesidad* _____ *(nombre de la necesidad de que se trate)?*

Tacha la necesidad cuando la sueltes y luego pasa a otro gusto. Trabaja solo con una aversión cada vez.

Paso 8: repite muchas veces desde el paso 2 al 7, alternando entre un gusto y una aversión, después otro gusto y otra aversión, y así sucesivamente hasta que observes un cambio positivo en tu actitud hacia el tema. Puedes trabajar en ello tanto tiempo como decidas. Cuanto más pongas en el proceso de gustos/aversiones, más obtendrás de él.

EL PROCESO DE GUSTOS/AVERSIONES

TEMA: ¿Qué me gusta/disgusta de mudarme a Nueva York?

Gustos

Animación n/a

Teatros de Broadway n/a, n/o

Nuevo trabajo n/s, n/o

Muchas comodidades n/c ✓

Aversiones

Demasiada gente n/s, n/o

Mucho ruido n/c, n/sep ✓

Lejos de la familia n/s, n/o

Alquileres muy caros n/o

Puertas que se abren

Cuando trabajes con el proceso de gustos/aversiones, descubrirás que abre muchas puertas interiores que quizá ni te percataste de que las habías cerrado de golpe. Al abrirlas, irás soltando las limitaciones que hay encerradas tras ellas. Esto te liberará para que disfrutes de verdad de tus relaciones y de la vida. Te animo a que experimentes con este proceso antes de pasar a analizar el capítulo siguiente.

10

Una buena toma de decisiones

Al final del capítulo ocho te prometí que te enseñaría dos técnicas más que te ayudarían a lograr el estado de imperturbabilidad. El proceso de ventajas/inconvenientes es la segunda de ellas. Es una potente herramienta cuya función es ayudarte a descubrir áreas en las que te has quedado estancado y, posteriormente, a soltarlas. Con una adecuada cantidad de liberación bien enfocada, podrás cambiar fácilmente estos patrones de pensamiento, conducta y situaciones recurrentes. Hoy, veintiséis años después de que me enseñaran la idea, sigo empleando las hojas de ventajas e inconvenientes de forma regular. Incluso he trabajado con una de ellas esta mañana antes de sentarme a escribir. De hecho, seguramente es mi tipo de ejercicio favorito.

Puedes aplicar el proceso de ventajas/inconvenientes a un montón de ámbitos en tu vida, entre ellos:

- **Objetivos.** Además de trabajar directamente con un objetivo, pregúntate: *¿Qué ventaja me supone tener este objetivo?* Y *¿Qué inconveniente me supone tener este objetivo?*
- **Decisiones.** Cuando surja una oportunidad, por ejemplo la oferta de un nuevo trabajo, y no estés muy seguro de si

aceptarla o no, trabajar con las ventajas y los inconvenientes te ayudará a ver mucho mejor la situación. El proceso despeja la confusión que se genera ante los cambios profesionales, las compras, los viajes y el inicio de nuevos proyectos.

- **Problemas.** Puedes utilizar este proceso para liberarte de los gastos exagerados o el no ahorrar como corresponde. Otros problemas que se pueden abordar son las dificultades con determinados tipos de personas, la tendencia a dejar las cosas sin acabar o la falta de decisión, por citar solo unos pocos.
- **Hábitos y tendencias.** ¿No estás seguro de por qué no puedes dejar de fumar o sientes la necesidad de estar comprando todo el día? La técnica de ventajas e inconvenientes puede descubrirte apegos y aversiones ocultas.
- **Sentimientos positivos.** A mí me resulta liberador aplicar la técnica de ventajas e inconvenientes a los sentimientos positivos, por ejemplo el de tener en abundancia, ser más alegre, sentirme más vivo o reconocer mi auténtico carácter. Es posible que no sean estos unos objetivos que ahora mismo te propongas, aunque a muchas personas les gustaría experimentar muchas de estas cualidades. Cuando liberas sobre un sentimiento positivo, la liberación siempre es profunda y despeja por completo el área en cuestión, incluso en el caso de que te sientas bien al respecto.

Como puedes ver, me entusiasma este proceso, así que ¿por qué no trabajamos un poco juntos? Piensa en un aspecto de tu vida en el que puedas aplicarlo: una decisión que debas tomar, un problema que te gustaría resolver, una meta que quieras lograr o cualquier otro tema sobre el que desees liberar en profundidad. Si necesitas una fuente de inspiración, vuelve al trabajo que hiciste en tu diario de liberación cuando leías los apartados «La liberación por escrito: ¿qué quieres en tu vida?», del capítulo uno, o «Actividad: poner por escrito tus objetivos», del capítulo ocho.

El proceso de ventajas/inconvenientes

Este proceso es parecido al de gustos y aversiones que hemos estudiado en el capítulo nueve, pero capta la imaginación de un modo un tanto diferente. Después de usar ambos procesos, descubrirás cuál es el que mejor se aplica a los distintos ámbitos de tu vida.

Para empezar, acomódate y dirige la atención hacia tu interior. Piensa en el tema sobre el que vas a liberar: un objetivo, un problema o lo que sea.

¿Qué ventaja te supone que ese tema esté como está? Acuérdate de aceptar el primer pensamiento o sentimiento que se te ocurra.

¿La ventaja procede de la necesidad de aprobación, de la de control o de la de seguridad?

Cualquiera que sea la necesidad, *¿podrías soltarla?*

¿Qué inconveniente te supone que ese tema esté como está?

Profundiza un poco más y observa si el inconveniente procede de una necesidad de aprobación, control o seguridad.

¿Podrías limitarte a soltarla?

Repite los pasos anteriores, cambiando entre los aspectos del tema que suponen ventajas y los que suponen inconvenientes, para luego liberar tus sentimientos y necesidades subyacentes ACTUALES. Si te resulta difícil pensar en nuevas ventajas o nuevos inconvenientes, acuérdate de liberar sobre este hecho y sigue avanzando. Sé diligente. Cuanto más profundices en el proceso, más vas a conseguir de él.

Una vez que hayas completado unas nueve tandas de liberación en total, para y observa cómo te vas sintiendo de otra forma sobre el tema en el que has estado liberando. Cada ventaja e inconveniente constituyen juntos una capa de inconsciencia o de limitación sobre un determinado tema, de modo que el proceso es similar al de la extracción de petróleo. Cuanto más profundo es el estrato que se perfora, más comprensión y más libertad salen de este tema concreto.

Es posible que nunca llegues al gran momento del «¡ahí está!», pero es probable que en el camino te encuentres con una serie de otros momentos menores. Si liberas con constancia sobre las ventajas y los inconvenientes, estoy seguro de que se producirán cambios profundos.

Nunca he visto que tal proceso produjera un efecto que no fuera positivo en mí mismo o en aquellos a quienes he ayudado a enfocarse en él.

Laura: descubrir una decisión olvidada

«Lo mejor de liberar viejas cuestiones con el Método Sedona es que es algo único. No he encontrado ninguna otra herramienta ni técnica que tenga una eficacia tan instantánea y permanente para eliminar las barreras conscientes e inconscientes que nos impiden vivir con comodidad, tranquilidad y alegría. Desde que aprendí el Método Sedona y lo estoy utilizando, vivo con menos miedo, más paz, y desde una parte de mí mucho más profunda y mucho más conectada con lo espiritual. Incluso cuando me encuentro en medio de situaciones de agobio y "urgencia", soy capaz de mantener la calma y afrontar los retos desde una perspectiva equilibrada».

–Jeff Goodman, San José (California)

La siguiente es una historia que demuestra la importancia que puede tener el proceso de ventajas/inconvenientes.

Hace muchos años, conocí a una mujer llamada Laura a la que le preocupaba mucho el hecho de sobrepasar el que era su peso ideal. El instructor que trabajaba individualmente con ella en clase la orientaba con las preguntas de ventajas/inconvenientes, pero siempre que se le preguntaba: «¿Qué ventaja te supone pesar más de la cuenta?», no se le ocurría ninguna. Laura no dejaba de repetir: «Ninguna». En cambio, no tenía problema en pensar en los inconvenientes. Sin embargo, el instructor insistía. Hizo que Laura liberara sobre su sentimiento ACTUAL acerca del hecho de que no se le ocurriera ventaja alguna.

Al final, más o menos a la novena vez de repetirle la pregunta, Laura empezó a sentirse frustrada y espetó: «¿Por qué me pregunta qué ventajas tiene estar gorda? ¿Qué ventaja podría haber en estar gorda como yo lo estoy?». Estaba preparada para librar una batalla. El instructor le preguntó de nuevo con toda calma: «¿Qué ventaja te supone pesar más de la cuenta?» De repente, Laura atisbó un recuerdo oculto y se puso a llorar. Veinte años antes era una mujer de una belleza exquisita y estaba en su peso ideal. Mientras estuvo hospitalizada unos días, su marido decidió hacer una inversión que sabía que su mujer no aprobaría. Imaginó que podría explicárselo después, cuando le presentara las extraordinarias ganancias que esperaba conseguir. Pero fue una inversión irresponsable, y no resultó bien.

Hacia el final de la estancia de Laura en el hospital, un día apareció su marido y, avergonzado, dijo: «Cariño, lo siento, pero he perdido el dinero que guardábamos para invertir. Se ha esfumado». Ella se puso tan furiosa en aquel instante que tuvo una idea fugaz: «Oh, sé muy bien cómo devolvérsela». Al cabo de poco tiempo de abandonar el hospital, pasó de ser ese tipo de mujer que hace que todos se vuelvan a mirarla a ese otro que hace que todos aparten la vista para no verla, y empezó a engordar. De hecho, no paraba de hacerlo y no tenía ni idea de por qué le ocurría tal cosa. Había olvidado que había tomado una decisión concreta.

Pues bien, veinte años después seguía pesando más de lo que debía, pese a que hacía mucho tiempo que ella y su marido se habían divorciado. Había intentado ponerse a dieta, pero no había servido de nada. Cuando redescubrió su decisión de castigar a su exmarido y liberó sus sentimientos, salió de un inmenso atolladero que había en su subconsciente y soltó la principal razón que había estado alimentando para aumentar de peso. Al día siguiente de la clase, llamó a un médico dietista que un amigo le había recomendado un año y medio antes. Se puso de inmediato a emprender acciones para perder peso, unas acciones que al final empezaron a dar fruto. Un año después, más o menos, Laura estaba en un peso normal. Años después, lo sigue manteniendo.

La liberación por escrito sobre tus ventajas e inconvenientes

Por escrito, el proceso de ventajas/inconvenientes es exactamente el mismo que el que hemos seguido anteriormente, excepto que ahora escribes tus respuestas a las preguntas como una forma de controlar tu progreso. Así pues, saca el diario de liberación y empecemos. Hay ocho pasos en total.

Paso 1: escribe tu tema en la parte superior de la página. Luego, traza una línea vertical en el centro de ella. La columna de la izquierda es «Ventajas». La de la derecha, «Inconvenientes».

Paso 2: pregúntate: *¿Qué ventaja me supone _____ ___ (tu tema)?* Anota en la columna de la izquierda el primer pensamiento o sentimiento que se te ocurra, sin modificarlo ni un ápice.

Paso 3: comprueba cuál es la necesidad básica de la que procede tu ventaja, y para ello pregúntate: *¿Existe una sensación de necesidad de aprobación, necesidad de control o necesidad de seguridad?* Cuando la hayas identificado, escribe la necesidad de la que procede el pensamiento o sentimiento, utilizando las abreviaturas habituales: n/a para la necesidad de aprobación, n/c para la necesidad de control y n/s para la necesidad de seguridad.

Paso 4: permítete soltar la necesidad subyacente utilizando una de las preguntas siguientes:

- *¿Podría dejar que esta necesidad siga aquí?*
- *¿Podría soltar la necesidad de _____ (aprobación, control o seguridad)?*

Tacha la necesidad cuando la sueltes y despúes pasa a un inconveniente. Trabaja solo con una ventaja cada vez. Reprime el impulso de hacer una lista. Sin embargo, si se te ocurre a la vez y espontáneamente más de una ventaja o un inconveniente, escríbelos todos y luego libera las necesidades asociadas a cada uno de ellos, uno tras otro.

Paso 5: pregúntate: *¿Qué inconveniente me supone* _____ *(tu tema)?* Escribe en la columna de la derecha el primer pensamiento o sentimiento que se te ocurra, sin modificarlo lo más mínimo.

Paso 6: comprueba de qué necesidad básica procede tu inconveniente, y para ello pregúntate: *¿Existe alguna sensación de necesidad de aprobación, control o seguridad?* Escribe la correspondiente abreviatura al lado del inconveniente.

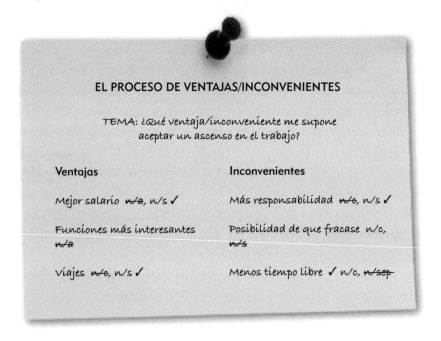

EL PROCESO DE VENTAJAS/INCONVENIENTES

TEMA: ¿Qué ventaja/inconveniente me supone
aceptar un ascenso en el trabajo?

Ventajas	Inconvenientes
Mejor salario n/a, n/s ✓	Más responsabilidad n/e, n/s ✓
Funciones más interesantes n/a	Posibilidad de que fracase n/c, n/s
Viajes n/e, n/s ✓	Menos tiempo libre ✓ n/c, n/seg

Paso 7: suelta la necesidad subyacente utilizando una de las siguientes preguntas:

- *¿Podría dejar que esta necesidad estuviera ahí?*
- *¿Podría soltar la necesidad de* _____ *(aprobación, control o seguridad)?*

Tacha la necesidad que sueltes. Trabaja solo con un inconveniente cada vez.

Paso 8: repite del paso 2 al 7 muchas veces, alternando entre una ventaja y un inconveniente, luego otra ventaja y otro inconveniente, y así sucesivamente hasta que te sientas satisfecho o al menos preparado para descansar un rato.

Carol Sue: optar por un divorcio amistoso

Según Carol Sue, cuando le dijo al que hoy es su exmarido que quería el divorcio, este se enfadó muchísimo y empezó a chillarle. Ella pasó el día siguiente liberando sus sentimientos acerca de la relación de ambos, utilizando el *procedimiento de limpieza* —del que me ocuparé en el capítulo once— y otras técnicas. Pero el proceso de ventajas/inconvenientes realmente la ayudó a conducir su divorcio con suavidad y rapidez, sin que su economía se resintiera lo más mínimo. Después de hacer el ejercicio de ventajas e inconvenientes sobre el tema de los abogados, fue a un bufete. La acompañó su marido. El abogado quería cobrarles siete mil dólares. Entre los inconvenientes de los abogados destacaba el gasto de tiempo y dinero. Como Carol Sue había estado liberando, ella y su marido consiguieron hablar con tranquilidad y decidieron contratar a un asistente jurídico, que completó los papeles del divorcio en un día y solo les cobró unos cientos de dólares.

Aunque Carol Sue dice ser una materialista, no intentó aferrarse a nada en todo el proceso del divorcio. En sus palabras:

Funcionó perfectamente. En un principio, era yo quien me divorciaba de mi marido, pero después de seguir el proceso de ventajas/inconvenientes, dejé que legalmente fuera él quien se divorciaba de mí. Si yo me hubiera divorciado de él debería haberme quedado en casa otros treinta días. Pero yo quería irme enseguida. Era una ventaja. Ya sé que puede parecer un inconveniente, pero para mí suponía una ventaja. Dejé que se quedara con todo: el coche, la casa y los muebles. Yo me llevé lo que quise cuando me fui. Para mí, ser libre es una gran ventaja. Ni siquiera necesito un apartamento, pues ahora me dedico a viajar y me quedo en casa de amigos y familiares. Guardo todas mis cosas en casa de mi hija. Soltarlas fue una gran ventaja.

La constancia tiene su recompensa

Lo que primero aparece siempre es lo evidente. Pero si tienes la virtud de la constancia, obtendrás el mejor petróleo e introducirás un profundo cambio en tu conciencia. A veces he trabajado durante días en la misma hoja de ventajas e inconvenientes, volviendo a ella hasta que creí que estaba completa, lo que me ha reportado muchos beneficios y muchas ideas útiles. Antes de pasar al capítulo siguiente, te recomiendo que analices al menos una hoja de ventajas e inconvenientes que tú mismo hayas confeccionado. Te prometo que te alegrarás de haberlo hecho.

La lista siguiente te dará algunas ideas.

¿Cuáles son las ventajas y los inconvenientes de...?

- La abundancia.
- La pobreza/las deudas.
- Esta decisión.
- La tranquilidad.
- El estrés.
- La pena.
- El miedo.
- El ejercicio físico.
- Fumar.
- Beber.
- Comer en exceso.

- La libertad.
- La enfermedad.
- La salud.
- El matrimonio/la pareja.
- Seguir soltero.
- Trabajar.
- El juego/el ocio.
- Estar desempleado.
- Dar.
- Recibir.

11

El procedimiento
de limpieza

En un principio, Lester Levenson creó el procedimiento de limpieza para uso exclusivo de los instructores del Método Sedona, porque sabía lo importante que era que soltaran la necesidad de aprobación, control o seguridad, además de cualquier reacción que pudieran tener ante quienes participaban en sus clases. Formamos a nuestros instructores para que apoyen al cien por cien a quienes acuden a los cursos. Aunque yo no fui instructor de verdad hasta varios años después, he estado empleando este proceso desde 1977; es otra de mis aplicaciones favoritas del Método. Lo puedes utilizar para completar una interacción –positiva o negativa– con cualquiera, incluido tú mismo.

¿Por qué has de liberar sobre tus relaciones positivas? Es posible que desees sentirte mejor aún de lo que te sientes con la persona que usas como objeto de este proceso, por lo que te puedes relacionar con ella con mayor sinceridad, honradez y cariño. Todos tenemos en nuestra vida a personas con las que interactuamos repetidamente –nuestro marido, nuestra esposa, nuestros amantes, nuestros hijos o nuestros socios en el trabajo–, todo tipo de personas. Estoy seguro de que no deseas acarrear el exceso de equipaje con que cargaste en un encuentro anterior con cualquiera de ellas y llevarlo hasta tu próximo encuentro con ellas y a otros futuros.

> «Desde que descubrimos el Método Sedona, la comunicación y la armonía entre mi marido y yo son aún mayores. Nuestro futuro parece más halagüeño. Además, abordo situaciones extremadamente difíciles del trabajo y la familia con mucha más tranquilidad. Ya no caigo en profundas depresiones y mis momentos bajos son menos frecuentes y graves. Mi marido es más feliz y, en lo que a la economía se refiere, las cosas le van mejor».
>
> –**Carolyn Graham**, Brick (Nueva Jersey)

El procedimiento de limpieza está pensado para acelerar los beneficios del Método Sedona. Se compone de una serie de preguntas que se pueden formular antes, durante o después de los encuentros, las reuniones y las interacciones espontáneas, en especial aquellas en que intervienen personas difíciles. A medida que trabajes con las preguntas de limpieza de forma regular, empezarás a comprender lo mucho que te pueden ayudar a mejorar tus relaciones, a comunicarte con mayor eficacia, a resolver conflictos y a incorporar con mayor facilidad a tu vida el hábito de soltar. El proceso, además, aumentará tu eficacia y contribuirá a la integridad de todas tus interacciones.

Siento un cariño especial por el procedimiento de limpieza, porque me ayudó a abrirme paso y poder experimentar plenamente mis emociones. Cuando empecé a usar el Método Sedona, liberaba «del cuello hacia arriba», lo cual significa que soltaba más pensamientos que sentimientos. Aunque el Método ejercía un gran influjo en mi vida y en mí personalmente, sabía que podía profundizar más. Fue al aplicar el procedimiento de limpieza a la relación con mi madre cuando, por fin, pude sentir de la cabeza a los pies.

Cuando fui haciéndome mayor, y debido en parte a mi relación con mi madre, pasé de ser un niño sensible y receptivo a ser un adolescente muy desconectado de sus sentimientos. Mi madre estuvo psicoanalizándose durante más de diez años, y solía llegar a casa siempre con sus últimas ideas y reflexiones, con las que trataba de enderezarme. Para alejarme de este tipo de relación, con el tiempo fui formándome para evitar el contacto con mis sentimientos.

Usando el procedimiento de limpieza, cuando liberaba sobre mi madre, sentía como si se desmoronara un muro en mi corazón, dejando que fluyera por todo mi cuerpo una energía cálida y cariñosa. Desde entonces, siempre he podido sentir y conocer plenamente mis sentimientos. Mi relación con mi madre hoy, cuando escribo este libro, es excelente. Ambos empleamos el Método, y nos ha ayudado a hacernos amigos y a dejar de ser aquella madre y aquel hijo que se separaban el uno del otro.

Cuando empieces a usar el procedimiento de limpieza, descubrirás que posee una capacidad casi mágica de ayudarte a despojarte de cualquier sentimiento no resuelto que hayas estado arrastrando de alguna interacción que tuviste con otra persona. Tal vez no hiciste más que hablar por teléfono con un amigo o quedaste con un chico o una chica para ir al cine. O quizá estuviste hablando con tu marido, tu esposa, tu hijo o tu hija, y sigues sintiéndote preocupado o insatisfecho por lo que os dijisteis. Puede que terminaras una tensa reunión de negocios o tuvieras algún conflicto con el cajero del banco o del supermercado. Este proceso de liberación increíblemente sencillo te ayudará a soltar cualquier cosa que haya ocurrido, de modo que puedas avanzar con tu vida sin tener que arrastrar ese gran peso mental y emocional.

El procedimiento de limpieza te puede proporcionar la paz de espíritu incluso acerca de personas que ya no viven. Puedes limpiar todo lo referente a antiguos familiares o relaciones, a personas de las que tal vez estés separado pero respecto a las cuales sigues arrastrando muchos sentimientos.

Como decía en la introducción, hubo una época en que me dediqué a los negocios inmobiliarios. Antes y después de cualquier reunión con mis clientes solía emplear este proceso. Si ya me había reunido antes con un cliente, y con independencia de que la reunión hubiera terminado de forma favorable o desfavorable, solía usar el procedimiento de limpieza antes de verlo de nuevo, para asegurar un éxito mayor aún. Mis clientes comentaban a menudo que yo no era como otros agentes inmobiliarios con quienes trataban. Que era mucho más fácil trabajar con un intermediario que era tranquilo y amable, sin por ello dejar de hacer bien su trabajo.

Puedes realizar el procedimiento de limpieza mientras vas en el coche. Cuando vas andando por la calle. En el despacho, entre una llamada de teléfono y otra. Sentado tranquilamente en casa. Mientras haces tus ejercicios en el gimnasio. Lo puedes utilizar en cualquier situación en que haya una interacción humana en la que quisieras sentirte mejor. Aquí tienes la forma de hacerlo.

El procedimiento de limpieza

El procedimiento de limpieza se compone de tres grupos de preguntas, cada una de ellas centrada en una necesidad particular: primero, la de control; luego, la de aprobación, y por último, la de seguridad/supervivencia. Cuando te pongas a trabajar en ella, sigue estos pasos y orientaciones básicas:

1. Empieza por visualizar la cara de la persona sobre quien hayas decidido liberar. (Recuerda que este ejercicio también puede ser una experiencia auditiva o cinestésica para ti).
2. A continuación, hazte una de las preguntas de limpieza y deja que afloren tus necesidades ocultas. Muchas veces, la primera pregunta de cada serie será suficiente para hacer que sueltes espontáneamente la necesidad en que estés centrado en ese momento. Acepta plenamente la necesidad o suéltala.
3. Empieza con la serie de preguntas de limpieza sobre el control y sigue con ellas hasta que consideres que le puedes «conceder a esa persona el derecho de ser» tal como es. La mayoría de las veces, soltar por completo no es más que una decisión. Si estás abierto a ella, es posible lograrla muy deprisa, pero tómate todo el tiempo que necesites.

4. Hazte las dos primeras preguntas de limpieza de cada serie de forma repetida, y sigue liberando cualquier cosa que emerja, hasta que honradamente puedas responder «sí» a la tercera pregunta. Ser honrado produce unos mejores resultados. La tercera pregunta de cada serie está diseñada para que te ayude a ver si estás completamente liberado sobre esa necesidad particular acerca de esa persona.

5. Haz lo mismo con cada serie de preguntas de limpieza y siguiendo su orden. Sabrás que estás completamente liberado sobre una persona cuando puedas ver su cara y no sentir por ella más que aceptación o cariño.

Las preguntas de limpieza

Las preguntas en negrita y cursiva son las preguntas estándar de limpieza. Las que van solo en cursiva son sugerencias para facilitar la liberación de cada necesidad. Puedes soltar las necesidades sin usar ninguna de las preguntas adicionales o formulándote tus propias preguntas.

Paso 1: el control.

1. ***¿Esa persona intentó controlarte? (¿O así lo parecía?).***
Detente un momento para poder liberar de forma espontánea o hazte una de las preguntas siguientes:

* *De ser así, ¿podrías soltar ahora la necesidad de controlarla a ella?*
* *De ser así, ¿podrías soltar la resistencia ante ella?*
* *De ser así, ¿te gustaría cambiar la situación?*

2. ***¿Intentaste tú controlar a esa persona? (¿O así lo parecía?).***
Detente un momento para poder liberar de forma espontánea o hazte una de las preguntas siguientes:

* *De ser así, ¿podrías soltar ahora la necesidad de controlarla?*
* *De ser así, ¿te gustaría cambiar la situación?*

3. *¿Le concedes ahora a esta persona el derecho de ser como es?*
Recuerda que la tercera pregunta no es más que una decisión.
Repite las tres preguntas de control anteriores hasta que le reconozcas a esa persona el derecho de ser tal como es.

Paso 2: la aprobación.

1. *¿Te disgustaba o desaprobabas algo de esa persona? (¿O así lo parecía?).*
Detente un momento para poder liberar de forma espontánea o hazte una de las preguntas siguientes:

* *¿Podrías soltar, de momento, la aversión o desaprobación hacia esa persona?*
* *De ser así, ¿te gustaría cambiar la situación?*

2. *¿A esa persona le disgustaba o desaprobaba algo de ti? (¿O así lo parecía?).*
Detente un momento para poder liberar de forma espontánea o hazte una de las preguntas siguientes:

* *¿Podrías soltar la necesidad de su aprobación?*
* *De ser así, ¿te gustaría cambiar la situación?*

3. *¿Solo tienes sentimientos de cariño/aceptación hacia esa persona?*
Recuerda que la tercera pregunta no es más que una decisión.
Repite las tres preguntas de aprobación anteriores hasta que sientas únicamente cariño/aceptación.

Paso 3: la seguridad/supervivencia.

1. *¿Esa persona te desafió, te amenazó o se enfrentó a ti? (¿O así lo parecía?).*
Detente un momento para poder liberar de forma espontánea o hazte una de las preguntas siguientes:

- *¿Podrías soltar la necesidad de desafiarla, amenazarla o enfrentarte a ella?*
- *¿Podrías soltar la necesidad de seguridad con respecto a esta persona?*
- *De ser así, ¿te gustaría cambiar la situación?*

2. **¿Desafiaste, amenazaste o te enfrentaste a esa persona? (¿O así lo parecía?).**
Detente un momento para poder liberar de forma espontánea o hazte una de las preguntas siguientes:

- *¿Podrías soltar la necesidad de desafiar, amenazar o enfrentarte a esa persona?*
- *¿Podrías soltar la necesidad de así protegerte a ti mismo?*
- *De ser así, ¿te gustaría cambiar la situación?*

3. **¿Tienes ante esa persona únicamente un sentimiento de bienestar, seguridad y confianza?**
Recuerda que la tercera pregunta no es más que una decisión. Repite las tres preguntas de seguridad anteriores hasta que solo tengas un sentimiento de bienestar, seguridad y confianza con la persona sobre la que estás liberando.

Cuando hayas concluido los tres pasos, visualiza de nuevo la cara de la persona sobre la que estás trabajando (o escúchala, o siéntela) y disfruta de tu sentimiento de aceptación/cariño hacia ella. Si existe algún otro sentimiento que no sea el de cariño/aceptación, vuelve a las preguntas de limpieza.

¿Por qué te beneficia completar el proceso?

Muchas personas ponen todo el empeño en lograr un auténtico «sí» en la tercera pregunta de cada serie, a pesar de que saben que ello va a provocar un gran cambio en su conciencia. Podrán darse cuenta de la importancia de conceder a las personas el derecho a ser como son, incluso después de haber tenido problemas con ellas. Hasta es posible que las quieran y las acepten después del conflicto que han mantenido. Pero puede ocurrir que les sea difícil imaginar que solo tienen un sentimiento de bienestar, seguridad y confianza con determinadas personas.

¿Y qué ocurre si la persona sobre la que estás liberando fuera alguien que intentó engañarte en tus negocios? ¿Por qué ibas a querer sentir confianza hacia ella? Muy sencillo: cuando sientes desconfianza, sigues pensando que alguien te va a engañar. Recuerda que aquello en que centras tu atención, sea lo que sea, se incorpora a tu realidad. Cuando te sientes amenazado, cedes el poder a otra persona, y esta puede darse cuenta de ello y actuar en consecuencia. Si te sientes inseguro, los demás se sienten con mayor poder, porque saben intuitivamente que pueden controlarte, manipularte y amenazarte.

> «He recuperado el sentido del humor –un gran aliado en tiempos de necesidad–, y ahora tengo la libertad de seguir creándome y recreándome todos los días. ¿No es esto, en última instancia, de lo que se trata en la vida?».
>
> **–Amanda Kanini**, Londres (Inglaterra)

Si te permites experimentar un sentimiento de bienestar, seguridad y confianza al final del procedimiento de limpieza, serás tú quien domine la situación. Entonces no tendrás que temer hacer negocios con nadie. Sabrás discernir mejor, porque el Método te ayuda a ver con mayor claridad cómo interactuáis tú y los demás. Mientras decidas no hacer nunca más negocios con alguien que te haya engañado, en la medida en que mantienes un sentimiento de desconfianza, es posible que atraigas a tu experiencia a gente que no sea de fiar.

Raramente liberas en favor de otra persona. En una relación estrecha y sana, puedes hacer tu liberación para mejorar esa relación, lo cual beneficia a tu pareja. Cuando, por ejemplo, nos conocimos mi esposa, Amy, y yo, a ella le gustaba que hiciera el procedimiento de limpieza en clase. A medida que yo liberaba y me relajaba, era una persona más divertida. Pero si vives una relación difícil, probablemente no harás liberación alguna en favor de tu pareja; la haces para tu propia libertad y felicidad.

Llegar a completar las tres preguntas redundará en tu propio beneficio. Puedes conseguir una mejor liberación y de manera más fácil con este proceso, y verás por experiencia propia que este realmente te ayuda en todas tus relaciones.

Tom: resolver un malentendido profesional

Tom había tenido durante varios años un consejero que, además, era su mejor amigo. En cierto momento, tuvieron un problema de comunicación que supuso un enfrentamiento. Su consejero acusaba a Tom de usar sus materiales sin su permiso e, incluso cuando se demostró que no era verdad tal acusación, no parecía que hubiera forma de resolver la tensión que se había creado en su relación. Tom albergaba muchos sentimientos fuertes sobre la situación. Se sentía airado y traicionado, decepcionado y hasta culpable. Así que, durante unos días seguidos, aplicó a su consejero el procedimiento de limpieza mientras paseaba a su perro por el barrio.

«¿*Intentó controlarme?* Puedes estar seguro. *¿Podría soltar el intento de controlarle?* Seguro. *¿Me desaprobaba de un modo u otro?* Sin duda. *¿Podría soltar esto?* Sí. *¿Me sentía amenazado?* Claro que sí». Ese fue el proceso que seguía Tom, haciéndose las preguntas y liberando profundamente. Al final decidió que había llegado el momento de que la relación con su consejero cambiara.

Aunque la amistad nunca recuperó el grado que había tenido antes, se neutralizó la carga emocional que la rodeaba, porque en realidad no tenía sustancia alguna. Tom lo resume muy bien: «Me había dado cuenta de que el contenido de un desacuerdo normalmente tiene menor importancia que toda la carga emocional que le añadimos. Cuando realizamos el procedimiento de limpieza, por lo general podemos recuperar la relación, con independencia de que al final nos reconciliemos o no».

Un procedimiento de limpieza breve

Acomódate y concéntrate en tu interior. Piensa en una persona a la que quisieras aplicar este proceso. Para tu primera exploración, escoge a alguien ante quien no te sientas muy agobiado, para no abrumarte. Pero procura elegir a una persona que te inspire cierta resistencia o cierta necesidad de aprobación, control o seguridad. De esta forma, al final de este proceso, tendrás la auténtica sensación de haberlo completado como corresponde.

Así pues, concéntrate en la persona que hayas elegido.

¿Esa persona intentó controlarte?

De ser así, ¿podrías soltar la necesidad de controlarla tú?

¿Intentaste controlar a esa persona?

De ser así, ¿podrías soltar la necesidad de controlarla?

¿Intentó ella controlarte?

¿Y eso despertó en tu interior alguna resistencia?

Si así fue, ¿podrías soltarla?

¿Intentaste controlar a esa persona?

De ser así, ¿podrías, de momento, soltar la necesidad de controlarla?

Repite estas preguntas unas cuantas veces más. Suelta la necesidad de control, lo mejor que puedas, acogiéndola en tu experiencia.

Cuando estés preparado, pasa a la tercera pregunta de esta serie:

¿Podrías concederle a esa persona el derecho de ser tal como es? ¿Podrías?

¿Le concederías a esa persona el derecho de ser la persona que es? Recuerda que esta pregunta no es más que una decisión.

¿Le concedes ahora a esta persona el derecho de ser como es?

Y ahora, ¿te disgustaba o desaprobabas algo de esa persona?

Si así era, ¿podrías soltar la actitud de negarle tu cariño o aprobación?

¿A esa persona le disgustaba o esa persona desaprobaba algo de ti?

Si eso parece, ¿podrías soltar la necesidad de su aprobación?

¿Te disgustaba o desaprobabas algo de esa persona?

De ser así, podrías soltar tu actitud de negarle el cariño, la aprobación.

¿Podrías soltar, de momento, esa desaprobación hacia ella?

¿A esa persona le disgustaba o esa persona desaprobaba algo de ti?

Si así era, ¿podrías soltar la necesidad de la aprobación de esa persona, la necesidad de que te quisiera o se preocupara de ti?

Cuando estés preparado, pasa a la tercera pregunta:

¿Podrías tener hacia esa persona únicamente sentimientos de cariño y aceptación?

¿Te permitirías aceptarla o quererla?

Recuerda de nuevo que se trata solo de una decisión.

¿Experimentas ahora hacia esa persona únicamente sentimientos de amor?

Si la respuesta es afirmativa, pasa a la serie siguiente de preguntas. Si es negativa, vuelve atrás y trabaja un poco más con todas esas preguntas.

¿Esa persona te desafió, te amenazó o se enfrentó a ti?

Si así fue, ¿podrías soltar la necesidad de protegerte de ella?

¿Desafiaste, amenazaste o te enfrentaste tú a esa persona?

¿Podrías soltar la necesidad de desafiarla, amenazarla o enfrentarte a ella?

¿Esa persona te desafió, te amenazó o se enfrentó a ti?

Si así fue, ¿podrías soltar cualquier necesidad de seguridad que tal desafío pudiera haber despertado?

¿Desafiaste, amenazaste o te enfrentaste tú a esa persona?

Si así fue, ¿podrías soltar ahora esa situación?

Cuando estés preparado, pasa a la tercera pregunta:

¿Podrías permitirte tener solo un sentimiento de bienestar, seguridad y confianza ante esa persona?

¿Podrías permitirte albergar este sentimiento?

¿Tienes únicamente un sentimiento de bienestar, seguridad y confianza ante esa persona?

Si no puedes responder honradamente «sí», repite todo el ciclo de preguntas.

Luego, mira en tu interior y observa cómo te sientes en este preciso momento acerca de esa persona. Creo que observarás que se ha producido un cambio importante, un cambio que probablemente te habrá llevado poco tiempo. Apasionante, ¿no?

Una última idea

Te recomiendo que sigas dos veces más el procedimiento de limpieza, sobre dos personas distintas, antes de pasar al capítulo siguiente. Una vez que hayas incorporado esta técnica a tu vida, todas las relaciones humanas te resultarán más agradables y relajadas. En la segunda parte, empezaremos a aplicar esta importante herramienta a muchas áreas diferentes de tu vida.

12

Resumen

¡Enhorabuena! Has llegado al final de la primera parte del curso del Método Sedona. Lo único que queda por hacer es reunir en una sola visión de conjunto todo lo que has estado aprendiendo. Luego serás aún más capaz que ahora de avanzar e incorporar con toda valentía la liberación a todas las áreas y todos los aspectos de tu vida. Las aplicaciones a la vida real se abordan, evidentemente, en la segunda parte de este libro. Este capítulo se ocupa de tres temas principales que introdujo Lester Levenson: los tres aspectos de la mente, el diagrama del «yo» y los seis pasos. Cada uno de ellos puede hacer que comprendas con mayor amplitud y profundidad el Método. Una vez que entiendas por qué el sistema funciona como funciona, su utilidad irá aumentando.

Los tres aspectos de la mente

La mayoría de nosotros confundimos nuestros pensamientos con nuestra identidad. En realidad somos algo más que nuestra mente. Así que no malinterpretes el siguiente diagrama como una representación de tres aspectos del «yo». El potencial ilimitado que constituye tu auténtico «yo» se representa en este diagrama por el signo de infinito que aparece detrás de los tres aspectos de la mente o, para ser más exactos, por el papel en blanco sobre el que está impreso este diagrama. Siempre que utilizamos el Método, aprovechamos el infinito campo de nuestras posibilidades, al utilizar la mente para desmontar su propia programación limitada.

LOS TRES ASPECTOS DE LA MENTE

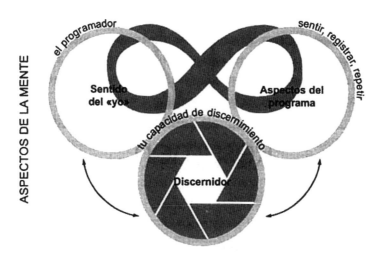

Los tres aspectos de la mente incluyen:

- **El sentido del «yo»:** el sentimiento de la identidad personal, por ejemplo: «Yo, Hale», «Yo, Mary» o «Yo, (tu nombre)», que dirige tus aspectos del programa.
- **El discernidor:** la lente a través de la cual contemplamos el mundo.
- **Los aspectos del programa:** las cualidades de sentir/registrar/repetir de la mente, que incluyen nuestros cinco sentidos, nuestro banco de recuerdos, además de nuestras tendencias, decisiones, actitudes, juicios e interpretaciones.

Los tres aspectos de la mente se unen para funcionar de una forma muy sencilla. Para empezar, «yo» percibo lo que ocurre en el mundo. Mis cinco sentidos físicos –vista, olfato, tacto, oído y gusto– me devuelven información a través de la lente de mi discernidor. Después, basándome en la información que tengo a «mi» disposición, «yo» tomo decisiones sobre qué hacer en mi vida y cómo enfrentarme al mundo.

En este libro, cuando hablo de un programa, me refiero a una combinación de estas tres cosas:

1. Un conjunto de instrucciones.
2. Un sistema de creencias.
3. Una decisión tomada en su momento de forma consciente y que ahora sigue su curso de forma inconsciente.

En algunos de nuestros cursos avanzados, enseñamos un sistema para soltar los programas. Evidentemente, en este libro ya has aprendido a liberar los programas máster, los cuatro deseos o necesidades básicas: la necesidad de control, la necesidad de aprobación, la necesidad de seguridad y la necesidad de separación.

¿Qué crees que ocurre cuando el sentido del discernimiento se cierra? No se recibe la información precisa. Lamentablemente, es algo que en mayor o menor grado nos ocurre a la mayoría. Hay muchas cosas que pueden obstruir el sentido del discernimiento. Los siguientes son algunos ejemplos que podrás reconocer:

- **Las luces largas.** ¿Por qué está establecido que el conductor debe apagar las luces largas cuando le viene otro coche en sentido contrario? Porque esas luces dificultan la visión. Pueden provocar accidentes, y de hecho los provocan. Una luz viva obstruye nuestro sentido de discernimiento cuando intentamos que no nos ciegue.
- **Los ruidos fuertes.** Si estás sometido a mucho ruido durante un rato, tu sentido del oído se obstruye. Cualquiera que haya asistido a un concierto de música *rock* sabrá a qué me refiero. Cuando regresas al mundo después de uno de esos conciertos

es difícil oír lo que te dicen. Las demás personas tienen que gritar para que las oigas.

- **Las drogas y el alcohol.** Las drogas y el alcohol pueden anestesiar tu capacidad de reacción. Por eso existen restricciones legales sobre la cantidad de estas sustancias que se puede consumir si se va a conducir, y también es esta la razón de que muchas recetas y medicamentos adviertan sobre el manejo de maquinaria. Incluso ha habido casos de anulación de documentos legales porque sus signatarios alegaron estar «bajo la influencia» del alcohol o las drogas cuando los firmaron.
- **La enfermedad.** La enfermedad puede cerrar tu discernidor. No tiene por qué ser una enfermedad grave. Piensa, si no, en la última vez que estuviste resfriado e intentabas concentrarte con aquel dolor de cabeza.
- **La falta de sueño.** Hasta la falta de sueño puede provocar que digamos y hagamos cosas que luego lamentemos, porque no fuimos capaces de recibir y procesar adecuadamente la información.

Te invito a que analices qué otras cosas obstruyen tu discernidor en tu caso. Observa qué tipo de cosas hacen que te sea difícil pensar con rapidez, ver las cosas con claridad o sentir como corresponde a lo largo del día. Observa todo aquello que impide que te llegue la información. Y para que no te obsesiones con esto, busca también todo lo que te ayuda a percibir claramente.

Hay, por supuesto, una cosa que paraliza la capacidad de discernir más que ninguna otra, y es algo que siempre nos acompaña: nuestros sentimientos. Según su intensidad, nuestros sentimientos o emociones interfieren en diferente grado en la percepción de lo que realmente ocurre a nuestro alrededor. Si un sentimiento es lo bastante fuerte, perdemos la capacidad de distinguir la reacción correcta. Funcionamos con el piloto automático. Los programas de la mente se hacen con el control, y no percibimos que exista una separación del sentimiento. Luego, en la medida en que nos identificamos con cualquier emoción, esta es la que nos rige. No somos nosotros quienes la regimos.

Piensa en la experiencia pasada. Estoy seguro de que recordarás muchas ocasiones en que estabas disgustado o preocupado y, por ello, o no actuaste o hiciste cosas de las que luego te arrepentiste. Seguramente conocerás a alguien que estaba apenado, airado o disgustado y que, por accidente, se provocó heridas de un modo del que no fue consciente hasta unos días des-

«No podría explicar cuánto me ha ayudado el Método Sedona. Sentía la presión económica que todos los agricultores sentimos esta temporada, lo cual me producía una preocupación que determinaba mi estado emocional. Al cabo de solo unos días, había soltado la suficiente carga interior para poder abordar nuevas estrategias financieras que me sacaron de mi depresión y me reportaron más ingresos de los que jamás podría haber imaginado en una situación tan mala para mis productos. Vuelvo a disfrutar de mi trabajo, y ni se me ocurre tirar la toalla».

—**Sandra Perry,** Earlimart (California)

pués. ¿Te suena también lo de la «ira ciega»? Tal vez sepas de personas que se enfadaron tanto con otras que, de repente, se les nubló la mente y se lanzaron al ataque. Es posible que no recordaran nada de lo que siguió a esa explosión de ira hasta que las separaron de sus víctimas.

Ahí es donde entra en escena el Método Sedona. Nos ayuda a soltar las emociones que bloquean el sentido del discernimiento. Uno de los objetivos de las preguntas que empleamos en el Método es que nos ayude a percibir con mayor claridad. Cuando te preguntas o cuando alguien te pregunta: «¿Qué sientes?, te recuerda que no eres el sentimiento, solo tienes un sentimiento (ver el capítulo tres). En cuanto reconoces este detalle, tu sentido del discernimiento se abre un poco. Da un paso más y pregúntate: «¿Se trata de un sentimiento de necesidad de aprobación, necesidad de control o necesidad de seguridad?». Y reconoce: «¡Oh! En este caso, necesito el control». Tu discernimiento se abre un poco más. Luego hazte la pregunta de liberación: «¿Podría soltar esa necesidad?». Y cuando lo sueltes, en la liberación del sentimiento, tu discernimiento se abre aún más.

El Método funciona en el momento actual al ayudarnos a procesar la información que recibimos del entorno y que acciona nuestros programas, en especial los programas básicos de necesidad de aprobación, de control, de seguridad o de separación. Esos programas, nuestras reacciones, producen un constante ruido interior de fondo. Así que cuando se disparan los sentimientos y los pensamientos, en vez de dejar que sean ellos los que de forma automática nos pongan en acción o nos impidan actuar, tenemos la posibilidad de soltar y reaccionar adecuadamente.

A medida que empleamos el Método, nuestro discernidor empieza a permanecer en una posición abierta, en vez de retroceder a un estado en su mayor parte cerrado. Podemos recibir y procesar más información en menos tiempo. Podemos acceder con mayor facilidad a nuestra intuición y discernirla. Podemos sentir nuestras emociones más plenamente, incluidos el placer y la alegría. Podemos disfrutar hasta de las cosas más sencillas de la vida.

Como viste en el capítulo seis, los programas humanos se basaban originalmente en todo lo que se orientaba hacia la supervivencia. Al ir evolucionando de simios a personas, la especie no tuvo mucho tiempo para evaluar todos los peligros que iban surgiendo. Teníamos que saber al instante cuándo era el momento de luchar y cuándo el de huir. Algunos llaman a este reflejo nuestra «mentalidad de la jungla». Si hubiéramos tenido que recordarle constantemente al corazón que latiera, no habríamos tenido la energía ni los medios para luchar o huir. Muchas personas siguen aún perdidas en la jungla que nosotros mismos nos fabricamos. Parece que depositamos en nuestros bancos de programas más de lo que necesitamos para sobrevivir.

El siguiente es un ejemplo imaginario de cómo la programación puede empezar a perder el control. Supongamos que, de niño, tuviste a un familiar que te maltrataba, una mujer alta y de pelo gris. De manera que, después de interactuar a menudo con ella, tomaste la decisión inconsciente de que todas las mujeres altas y de pelo gris son peligrosas. El aspecto de sentir/registrar/repetir de la mente recoge esta información pertinente y, a partir de este punto, ves el mundo a través del cristal de esa decisión. Siempre estás alerta para asegurarte de que te proteges de las mujeres altas y de pelo gris. Es una actitud que se convierte en una segunda naturaleza y pronto olvidas que en algún momento tomaste esa decisión. Ahora que ya es una forma automática de reaccionar ante el mundo, ya no piensas en ella de modo consciente. Parece que es algo tan natural como tus programas de supervivencia, como el respirar, el latir del corazón o la digestión.

Pasa el tiempo. Muchos años después, estás en una entrevista de trabajo. Las cosas marchan muy bien: has alcanzado la posición correcta y estás preparado para el siguiente paso. Aunque quien dirige la entrevista es una mujer de pelo gris, está al otro lado de la mesa y a tu altura. Así que todo va bien. Luego ella dice:

—Me gustaría contratarte.

Tú respondes:

—Me gusta el trabajo.

Ambos os ponéis de pie para daros la mano y, de repente, te das cuenta de que ella es mucho más alta que tú. Notas una sensación extraña en la boca del estómago. La mujer de pelo gris quiere enseñarte la fábrica, pero, cuando empezáis la visita, tienes unos pensamientos enfrentados: «No estoy seguro de que me convenga este trabajo», «¿Y si me equivoco?», «El sitio parece agradable, ¿no?». Es posible que acabes o no la visita, porque en tu interior te sientes como si debieras hacer todo lo que esté en tu mano para salir de esa situación peligrosa. Por desgracia, puede que huyas sin razón de una oportunidad laboral ideal.

Así es como las personas toman decisiones todos los días, basándose en programaciones pasadas que nada tienen que ver con el presente. Afortunadamente, el Método Sedona nos enseña cómo evitar el funcionamiento automático. Nos ayuda a usar el sentido del discernimiento para librarnos de las limitaciones autoimpuestas y, de este modo, funcionar de la mejor forma en nuestra vida.

▼

Necesidad de separación

Necesidad de sobrevivir como cuerpo

Necesidad de aprobación

Necesidad de control

A P M D I O C A P

Pensar

El mundo

Dado que el aspecto de sentir/registrar/repetir de la mente es responsable de nuestras funciones automáticas (la circulación, la respiración, la temperatura corporal, etc.), así como de nuestra reacción ante las amenazas que percibimos, todo nuestro funcionamiento general queda afectado cuando está sobrecargado. Sobreviene la enfermedad. La mayoría de las amenazas que percibimos son pura imaginación; no obstante, suponen una carga para todo el sistema físico y lo ralentizan. Cada vez que liberamos, nos deshacemos del exceso de programas y aligeramos la carga que situamos sobre nuestro sistema nervioso automático.

En pocas palabras, cuando liberas tus sentimientos y las necesidades subyacentes que los motivan, ves perfectamente qué es lo que ocurre, con lo que aumenta tu capacidad de ser eficiente. Te liberas para estar aquí AHORA, en este momento, donde puedes responder de acuerdo con tus circunstancias actuales, desde una posición de discernimiento y comprensión.

Toda nuestra sensación de limitación surge de la identificación con el «yo» personal. Como decía en el capítulo seis, nacemos con unas determinadas tendencias. Sin embargo, estas tendencias no quedaron encerradas para resistir el aguijón del sufrimiento personal hasta que nos dimos cuenta de que éramos el «mí» o el «yo» a los que todos se referían. La verdad es que, como veíamos en el diagrama de los tres aspectos de la mente, iniciamos y nunca abandonamos el estado de potencial ilimitado, de finitud, que hay en el fondo. Cualquier sufrimiento que aparentemente tengamos, y todas las limitaciones que parece que nos atan, solo están superpuestos a lo que realmente somos.

Con el Método, descubrimos el potencial ilimitado que se oculta detrás de nuestra mente, que se sitúa justo detrás de nuestros sentimientos, que se encuentra justo detrás de los problemas que tenemos en la vida. Probablemente ya habrás observado que a medida que adquieres mayor conciencia de este potencial ilimitado, lo tienes más a tu alcance en cada momento. Si recuerdas cómo te sentías al empezar a leer este libro y a trabajar con sus procesos, observarás que ahora te sientes menos ligado a tus sentimientos y problemas, y más capaz de abordar cualquier cosa que la vida te depare. Y esto no es más que el principio. A medida que vayas trabajando con el Método, le irás sacando cada vez mayor provecho.

Otra cosa que conviene observar acerca del Diagrama del «Yo» es algo completamente obvio y que muchas personas olvidan. Si te fijas en la página donde está impreso, como hiciste con el diagrama de los tres aspectos de la mente, verás que, aunque en la página hay algo escrito, también es verdad que en su mayor parte está en blanco. Otra manera de contemplar nuestro potencial ilimitado es como contemplamos el espacio en blanco de esa página: la mayor parte de ella brilla, sin nada que la oculte. Así ocurre también con nuestra vida. Siempre tienes a tu disposición mucho más potencial ilimitado del que imaginas. Con el uso del Método, verás mejor tal realidad. Un símil de lo que estamos haciendo con este método es tomar una goma de borrar y, progresivamente, ir disminuyendo o eliminando las limitaciones que siga habiendo en la página (pensamientos, sentimientos, necesidades). En esto consiste el soltar.

La parte más agradable del Método es la de dejar que las cosas sean como son. Aunque siga habiendo aún algo escrito en la página, el espacio en blanco se hace más evidente y más operativo en tu vida.

El sumergirse en parte del Método empieza con cierta obstrucción en la parte superior: la necesidad de aprobación, la necesidad de control, la necesidad de seguridad y la necesidad de separación; o la apatía, la pena, el miedo, el deseo, la ira o el orgullo. Cuando te sumerges hasta su propio núcleo, lo que descubres es el papel oculto, el espacio en blanco, nuestro potencial ilimitado.

Así pues, fíjate en la palabra *yo* de la parte superior de la página. Representa nuestro sentido limitado de quienes somos: «Yo, Hale» o «Yo, (tu nombre)». Si no tuviéramos programas adjuntos a ese sentido, se disolvería de inmediato en el potencial ilimitado. De hecho, la limitación muchas veces desaparece a lo largo del día. Pero sin nuestros pensamientos, sentimientos y deseos programados, no seguiría reapareciendo y deteniéndonos.

Vayamos bajando por el diagrama, apartado por apartado, para ver dónde encaja cada uno. Como puedes ver, la necesidad más profunda —la de estar separado— es aquella a la que no me he referido con la misma frecuencia que a los otros en este libro. La necesidad de estar separado procede del sentimiento de ser un individuo aparte del potencial ilimitado. Recuerda que puedes liberar directamente sobre esta necesidad en cualquier momento que decidas hacerlo. Las otras tres necesidades, que en el diagrama aparecen justo debajo de la de separación, son la de sobrevivir como cuerpo (conocida también como necesidad de seguridad), la de aprobación y la de control. La necesidad de seguridad se basa en el supuesto de que somos los cuerpos limitados en que habitamos. Aun en el caso de que no tengas ninguna inclinación metafísica, estoy seguro de que al menos piensas que en la vida hay mucho más de lo que parece. Probablemente esta sea una de las razones que te llevaron a este libro al principio. Nuestro cuerpo es una ínfima parte de lo que somos. A medida que liberes, descubrirás que quizá, solo quizá, el cuerpo no es todo lo que tú eres. Al soltar tu sentimiento de necesidad de seguridad o supervivencia, empezarás a sentirte más seguro.

El segundo programa más profundo es el sentimiento de necesidad de supervivencia. Por debajo de él se halla el sentimiento de la necesidad de aprobación. Pensamos que si todo el mundo nos quiere y se preocupa de nosotros, estaremos seguros y podremos sobrevivir. Creemos que de algún modo necesitamos conseguir el amor y la aprobación del mundo exterior. En mi opinión, no es así; y probablemente ya lo habrás descubierto por ti mismo. Estoy seguro de que has observado que al soltar la necesidad de amor o aprobación, te sientes más cariñoso, más aprobado y más inclinado a aprobar.

Por debajo mismo de la necesidad de aprobación se encuentra el sentimiento de necesidad de control. A veces, las personas no nos aprueban adecuadamente. No nos dan el regalo que corresponde, no nos hacen el cumplido adecuado o no son con nosotros todo lo agradables que debieran. Ya sabes a qué me refiero. Entonces, queremos controlarlas para conseguir su aprobación del modo que a nosotros nos gusta. En algunos casos cejamos en nuestro empeño de conseguir la aprobación de determinada persona, o en una determinada situación, o sentimos una aparente amenaza que no tiene nada que ver con los demás ni con el amor. En estos casos, queremos controlar directamente –y no por la aprobación– para estar seguros o sobrevivir como cuerpo. Esto es lo que representa la flecha que une la necesidad de control con la de sobrevivir como cuerpo.

Las cuatro necesidades culminan en los nueve estados emocionales: apatía, pena, miedo, deseo, ira, orgullo y las partes limitadas de coraje, aceptación y paz. Por esta razón en el diagrama aparece APMDIOCAP debajo de la necesidad de control. Los sentimientos son lo que utilizamos para tratar de conseguir la aprobación, el control y la seguridad, y para conservar una sensación de separación. Nuestros sentimientos, además, motivan nuestros pensamientos.

En el Método Sedona siempre nos hemos centrado más en lo que sentimos que en lo que pensamos. Y lo hacemos así porque es casi imposible que uno introduzca cambios en su vida únicamente mediante la voluntad de tener pensamientos positivos. Si lo has intentado alguna vez, sabes que puede resultar muy difícil, a menos que te ocupes de la apatía, la pena, el miedo, el deseo, la ira y el orgullo que puedas sentir y de las necesidades subyacentes. Sin embargo, lo que seguramente ya habrás observado es que tu manera de pensar se hace positiva de forma natural cuando empiezas a liberar sobre cualquier tema, sentimiento o necesidad. No tienes que intentar pensar de forma positiva. Simplemente es algo que se produce de manera espontánea. No tienes que dedicarle esfuerzo alguno. No tienes que tratar de hacer nada.

A mis veinte años, justo antes de seguir el Método Sedona, era yo una persona extremadamente tímida. Pensaba que las afirmaciones positivas me ayudarían a sentirme más cómodo con los demás. Durante meses interminables me pasaba el día repitiéndome: «Me siento muy a gusto ante otras personas», sin resultado alguno. Cuando ahora pienso en ello no puedo evitar reírme, porque lo único que cambió era que oía ese sonido una y otra vez en mi cabeza, como si de un disco se tratara, pero no hacía que mi estado de ánimo cambiara. Aquella timidez que llevaba arrastrando toda la vida solo desapareció al poco tiempo de que empezara a liberar. Hoy me siento a gusto ante grupos numerosos y cuando estoy solo. No necesito hacer ningún esfuerzo para mantener este estado. Basándome en mi propia experiencia y en lo que cuentan miles de personas con las que he trabajado, creo que es un error suponer que los pensamientos son los únicos responsables de nuestra infelicidad o de nuestra falta de eficacia en la vida.

Desde los años veinte del siglo pasado, el pensamiento positivo ha gozado de gran predicamento en todo el mundo y se han creado sistemas completos para mejorar nuestra capacidad de conseguirlo. Probablemente habrás oído la frase: «El mundo es como tú lo piensas», o alguna de sus variaciones. El pensamiento positivo da por supuesto que los pensamientos negativos son reales y que somos la suma de lo que pensamos. Si esto fuera verdad, poco podríamos hacer al respecto, a excepción de tapar los pensamientos negativos con los positivos. Lamentablemente, nuestro subconsciente está tan sobrecargado que tal tarea sería colosal.

En cambio, el Método es efectivo porque, aunque tenemos pensamientos, no somos nuestros pensamientos. Imagina que todos tenemos en nuestro interior un barril que representa el subconsciente. Este barril tiene un revestimiento de oro que representa nuestro potencial ilimitado, nuestro saber intuitivo, que está cubierto por un montón de manzanas podridas que representan la apatía, la pena, el miedo, el deseo, la ira, el orgullo, etc. Aunque cubriéramos el revestimiento de oro con manzanas en buen estado (pensamientos y sentimientos positivos), ¿qué ocurriría al final con esas manzanas? Eso es: acabarían por pudrirse. Además, poner una capa de manzanas buenas sobre las podridas no hace más que ocultar aún más el revestimiento de oro.

El Método es un medio para vaciar el barril, para que así puedas descubrir el revestimiento de oro que está a tu disposición, aquí y ahora, en tu vida, en este preciso momento. La única razón de que no lo puedas ver es que está oculto por la capa de pensamientos, sentimientos, creencias y necesidades restrictivas. Apártalos, y tu pensamiento será más positivo.

Es fácil observar que, en cierta medida, tu pensamiento influye en tu percepción del mundo; y, si estás dispuesto a profundizar un poco más, puedes llegar a ver incluso que influye en lo que ocurre realmente en tu vida. El siguiente es un ejemplo concreto del mundo de las ventas. Si eres vendedor y tienes una actitud positiva –te sientes seguro de ti mismo y de lo que vendes–, es más fácil vender tu producto. Pero si tienes un mal día, si son varios los clientes que rechazan lo que vendes o si llevas mucho tiempo sin vender nada, es difícil realizar una venta, porque progresivamente te vas sintiendo menos positivo. Es el momento de liberar. El resultado será que poco a poco tu pensamiento se irá volviendo positivo, y lo mismo ocurrirá con tu mundo.

¿Has observado que el énfasis de este libro, a diferencia del de la mayoría de los programas de autosuperación, no tiene nada que ver con llevarte a que modifiques tu conducta? La razón es que, a través de la liberación, nos movemos de forma natural en una dirección positiva. Como ya he dicho, el cambio duradero, positivo y auténtico sale de dentro, y no es fruto del intento de imponerlo desde el exterior. Para verificarlo, piensa en tus propias experiencias pasadas.

«Después de años de "buscar" un camino espiritual que tuviera sentido para mí, siempre acababa con las manos vacías. El Método Sedona es el primer camino que realmente me enseñó lo fácil que es soltar todo aquello que me ha supuesto un freno en la vida. Ninguna otra enseñanza me mostró exactamente cómo conseguirlo. Estoy muy agradecida por esas herramientas con las que he cambiado mi vida y que la han hecho más fácil y más feliz».

–Leandra Ginevra,
San Pedro (California)

Por ejemplo, antes de disponer de las herramientas del Método, quizá conseguiste dejar de fumar temporalmente, para luego caer de nuevo en el vicio. O tal vez sustituiste el tabaco por un desenfreno en la comida. De modo que, al sublimar tu ansiedad, seguramente engordaste. Esas cosas ocurren porque cuando inhibes un hábito de manera forzada suele aparecer en otra forma y en otro lugar. Esto es lo que hacen muchas personas y organizaciones cuando intentan cambiar de fuera adentro. Es distinto cuando sueltas completamente una costumbre. Cuando cambias de dentro afuera, los cambios perduran y siempre son positivos. Todo cambio que hagas utilizando el Método te aporta más libertad general, porque descubre una mayor parte del potencial ilimitado de la persona que eres.

Te animo a que reflexiones sobre el diagrama del «Yo». Trabaja con él. Úsalo para comprobar tu progreso. No te lo creas sin más: demuéstratelo.

Los seis pasos

Los *seis pasos* son la síntesis de la esencia del Método Sedona. Los ideó Lester Levenson en 1974 para resumir todo el proceso del soltar. Había estado trabajando con un reducido grupo de personas a quienes esperaba formar como orientadores —unas personas que lo estaban ayudando a sistematizar sus enseñanzas en un método de uso autónomo—, cuando descubrió los seis pasos y los escribió en la hoja en blanco inicial de un libro que estaba leyendo. Desde entonces, no han cambiado sustancialmente.

Tal vez te sea de ayuda referirte a los seis pasos siempre que utilices el Método. Muchas personas han reducido la lista para que les quepa en el monedero o la cartera. Sé de otras que la tienen pegada en el tablón de tareas diarias. También la puedes colgar de la pared junto a tu mesa de trabajo o puedes crear un salvapantallas del ordenador con los seis pasos, para tenerlos siempre a mano y que te recuerden que has de practicar la liberación a lo largo del día. Te recomiendo además que, cuando te sientes para realizar alguna liberación concreta o por escrito, tengas la lista ante tus ojos. Después, si te quedas bloqueado en algún punto, puedes mirar los seis pasos, y te ayudarán a seguir adelante. Como decía, representan el núcleo de todo lo que has estado haciendo, y que continuarás haciendo, a medida que vayas desplegando tu exploración del Método.

Los seis pasos

1. Permítete querer más la libertad/imperturbabilidad (tu objetivo) que la aprobación, el control, la seguridad o la separación.
2. Decide que puedes liberar y ser libre/imperturbable (lograr tu objetivo).
3. Permítete percibir que todos tus sentimientos provienen de alguna de las cuatro necesidades: la necesidad de aprobación, la necesidad de control, la necesidad de seguridad y la necesidad de separación. Luego permítete soltar las necesidades.
4. Sé constante. Libera la necesidad de aprobación, la necesidad de control, la necesidad de seguridad y la necesidad de separación en todo momento, estés solo o con otras personas.
5. Si te quedas estancado, suelta la necesidad de control o cambia el estancamiento.
6. Siempre que liberas, te sientes más ligero, más feliz y más eficiente. Si lo haces de manera continua, la felicidad, la ligereza y la eficiencia se asentarán.

Veamos ahora cada uno de estos pasos:

Paso 1: permítete querer más la libertad/imperturbabilidad (tu objetivo) que la necesidad de aprobación, la necesidad control, la necesidad seguridad y la necesidad separación.

No se afirma con ello que debas querer la libertad más que cualquier otra cosa. Tampoco significa que no vayas a conseguir tus objetivos ni a empezar a experimentar la libertad hasta que hayas eliminado por completo cualquier sentimiento de necesidad de aprobación, control, seguridad o separación. Significa que cuanto más inclines tu balanza interior hacia la libertad/imperturbabilidad, más deprisa verás los resultados del Método en tu vida y antes situarás tu objetivo en tu conciencia.

Es interesante observar que el deseo de libertad/imperturbabilidad es lo que nos atrae hacia este tipo de trabajo. Muchas personas, si no la mayoría de ellas, suelen preferir seguir inconscientes. Literalmente no ven que haya una salida, que exista una alternativa. Dado que has llegado ya hasta este punto del Método Sedona, puedes estar seguro de que eres una de las afortunadas personas de este planeta que están dispuestas a cambiar para mejor y de dentro afuera.

Para reforzar tu deseo de libertad, puedes escoger la libertad siempre que sea posible. Si tienes alguna duda sobre si seguir o no con el Método, hay una pregunta que te ayudará a discernir bien. Es muy útil, en especial si tienes problemas para soltar un sentimiento incómodo.

- *¿Prefiero tener este sentimiento o prefiero ser libre?*

La mayoría de las veces, en cuanto te hagas esta pregunta, observarás cómo va cambiando la energía que se mueve en torno al estancamiento. Muy a menudo, la pregunta hará que sueltes cualquier cosa a la que te estés aferrando en ese momento. Sí, hemos empleado el verbo «querer» en la formulación del Paso 1. Si usas este deseo para convertir todos los deseos y todas las necesidades en un deseo de libertad, ya no volverás a necesitarlo y desaparecerá por sí mismo.

Paso 2: decide que puedes liberar y ser libre/imperturbable (lograr tu objetivo).

Cada vez que liberas, se trata solo de una decisión, una simple elección. Has de tomar esa decisión en cada momento de cada día. Evidentemente, ello no significa que a partir de ahora siempre vayas a decidir liberar. Pero cuando lo decides, cuando decides emplear el Método y ser libre, se va haciendo cada vez más fácil. Cuanto más sepas reconocer que la libertad está a tu alcance y que la puedes conseguir con facilidad, más probable es que decidas lograrla.

Paso 3: permítete percibir que todos tus sentimientos provienen de las cuatro necesidades: necesidad de aprobación, necesidad de control, necesidad de seguridad y necesidad de separación. Luego permítete soltar las necesidades.

Este paso es el núcleo del Método. A medida que explores la liberación, irás viendo con mayor claridad que tus necesidades básicas subyacentes hacen que te sientas de forma distinta a como decidirías sentirte, y que actúes de manera que luego vas a lamentar. Cuando esta conciencia vaya afianzándose, observarás que vas soltando espontáneamente, de forma inmediata y con mayor facilidad.

Paso 4: sé constante. Libera la necesidad de aprobación, la necesidad de control, la necesidad de seguridad y la necesidad de separación en todo momento, estés solo o con otras personas.

Siempre que hay un problema, tienes la oportunidad de liberarlo y darle la vuelta. Cambia por completo tu perspectiva sobre la vida reconociendo que toda caída es una oportunidad para llegar aún más alto. Hacer de la liberación algo constante no significa que haya que hacer muchas cosas —aunque al principio así lo pueda parecer— porque estás creando una nueva costumbre. Se trata de ser más consciente del potencial ilimitado que hay justo detrás de cualquier cosa que experimentes. Hacer un uso constante de la liberación no significa que debas hacerte las preguntas de liberación en todo momento. Significa que te relajas para ser quien realmente eres. Estás tranquilo y lo más abierto posible para liberar cualquier sentimiento que surja en el momento ACTUAL. Buscas la verdad.

El ejercicio de soltar se puede convertir en una segunda naturaleza y en algo aparentemente automático, como la represión y la expresión lo son ahora en la mayoría de nosotros. Ya que, en cualquier caso, siempre hacemos algo con nuestros sentimientos, ¿por qué no dejamos simplemente que se vayan?

Paso 5: si te quedas estancado, suelta la necesidad de control o cambia el estancamiento.
Este paso es tan importante que le he dedicado todo el capítulo cinco. Es la válvula de seguridad del Método, una única acción que, en la mayoría de los casos, te levantará y encarrilará de nuevo en el camino del que te saliste. Concretamente, cuando queremos cambiar o controlar cómo nos sentimos, nos bloqueamos. Por lo tanto, cuando soltamos el deseo de cambiar o controlar cómo nos sentimos en el momento ACTUAL, se cambia toda la dinámica.
Es muy sencillo. Suelta el deseo de cambiarlo o controlarlo si...

• te estás sintiendo abrumado.
• te estás alejando de la liberación.
• has olvidado liberar.
• crees que no puedes soltar.
• no sabes lo que estás sintiendo realmente.
• piensas que hay ciertos patrones que te están siendo más difíciles de soltar que otros.
• simplemente deseas ir directo al grano y soltar AHORA.

Paso 6: siempre que liberas, eres más ligero, más feliz y más eficiente. Si lo haces de manera continua, siempre serás más ligero, más feliz y más eficiente.
Como decía en la introducción, Lester solía llamar al Método Sedona el «método del arriba abajo», refiriéndose a que, cuando se utiliza esta técnica, se observa que lo que en este momento pensamos que es una experiencia límite al final se convierte en algo sin importancia. No es que no vaya a seguir habiendo altibajos. A medida que liberes, tus puntos altos se elevarán aún más, pero también lo harán tus puntos bajos. Podrás experimentar con mayor precisión tus sentimientos, porque, al liberar, te abres más, te haces más sensible y disciernes mejor. Pero aunque estás experimentando más intensamente tus sentimientos, también los estás soltando con mucha mayor facilidad; por esta razón, observarás que con el tiempo tu libertad aumenta rápidamente.

Esta es la razón de que te anime a que escribas los beneficios que obtengas al trabajar con este libro. Cuando haces un seguimiento de los cambios positivos que se producen en tu vida, reconoces: «Sí, me siento más libre, me siento más feliz, las cosas van mejor, cada vez soy más eficiente». Cuando así lo reconoces, alimentas todo lo positivo en vez de lo negativo, lo cual te devolverá al paso 1. Cuando veas que eres más libre y más feliz, se reforzará tu deseo de tener más de lo mismo.

Prueba con una pregunta que Lester se solía hacer: «¿Podrían ir mejor las cosas?».

Si pudieran ir mejor, cuando liberes irán mejor.

En concreto, si tienes tendencia a desear comprender, es posible que después de leer este capítulo pienses que el Método Sedona se entiende mejor. Todo él se basa en unas fórmulas repetibles que funcionan siempre que dejes que lo hagan.

La exploración: no hay ningún problema

Antes de pasar a la segunda parte, me gustaría compartir contigo una de las ideas de mayor fuerza que hemos estado explorando en los cursos avanzados del Método Sedona: en el momento actual no hay ningún problema. Me he reservado esta idea hasta ahora porque sé que es posible que te resulte difícil aceptarla, pero ¿y si todos los supuestos problemas que tienes en este preciso momento no fueran más que recuerdos? Te reto a que analices tú mismo esta pregunta y a que al menos contemples esa posibilidad. Si puedes aceptar siquiera en parte la idea, y trabajar con ella lo mejor que puedas en el sentido que aquí se esboza, contarás con otra potente herramienta para transformar radicalmente y para mejor tu vida.

La razón de que parezca que los problemas persisten a lo largo del tiempo es que, siempre que no están ahí, en este momento, salimos a buscarlos. Sí, en realidad buscamos los problemas. Tendemos a filtrar nuestras experiencias basándonos en la creencia de que tenemos un determinado problema, censurando inconscientemente cualquier cosa de nuestra conciencia que no apoye esa creencia, incluido el hecho de que el problema no está aquí AHORA.

Hace muchos años que trabajo albergando esta idea en el fondo de mi conciencia; sin embargo, solo en los últimos años la he utilizado en nuestras clases y nuestros retiros. Una de las primeras veces que la compartí con un grupo fue en un retiro de siete días hace pocos años. Henry llegó al retiro con un aparato ortopédico en una pierna y sintiendo mucho dolor debido a una rotura de ligamentos en la rodilla. Los médicos le habían dicho que probablemente el dolor duraría unos seis meses, hasta que los ligamentos se curaran. Así que se mostró muy escéptico cuando le dije que incluso el dolor es un recuerdo. Sí, existen sensaciones ACTUALES, pero el dolor en sí no es más que un recuerdo. Henry era tan escéptico que pasó las veinticuatro horas siguientes intentando demostrarme que estaba en un error. Estaba seguro de que si se enfrentaba a las sensaciones que estaba experimentando, no por ello iba a dejar de sentir dolor.

Al día siguiente, en clase, Henry dijo que se sentía más que sorprendido de que, pese al hecho de que había dudado de lo que yo había dicho, cada vez que buscaba el dolor en el presente, no conseguía encontrarlo. Pasó a explicar que no solo no podía encontrar el dolor en el presente, sino que ya no lo sentía de forma periódica y que la hinchazón se había reducido en un ochenta y cinco por ciento. Tampoco necesitaba ya el aparato ortopédico para andar.

Te invito a que cuestiones tus problemas que dices tener desde hace tanto tiempo, que contemples al menos la posibilidad de que no sean más que recuerdos y que te permitas estar abierto a lo que puedas descubrir.

Para liberar el sufrimiento que te causan tus percepciones, empieza por pensar en un problema que solías creer que tenías. (Observa que he redactado la frase en pasado a propósito).

Si te es difícil aceptar que el problema es algo del pasado, incluye el momento más reciente como parte del pasado. La mayoría imaginamos el pasado al menos como ayer, el año pasado o hace años. Para comprender lo que estoy sugiriendo, te pido que consideres como pasado cualquier cosa que no ocurra en este preciso momento, incluso lo sucedido hace un segundo o hasta hace un nanosegundo.

Luego, hazte la siguiente pregunta: *¿Podría permitirme recordar cómo solía creer que tenía ese problema?*

El cambio de conciencia que sigue a esta pregunta puede hacerte reír, hacerte sentir un cosquilleo interior o simplemente abrir en tu conciencia la posibilidad: «Sí, incluso esto es un recuerdo».

A continuación, pregúntate: *¿Me gustaría cambiar eso de mi pasado?*

Si la respuesta es «sí», pregúntate: *¿Podría soltar la necesidad de cambiarlo?* Luego suelta lo mejor que puedas.

Si la respuesta es «no», pasa al punto siguiente.

La última pregunta de esta serie es: *¿Podría soltar el deseo de creer que tengo de nuevo ese problema?* O: *¿Podría soltar la expectativa de que se me plantee de nuevo ese problema?*

Como de costumbre, haz todo lo que puedas para soltar. Sin embargo, si observas que sigues aferrándote al recuerdo del problema en este momento, repite los pasos desde el principio hasta que puedas soltar por completo.

Usa el proceso de las ventajas y los inconvenientes

Te recomiendo que, cuando trabajes con los problemas usando el proceso de ventajas/inconvenientes del capítulo diez, adoptes una perspectiva de pasado. En vez de preguntar: «¿Cuál es la ventaja de tener este problema concreto?» y «¿Cuál es el inconveniente de tener este problema concreto?», pregunta: «¿Cuál era la ventaja...?» y «¿Cuál era el inconveniente...?». Luego, sigue los pasos señalados en el capítulo diez.

Trabajar en pasado con las ventajas y los inconvenientes abre la posibilidad de que el problema no sea más que un recuerdo y de que no se reproduzca. Esto te libera para soltar ese patrón concreto de la conciencia sin aceptar ningún sentimiento de restricción. Cuando así lo hagas, observarás que puedes llegar al núcleo del sentimiento mucho más deprisa y soltar de forma mucho más completa.

A medida que vayas trabajando más desde esta perspectiva, cada vez te será más fácil soltar incluso aquellos problemas de los que solías pensar que venían de antiguo, y te ayudará a profundizar en todo lo que has aprendido en la primera parte.

Ocúpate de los sentimientos uno a uno

Es frecuente que cuando alguien escribe un libro como este pida a sus lectores que se fijen compromisos que abarquen como mínimo veintiún días, para que así puedan adquirir un nuevo hábito de pensamiento y de acción. Creo que se trata de algo artificioso y contundente. Lo que yo recomiendo, por el contrario, es que te limites a ocuparte de un momento cada vez y que hagas todo lo posible para aplicar lo que has aprendido. Si te olvidas de liberar en un determinado momento, no significa que de algún modo hayas dejado de ser diligente. Solo significa que tienes una nueva oportunidad de conseguir soltar AHORA. Cuando vayas consiguiendo hacerlo momento tras momento, te sentirás animado a seguir beneficiándote de la liberación y de aceptar la verdad de la persona que eres.

Stephanie: no existe eso de «perder el tiempo»

En nuestro trabajo conjunto en este libro, mi correctora, Stephanie, empezó el proceso de aprender cómo aplicar el Método Sedona. Un día, mientras estábamos hablando por teléfono sobre la estructura de un capítulo, mencionó que a menudo le fastidiaba la sugerencia de que soltara su historia. «En mi vida han ocurrido cosas que me han afectado profundamente —dijo—. No acepto que se me diga que son mentiras o ficciones. Además, aunque libere mis sentimientos sobre esos acontecimientos, siempre acaban regresando». Yo la animé a que liberara un poco más y que observara qué ocurriría si dejara de pensar en cómo iba a experimentar de nuevo esos hechos. Luego seguimos con nuestro trabajo.

Pocos días después, Stephanie me llamó de nuevo y me preguntó: «¿Recuerdas que te dije que me molestaba que me dijeran que liberara mi historia?». Le dije que sí lo recordaba. «Pues bien, hay un tema que me da vergüenza y del que nunca te he hablado, que ha determinado mi vida en los dos últimos años. Cuando colgamos el teléfono, me senté y decidí que iba a soltarlo, pese a que no creía realmente que fuera posible. Como un experimento, durante los dos días siguientes iba a vivir mi vida libremente, como si la vergüenza fuera algo irreal.

»Justo después de tomar tal decisión, debí de estar llorando unos cinco minutos, sin dejar de liberar y permitir que todo se revolviera en mí. Cuando me detuve, sonó el teléfono. Era una amiga de las clases de Sedona. Parecía un regalo caído del cielo. Así que decidí aprovechar la oportunidad para contarle mi "secreto oscuro y profundo" y averiguar si mi vergüenza había desaparecido de verdad.

»Cuando lo hice, resultó muy interesante —continuó Stephanie riéndose—. Primero, me acaloré de la cabeza a los pies. Luego, sentí una profunda tristeza durante unos tres segundos... y finalmente me encontré bien, perfectamente bien».

Estaba sorprendida por la energía que destilaba su cuerpo. Solo lamentaba la pena que sentía, porque, como ella decía: «Hale, he desperdiciado mucho tiempo por no ser feliz. Fue muy fácil ser libre, pero estaba entregada por completo a mi dolor».

Si crees que has desperdiciado el tiempo, como Stephanie, permíteme que te convenza, como la convencí a ella. En mi opinión, no existe eso de perder el tiempo. Todos hacemos exactamente lo que se supone que debemos hacer para que nuestra vida funcione. Sinceramente, todo el tiempo y toda la energía que invertimos en nuestras historias y nuestros sufrimientos los recuperamos multiplicados por mil cuando soltamos esas historias y esos sufrimientos. No perdemos el tiempo.

No existen los errores.

Segunda parte

Aplicación a la vida real

En la segunda parte, «Aplicación a la vida real», exploraremos algunas de las muchas formas que tienes de aplicar el Método Sedona a tu vida, más allá de la evidente de sentirse mejor AHORA. Cada capítulo de esta sección se podría ampliar hasta constituir su propio libro sobre una aplicación determinada, y tal vez así lo haga en el futuro. Sin embargo, mi propósito actual es ayudarte a que empieces a usar el Método en una amplia variedad de situaciones y circunstancias. Pretendo ayudarte a incorporar este material a tu vida y a que lo hagas tuyo. Cuando trabajes con él, irás descubriendo cada vez más formas de aprovechar el Método Sedona para lograr el éxito y la libertad.

Al final de esta segunda parte, he dedicado todo un capítulo a ayudar al mundo, por si deseas participar en tal empresa. Te invito a que me acompañes en la difusión de este mensaje de libertad por este mundo nuestro tan a menudo problemático, compartiendo *El Método Sedona* con las personas que quieres. Juntos podemos sembrar la paz, la alegría, la prosperidad y el bienestar por todo el planeta.

13

El secreto de la liberación del miedo y la ansiedad

Lester Levenson solía decir: «Teme y ocurrirá». Había observado que el miedo, sea del tipo que sea, desde la ansiedad crónica extrema y los ataques de pánico hasta la preocupación y la inquietud comunes —incluso el nerviosismo—, es un escollo que habita en nuestra conciencia. Al insistir continuamente en evitar aquello que tememos, lo recordamos una y otra vez, como si se tratara de un mantra perverso o de un punto de meditación, y se convierte en un programa que restringe nuestra felicidad y nuestra libertad. El miedo puede impedir que hagamos lo que nos gustaría o deberíamos hacer, porque construimos unos «¿y si...?», o unas expectativas, muy rebuscados sobre las acciones que quisiéramos emprender. El miedo nos reprime también de soltar nuestros «problemas», porque no podemos prever qué va a ocurrir cuando bajemos la guardia.

A mis alumnos les suelo mostrar que la palabra inglesa FEAR ('miedo') es un acrónimo de False Evidence Appearing Real ('falsas evidencias que parecen reales'), porque la mayor parte de las expectativas espantosas de las personas son totalmente infundadas. Aun en los casos en que parece que el miedo tiene una base real, normalmente se exagera el riesgo que pueda suponer, si es que puede suponer alguno. Es evidente que cualquier cosa que nos pueda ayudar a soltar con mayor facilidad el miedo puede marcar una profunda diferencia en nuestra vida.

Así pues, ¿cuál es el secreto de soltar el miedo? Tal vez te sorprenda, pero según mi experiencia, esto es verdad: en cierto grado, de forma subconsciente queremos o esperamos que se produzca aquello que tememos. No consciente, sino subconscientemente. Una vez que aceptemos tal realidad, podremos liberar.

Ya sé que puede resultar difícil aceptar esta idea. Quizá te preguntes: «¿Por qué iba a querer yo una enfermedad?» o «¿Por qué iba a querer una auditoría de Hacienda?». Pero piénsalo. Cuando vemos algo del mundo que no nos gusta, pensamos: «Espero que no me ocurra a mí» o «Confío en que no ocurra nunca más». Lo que la mente oye y recrea en imágenes, evidentemente, es lo que tememos que suceda, como si en realidad pensáramos: «Quiero que me ocurra a mí». Y de este modo, nuestra energía creativa empieza a fluir en esa dirección. Porque, como decía en el capítulo ocho, la mente solo crea mediante imágenes. Como no puede traducir a imágenes las palabras *no* o *nunca*, las ignora.

Cuando algo de lo que experimentamos, de lo que leemos en el periódico o de lo que vemos en la televisión no nos gusta, podemos despertar en nosotros unas intenciones que nunca quisiéramos. Lo mismo puede ocurrir cuando no queremos una determinada experiencia o cuando a una persona conocida o querida le sucede algo trágico. Es habitual que estas situaciones despierten nuestra resistencia. Luego, como deseamos cambiar esa situación, decimos: «Espero no tener cáncer como mi padre» o «Confío en no volver a cometer este estúpido error». Recuerda que todo esto se produce por debajo del nivel de la conciencia. La mayoría no afirmamos conscientemente que queremos enfermar. No decimos: «Quiero perder dinero» o «Quiero tener un accidente». Pero todos hemos dicho lo contrario. Siempre que lo hacemos, sin darnos cuenta mantenemos en la mente aquello que tememos.

Todo esto funciona también de otro modo. Si nos preocupamos por algo, pensamos que de alguna manera nos estamos preparando para un resultado inevitable. Si esa cosa no deseada se produce, queremos estar preparados interiormente y en nuestra vida. Preferimos la falsa sensación de seguridad que da el prepararse para lo que no queremos a la incertidumbre que deriva de no saber qué va a ocurrir, incluso si lo que sabemos que va a ocurrir no es algo positivo. Pero, una vez más, aunque es posible que acertemos al prepararnos para un desastre, también lo es que con esa preparación interior y exterior provoquemos tal desastre. Siempre que nos preocupamos, tenemos en la mente aquello que no queremos, y eso es lo que solemos conseguir.

Así pues, antes de ponernos a trabajar juntos en la tarea de desbloquearnos, me gustaría ocuparme de algunos aspectos prácticos. En primer lugar, si se te ha diagnosticado un trastorno de ansiedad, debes saber que la información que se da en este libro no pretende sustituir tu relación con el terapeuta o el médico. Por favor, no cambies el tratamiento que estés siguiendo sin consultarlo con quien se ocupe de tu enfermedad. En segundo lugar, te sugeriría que consideraras la posibilidad de que tu diagnóstico original se haya convertido en una profecía que acarrea su propio cumplimiento. A medida que sigas leyendo este capítulo, libera sobre cualquier cosa relacionada con tu situación, con la mente y el corazón abiertos, sabiendo que existe la posibilidad de que cambie. En tercer lugar, si hay algo que te produzca muchísimo miedo, quizá te conviene pasar directamente al capítulo dieciocho (página 331), cuando termines

> «Solía despertarme en medio de la noche dándole vueltas a lo que tenía que hacer al día siguiente o a miedos, preocupaciones y sentimientos de culpa por lo ocurrido o lo que pudiera ocurrir. Desde que uso el Método Sedona, esas "charlas nocturnas" han disminuido de forma increíble, y cuando se producen de nuevo, sé liberar y consigo dormirme».
>
> **–Kathleen Bell,**
> Oakley (Illinois)

este capítulo. Las liberaciones que allí encontrarás son un complemento del tema que nos ocupa.

Cada lector debe seguir aplicando el proceso de liberación básico al tema del miedo y la ansiedad. Esta fórmula no pretende sustituir
tu trabajo de soltar las necesidades de control, aprobación y seguridad
que subyacen en tus temores y sentimientos. Una advertencia: casi
siempre, el miedo subsiste por una necesidad de seguridad o supervivencia, o por una sensación de querer morir.

Una *nota final*: una de las formas que los sentimientos de miedo
tienen de engañarnos es diciéndonos que si los afrontamos directamente y dejamos que se alejen, ocurrirá lo peor. Mi experiencia me
dice que no hay nada más lejos de la verdad. Son los sentimientos
que permanecen dormidos en la mente subconsciente los que al final
tienen el potencial de dar sus frutos. Cualquier miedo siempre está
mejor a la luz de la conciencia que acechando en la oscuridad de las
sombras.

Un atajo para liberar el miedo

Acomódate y concéntrate en tu interior. Empieza por traer a la mente
algo que te provoque miedo o ansiedad –quizá convenga que empieces por algo sencillo– para ver exactamente qué es lo que temes que
vaya a ocurrir. Dedica unos minutos a observar si en este momento
existe un profundo sentimiento de miedo o solo un indicio de temor.
No importa de qué se trate; simplemente obsérvalo y acéptalo.

Ahora pregúntate:

¿Podrías soltar el deseo de que eso ocurra?

Quizá la pregunta te haya hecho reír. «¡Pero vamos! –dices–. No
quiero que esto ocurra de verdad». Bien, intenta hacerte de nuevo la
pregunta y observa qué más descubres. De hecho, si ahora vuelves a
esa misma cosa, es posible que ya puedas ver una diferencia. Por lo
tanto, concéntrate en eso mismo que te da miedo, o en otra cosa, y
nos haremos una serie de preguntas para liberar el miedo de forma
muy sencilla.

¿Qué es lo que temes que ocurra?
¿Qué es lo que no quieres que haya ocurrido?
¿Podrías ahora soltar el deseo de que eso ocurra?

Una vez que hayas superado el impacto que te haya producido el hecho de que en cierto sentido deseas que ocurra algo negativo, suele ser muy fácil soltar el miedo de este modo, porque, conscientemente, no es lo que quieres de verdad.

Si te quedas atrapado en un temor concreto y te es muy difícil soltarlo, no tienes más que volver a las preguntas de liberación habituales. Comprueba qué necesidad se despierta en cada momento y suéltalo o analiza si quieres cambiar el hecho de tener dificultades y suelta el deseo de cambiarlo. Luego vuelve a probar con este atajo.

Concéntrate de nuevo en algo que temas. Puede ser lo mismo que antes o algo distinto. Observa qué es exactamente lo que temes que ocurra. Si tienes miedo a las alturas, por ejemplo, es posible que debajo de tal temor esté el miedo a caerte.

«Hacía años que sufría una fobia social que me paralizaba. Soy estudiante, y todos los días me cruzo con gente nueva, lo cual me provocaba tanta ansiedad que a menudo tenía la sensación de que iba a estallarme el corazón, ¡por el simple hecho de estar sentado en clase! Durante los últimos diez años he pasado por una docena de psicólogos y tratamientos, y ninguno de ellos me ha ayudado ni la mitad de lo que me ha ayudado el Método Sedona. Me gustaría decir a las personas que padecen una timidez extrema o ansiedades sociales que no están solas. Podéis liberaros de esas cadenas. El Método me ha devuelto la vida».

–M. H., Allentown (Pensilvania)

¿Podrías soltar el deseo de que ocurra eso?

Piensa de nuevo en ese mismo temor o en otra cosa que no quieras que ocurra, en algo que te preocupe o en algo que te ponga nervioso. Quizá te dé miedo hablar en público. Ahí podría incluirse el miedo a cometer errores o el de parecer un idiota en una habitación llena de gente.

Cualquiera que sea el miedo subyacente que sientas, *¿podrías soltar el deseo de que ocurriera eso?*

Observa cómo te sientes en tu interior. ¿No fue fácil soltar de esa manera? Este proceso te ayudará a despejar los recovecos de tu mente subconsciente. Después de liberar algo que subconscientemente deseabas que ocurriera, verás una enorme diferencia en muchos aspectos de tu vida, incluido tu estado de ánimo. Diviértete probando tú solo este atajo.

Añade este pequeño truco a la caja de herramientas de las aplicaciones del Método Sedona y disfruta de los resultados. Es de gran utilidad para esas ocasiones en que surgen pensamientos de miedo en conciencia pero no tienes tiempo para realizar todo el proceso en profundidad. Siempre que observes que estás pensando en consecuencias no deseadas, limítate a soltar el deseo de que eso ocurra preguntándote:

¿Podrías soltar el deseo de que ocurra eso?

Liberar el miedo respecto a los demás

¿Qué tipo de imágenes tienes en la mente cuando te preocupas por alguien a quien quieres? Si eres sincero, admitirás que no son unas imágenes muy positivas. También favorecemos unas intenciones adversas cuando nos preocupamos de otras personas.

Cuando te preocupas por alguien, además de soltar el deseo de que le ocurra eso que piensas, puedes preguntarte:

¿Prefieres pensar _____ *(lo que te preocupa que ocurra) o pensar* _____ *(lo contrario)?*

La respuesta está clara, ¿no? Si tu marido, tu esposa, tu hijo, tu hija o tu mejor amigo se están retrasando por la noche, ¿prefieres pensar que se han salido de la carretera y se han quedado en la cuneta o que simplemente se les ha hecho tarde? Creo que, como nos ocurre a la mayoría, preferirás pensar en algo positivo. Por lo tanto, permítete soltar el deseo o la expectativa de lo contrario.

Jennifer: si no ahora, ¿cuándo?

Jennifer descubrió el Método a los cincuenta y ocho años, después de décadas de buscar una respuesta a su ansiedad y su depresión. Dice:

> Creo que la ansiedad es un hábito. De joven, aprendí de mi madre la ansiedad y el perfeccionismo. Cuando tenía doce años tomé una decisión que desde entonces ha afectado a mi vida. Hice algo que pensé que haría que mi madre me odiara y me dejara tranquila. La única forma que se me ocurría para purgar tan atroz delito era ser durante el resto de mi vida una hija abnegada.

A sus veinte años, Jennifer comenzó a tener palpitaciones y ataques de pánico. Fue al médico y empezó a leer libros de autoayuda, pero, como ella misma dice:

> Toda mi historia consistía en su mayor parte en contar lo que me ocurría. Era agradable tener a alguien que me escuchara, pero no había un mensaje concreto: «Así es como te sentirás mejor y te liberarás de toda esta porquería».

A los treinta y cuatro años, su marido murió en un accidente de tráfico, con lo que ella se quedó sola para educar a su hijo de ocho años. No había superado aún el duelo cuando volvió a casarse tres años después. En los años ochenta, el ginecólogo le recetó Prozac, pensando que la ansiedad tenía que ver con problemas hormonales, pero a Jennifer no le gustó. Luego pasó al Xanax.

Cierto día, recibió un paquete con una promoción de las cintas de Sedona Training Associates. Como ella misma dice:

> Respondía a mis necesidades. Pensé: «Qué diablos!», y pedí el programa completo. Había gastado ya tanto dinero en terapias que me sentía muy escéptica. Así que empecé a liberar y dejé de hacerlo varias veces. Tenía que liberar sobre el propio tema de liberar. Pero, como voy a trabajar en coche, me resultaba cómodo escuchar

el programa en mis trayectos. Había otra idea que me animaba: a los cincuenta y ocho años me podía decir: «Si no ahora, ¿cuándo? Dentro de treinta años, tendrás ochenta y ocho, como tu madre. ¿Qué vas a hacer en los próximos treinta años?».

La liberación no resolvió al instante mi ansiedad, pero muy pronto observé que me sentía mejor. Y estaba dispuesta a hacer cualquier cosa para no volver a tomar pastillas. Lo único que sé es que es un programa estupendo. Despedí a mi terapeuta el 4 de julio, que es el Día de la Independencia y también mi cumpleaños.

Hoy, cuando Jennifer empieza a sentir ansiedad, es posible que durante un momento piense: «¡Necesito un antidepresivo!». Teme que sus sentimientos entren en una espiral que se descontrole. Luego se recuerda: «No es más que un sentimiento que tengo». El Método Sedona la ha ayudado a afrontar la ansiedad y a entender qué es. «El Método es una herramienta maravillosa –dice–. Ya no me siento como si estuviera en un vacío, y no pienso en mi ansiedad. La ansiedad era una bola atada a mis pies con su correspondiente cadena, que arrastraba por todas partes, y que ha desaparecido. Ahora estoy descubriendo quién soy y aprendiendo a aceptarme sin esa carga».

Dejar tus miedos atrás

Al igual que otros problemas, tus miedos no son más que patrones integrados en tu conciencia. Por consiguiente, otra forma eficaz de soltarlos es referirse a ellos como recuerdos, formulando en pasado las preguntas de liberación. Recuerda que el pasado puede ser algo tan reciente como el último segundo transcurrido.

Para empezar, recuerda algún miedo que tuvieras.

Luego, pregúntate:

¿Podrías permitirte recordar que tenías miedo de _____ *?*

¿Te gustaría cambiar eso del pasado?

Si la respuesta es «sí», pregúntate:

¿Podrías soltar el deseo de cambiar eso del pasado? Luego suelta lo mejor que puedas.

Si la respuesta es «no», avanza al paso siguiente.

La pregunta que completa el ciclo de esta serie es:

¿Podrías soltar el deseo de tener miedo de _____ *?*

Como siempre, suelta lo mejor que puedas. Sin embargo, si observas que en este mismo momento sigues aferrándote al recuerdo del miedo, vuelve atrás y repite los pasos desde el principio, hasta que puedas soltar por completo. Puede ser una liberación muy potente.

Bob: un punto de inflexión en la ansiedad crónica

En Sedona Training Associates recibimos con regularidad cartas entusiastas de personas que han seguido nuestros cursos y que están sorprendidas de haberse librado de sus formas de sentir, pensar y creer no deseadas. Bob nos mandó dos cartas de este tipo. Lo que sigue es un extracto de la primera:

El Método Sedona me ha librado de más de cuarenta años de dolor psicológico, consecuencia de un caso grave de trastorno de ansiedad. Aproximadamente al cabo de dieciocho meses de empezar a usar el programa de audio, esos miedos que me paralizaban casi habían desaparecido. No creía que fuera posible. Estoy muy agradecido al Método Sedona y a la estupenda vida de la que ahora puedo disfrutar.

Como consecuencia de sus grandes avances iniciales, Bob decidió asistir a un retiro de siete días en Sedona (Arizona), a principios de octubre, y volvió a casa con un compromiso renovado de escuchar los programas de audio. Unas semanas después, envió una segunda carta:

Tengo la satisfacción de comunicaros que a finales de octubre me liberé por completo de mi trastorno de ansiedad. Esto es lo que esperaba cuando recibí las primeras cintas que pedí hace dos años.

Cualquier otra cosa estaba fuera de mis intenciones y, por lo tanto, no la buscaba. Al principio avanzaba mucho, y seguía mejorando con el Método Sedona. Más adelante, intensifiqué los ejercicios de liberación y la audición de las cintas que grabó Lester Levenson. De algún modo sentía que estaba a punto de ser completamente libre. Luego, el domingo día 13 de octubre, me desperté con una sensación de calma con respecto a mí mismo. Era un sentimiento surrealista. De repente, me di cuenta de que eso debía de ser a lo que Lester se refería cuando señalaba que uno debe «tranquilizar la mente». Durante los tres días siguientes, experimenté incidentes que normalmente hubieran provocado ciertos asomos de ansiedad. Esos asomos seguían apareciendo cuando no estaba preparado para ellos. Ahora, para sorpresa mía, la conducta compulsiva no solo había desaparecido, sino que había sido sustituida por unos sentimientos de confianza. El 16 de octubre, mi reacción a los estímulos que me provocaban ansiedad era esperar no tener sentimientos de ansiedad. Fue algo importante, y creo que me marcó el punto de inflexión definitivo, al librarme de un problema que me había atormentado prácticamente toda la vida. Aunque no he logrado lo que a la mayoría nos parece la perspectiva mística sobre el universo de la que hablaba Lester, soy capaz de identificarme con los elementos clave de lo que él llamaba ser libre. Puedo sentir la distinción y la separación entre mi cuerpo y mi conciencia y mi pensamiento. Para mí, la importancia del cuerpo ha ido perdiendo intensidad. Es como si sutilmente estuviera mirando las cosas a través de un cristal distinto y que olvida pensar en el cuerpo. También experimento lo que Lester describía como ausencia del ego. Este es el aspecto más agradable de llegar a ser libre.

Hoy, siento una total ausencia de miedo y ansiedad en todas las situaciones. Es como si los sentimientos alojados en la mente subconsciente que causaban la ansiedad hubieran desaparecido por completo. El miedo y la ansiedad ya no me suponen obstáculo alguno. Este era mi problema y del que había estado intentando liberarme todos esos años.

Consejos para avanzar más deprisa

Los procesos que se exponen en este capítulo te ayudarán de verdad a cortar camino en todo lo que a tus miedos se refiere. Una idea para conseguir librarte antes de la ansiedad es hacer una lista de cosas de las que solías tener miedo y luego soltar el deseo de que ocurra cada una de ellas.

Además, a lo largo del día, si observas que te inquietas por algo o temes que ocurra algo malo, analiza qué es realmente lo que te da miedo que suceda. Luego pregúntate:

¿Podrías soltar el deseo de que ocurra?

14

Huir de la tiranía de la culpa y la vergüenza

La culpa y la vergüenza son unos taimados sentimientos que causan mucho sufrimiento innecesario. Casi idénticas en su forma de actuar en nuestro interior, la culpa y la vergüenza generalmente forman un único complejo. Pero así como es posible sentir culpa sin sentir vergüenza, no podemos sentirnos avergonzados sin sentirnos culpables. La manera de distinguir entre una y otra es la siguiente: la culpa es el sentimiento que sigue a algo que se percibe como una mala acción: «He hecho algo malo». La vergüenza es el sentimiento que aflora cuando nosotros mismos nos consideramos «malos» por aquello que hicimos y además nos sentimos expuestos ante los demás. En la tabla de los nueve estados emocionales (página 108), la culpa flota en medio de diversas categorías. Guarda relación con la energía de todas las emociones que van desde la apatía hasta el orgullo. La vergüenza, por otro lado, es un sentimiento más bien relacionado con la pena.

En este capítulo analizaremos y desenmascararemos las habituales falsas interpretaciones sobre la culpa y la vergüenza: los insidiosos ladrones de nuestra felicidad, nuestra libertad y nuestra paz de espíritu. Luego veremos unas sencillas estrategias para liberar estos sentimientos autodestructivos. Dado que, en la mayoría de los casos, son intercambiables, en lo que queda de este capítulo me referiré a la culpa y la vergüenza de forma colectiva y hablaré de «culpa» o «culpa/ vergüenza».

Las mentiras consagradas en nombre de la culpa y la vergüenza

Existen tres mitos importantes sobre la culpa/vergüenza que muchas veces limitan nuestra vida y nos hacen infelices. La primera y mayor mentira es que la culpa puede evitar que se nos castigue. De hecho, la culpa es un «te debo» inconsciente que pide castigo. Así es. Cuando nos sentimos culpables, atraemos el castigo del mundo y además nos lo creamos para nosotros mismos. Y ahí está la trampa: *nunca* creemos que se nos ha castigado lo suficiente.

¿Cómo surge el autocastigo? Primero hacemos algo, o pensamos hacer algo, que creemos que no deberíamos hacer o que no está bien hacer. Es curioso que muchas veces nos sintamos culpables incluso cuando no hemos llevado a cabo ninguna acción externa. Luego, tanto si «nos libramos del castigo» como si no a los ojos del mundo, seguimos siendo conscientes de lo que hicimos o pensamos y de que no nos libraremos fácilmente de la horca. Como pensamos que el castigo exterior es inevitable, nos castigamos con la falsa esperanza de que ello nos evitará recibir ese castigo. Pero, como no tenemos ni idea de cómo el gobierno interior de los demás, e incluso el nuestro, determinará cuál es el grado de castigo adecuado, invariablemente lo exageramos.

La primera vez que recuerdo haberme infligido un castigo de este tipo motivado por el sentimiento de culpa fue en preescolar, después de enfadarme con un compañero y empujarlo con tanta fuerza que resbaló, se cayó y rompió un cristal. Me sentí tan mal por haberle hecho daño, y tenía tanto miedo de que la profesora y mis padres pudieran castigarme, que tomé un trozo de cristal y me corté a propósito, confiando en mi interior en que tal acción me protegería de las inminentes repercusiones de mi acto. Evidentemente, no funcionó. Me reprendieron y me castigaron. Sin embargo, fue algo tan insignificante que ni siquiera consigo recordar qué pasó, excepto que me castigaron y que, por si acaso, también tenía un corte en la mano.

Dedica un momento a pensar en algo que hayas hecho, dicho o no dicho, o incluso pensado o sentido, y de lo que te sientas culpable. Observa si te has estado castigando a ti mismo y viviendo con el temor de un castigo externo inminente.

Cuando pienses en las cosas de las que has estado sintiéndote culpable, comprueba si tu culpa realmente te ha evitado que te castigaran, tal como ese sentimiento te «prometió» que ocurriría. Como sucede con muchas de las mentiras que nos cuentan los sentimientos, normalmente descubres que la culpa produjo el efecto opuesto. Hizo que te castigaras a ti mismo. Y si tus actos implicaban a otras personas, lo más probable es que no te evitara recibir un castigo. Al fin y al cabo, si sentirse culpable evitara de verdad el castigo exterior, ¿no estarían más vacías las cárceles?

Una segunda mentira consagrada respecto a la culpa es que el sentimiento de algún modo nos evita repetir nuestras «malas» acciones. Pero ¿nunca habéis hecho, dicho o pensado —tú o alguien que conozcas— más de una vez algo de lo que os sentisteis culpables? Claro que sí. Todos lo hemos hecho. La culpa a menudo nos empuja a hacer, o a seguir haciendo, exactamente las mismas cosas que creemos que ya hicimos mal una vez, de nuevo como un castigo autoinfligido. La culpa es una de las principales causas de las acciones que más tarde lamentamos.

> «El Método Sedona funciona en el ámbito de los sentimientos y permite que las personas eliminen las emociones y los pensamientos negativos. Es rápido y eficaz, porque va directamente al núcleo del problema. Es un atajo para cualquiera que lo utilice».
>
> **–Dr. Elliot Grumer,**
> Phoenix (Arizona)

Considera el ejemplo siguiente. Imagina que estás a dieta para adelgazar. Caes en la tentación y te tomas una galleta o un poco de helado, y te sientes culpable por ello. Así pues, ¿qué haces? Eso es. Te castigas tomándote otra galleta u otra cucharada de helado. Ahora te sientes aún más culpable. Sin darte cuenta, como un castigo en aumento por tu falta, te terminas la bolsa de galletas o toda la tarrina de helado. Y lo más probable es que no te permitas disfrutarlo lo más mínimo. Te suena, ¿verdad? La industria de la dieta prospera gracias a este fenómeno poco comprendido que hace que la mayor parte de las personas que se ponen a régimen fracasen en su intento.

También es esta la razón de que el mundo esté lleno de personas que de diversos modos expían unos pecados que tienen toda la intención de volver a cometer, al menos subconscientemente, cuando no de forma abierta.

Con ello no estoy diciendo que todos empecemos a hacer cualquier cosa que deseemos con un desenfreno insensato, ignorando las normas de la conducta moral o disciplinada. Sin embargo, como a la mayoría nuestros sentimientos de culpa no nos impiden hacer cosas que luego lamentamos, cuando liberamos con determinación nuestra culpa/vergüenza los beneficios suelen ser muy profundos. Estar libres de culpa/vergüenza significa estarlo para tomar decisiones mejores, más sanas y beneficiosas.

La culpa desempeña también un papel importante por su incapacidad para superar los malos tratos recibidos en la infancia. Cuando nuestros padres, tutores, profesores o directores espirituales nos maltratan de pequeños, nos resulta difícil aceptar que esas personas pudieran hacer algo malo. Cuando somos pequeños, las personas mayores, en especial las que influyen en nosotros, como nuestros padres, poseen un poder enorme comparado con el que nosotros poseemos. Al fin y al cabo, nos dan casa y comida y se supone que nos protegen del mundo exterior. Dado que no podemos sobrevivir solos, el descubrimiento de la falibilidad de esas personas supone una amenaza directa a nuestra supervivencia. Podemos elevar a los adultos de nuestra vida a la condición de dioses o al menos a la de representantes de

Dios. Por consiguiente, cuando se producen los malos tratos, queremos echar la culpa de ellos al único otro protagonista que encontramos: nosotros mismos. Y lo hacemos como una forma distorsionada e imaginaria de autoprotección.

En los cursos del Método, he trabajado a menudo con supervivientes de malos tratos infantiles. Son personas que se suelen culpar a sí mismas de lo que ocurrió; por esto muchas han estado sintiéndose culpables y castigándose toda la vida por unos errores cometidos por unos adultos en quienes confiaron. Cuando liberan sus sentimientos de culpa y dejan de culparse y castigarse por los errores de quienes los maltrataron, son capaces de liberarse de los patrones emocionales, mentales y viscerales de trauma y vergüenza en los que han estado atrapados.

Annie: soltar la carga

Como muy bien sabrás, la mente y el cuerpo están íntimamente conectados. Muchas veces, cuando trabajamos con ahínco para soltar, descubrimos que la mente se aferra al recuerdo de una historia. También es típico que cuando reprimimos los sentimientos, estos intenten manifestarse a través del cuerpo.

Annie es un claro ejemplo de la conexión entre la mente y el cuerpo. Llegó al retiro de siete días en Sedona (Arizona), con un agudo dolor de cuello y espalda, diciendo que sentía como si los hombros le pesaran cinco mil kilos. Es un dolor muy habitual, así que cuando se me acercó en busca de ayuda a mitad de la semana, le pregunté si me permitiría dirigirla en una liberación de cinco o diez minutos que pudiera beneficiar al resto del grupo. La verdad es que no me importaba qué historia se escondía tras el dolor de Annie. Sin embargo, reveló que le preocupaba mucho su hija de veinticuatro años, que por entonces estaba embarazada. «Francamente, pensé que me libraría de mis miedos de madre acudiendo a la terapia y usando el Método Sedona. Pero vuelve a emerger ahora todo lo que tiene que ver con el control. El caso es que mi hija empezó a tener ataques de epilepsia a los trece años. La primera vez estaba segura de que se moría. En los años posteriores, al mirar a mi hija, muchas veces he revivido el terror de aquella experiencia. Aunque hace dos años que no ha sufrido ningún ataque, tengo miedo de que tanto medicamento pueda afectar al niño. Me siento responsable».

En primer lugar, conduje a Annie a través de una liberación general sobre su dolor físico. A mitad del proceso, dijo que se sentía como Atlas, que no le correspondía sostener el mundo sobre sus hombros. Le pregunté si podía soltarlo, y convino en que iba a dejar el mundo en el suelo. Con esto liberó parte de su dolor, pero no nos detuvimos aquí. Con la siguiente serie de preguntas se produjo una liberación más profunda aún:

¿Te has castigado lo suficiente? ¿Podrías soltar el deseo de castigarte? ¿Y podrías soltar el sentimiento de culpa?

Cuando liberó por completo, el dolor le había desaparecido y no volvió a sentirlo, excepto una punzada cuando su hija la recogió en el aeropuerto. Enseguida liberó de nuevo, y la molestia se esfumó.

Así describe Annie tan importante liberación:

Fueron muchas las cosas de las que me libré. Literalmente había estado acarreando durante veinticuatro años la culpa de tener una hija que no era perfecta. Esta fue la carga que se cayó de mis hombros. Ahora entiendo en el nivel más profundo que la epilepsia de mi hija no guardaba relación alguna con nada que yo hubiera hecho o dejado de hacer. Además, no soy responsable del camino que haya emprendido. No es «mía», sino que se pertenece a sí misma. Y se va a preocupar de lo que convenga hacer. Ya no me siento como si tuviera que controlar el mundo para que sea mejor para ella. Solo he de estar presente ante lo que ocurre en este preciso instante. Nada de lo que he temido ha ocurrido, así que fue fácil soltarlo. El poder del universo sabe cuál es el camino de mi hija, el del bebé que va a tener y el mío.

Cuatro breves procesos para liberar los sentimientos de culpa/vergüenza

Dado que ya les hemos dado la vuelta a algunas creencias que nos parecían inamovibles, veamos ahora formas prácticas de eliminar la tiranía de la culpa/vergüenza. Son maneras de agudizar, más que de sustituir, los diferentes procesos de liberación que has aprendido en la primera parte de este libro.

1. Libera tus necesidades subyacentes

Como parte del síndrome de la protección debida al autocastigo de que hablaba antes, intentamos usar nuestros sentimientos de culpa y vergüenza para conseguir la aprobación, el control o la seguridad. De modo que esta sencilla serie de preguntas de liberación te podrá ser de utilidad.

¿Estoy usando esta culpa/vergüenza para conseguir la aprobación, el control o la seguridad?

¿Podría soltar la necesidad de aprobación, control o seguridad?

O puedes sustituirla por esta: *¿Podría soltar la necesidad de usar de esta forma la culpa/vergüenza?*

La palabra *usar* te puede ayudar a asumir la responsabilidad de tener el sentimiento de culpa/vergüenza y posteriormente soltarlo con mayor facilidad.

2. Decide que ya te has estado castigando lo suficiente

Otra buena forma de liberar la culpa/vergüenza es decidir que ya te has estado castigando lo suficiente y luego soltar el deseo de castigarte. Puedes usar las preguntas siguientes:

¿Podría permitirme decidir que ya me he castigado bastante?

¿Podría soltar el deseo de castigarme?

¿Podría dejar de pensar en castigarme de nuevo en el futuro?

Si te es difícil soltar así la culpa/vergüenza, recurre a las preguntas básicas hasta que puedas responder afirmativamente a todas ellas.

3. Evalúa las ventajas y los inconvenientes

La combinación del proceso que acabo de mencionar con el de ventajas e inconvenientes es una excelente herramienta para tomar una decisión sobre seguir castigándote o culpándote por lo que haya ocurrido. Recuerda que es mejor formular las preguntas en pasado para permitir que la libertad se produzca AHORA. Con ello también aumenta la probabilidad de que cualquier liberación sea la última que se necesite sobre un determinado tema. Alterna entre las dos preguntas siguientes:

¿Qué ventaja me supuso castigarme?
¿Qué inconveniente me supuso castigarme?

4. Acepta tus auténticos sentimientos sobre lo ocurrido

La culpa se convierte en persistente también cuando a veces simulamos sentirnos culpables, aunque en secreto pensamos: «Lo hice. Estoy contento de haberlo hecho. Y lo haría de nuevo». En esto se distingue la culpa de la vergüenza. Si alguna vez caes en esta trampa, reconocer la verdad de tus sentimientos liberará gran parte de tu culpa. Después, el equilibrio de esta se puede liberar preguntando:

¿Podría soltar el deseo de hacerlo de nuevo?

Un suspiro de alivio

Contemplar la culpa y la vergüenza desde una nueva perspectiva no solo te va a abrir nuevas oportunidades en la vida, sino que estoy seguro de que ahora te resulta mucho más fácil ocuparte de estos sentimientos opresivos y liberarlos. Te pido que uses las herramientas que has aprendido en este capítulo para animarte a cambiar en esa dirección. En última instancia, la culpa y la vergüenza no son más que sentimientos. Como ya hemos visto, tú no eres tus sentimientos, así que las puedes soltar. Así pues, respira profundamente con alivio y, cuando estés listo, sigue adelante.

15

Acabar con los malos hábitos

Una de las aplicaciones clave del Método Sedona es acabar con costumbres no deseadas. No es que todos los hábitos sean malos. Ocurre sencillamente que por lo general hacemos ciertas cosas que sabemos que no son buenas para nosotros. Para la mayoría de la gente, no es fácil romper con las costumbres. Son como surcos profundos en nuestros modelos de pensar, sentir y comportarnos. Además, como a menudo invertimos mucho tiempo y mucha energía, primero, en crear esos modelos y, después, en luchar contra ellos, a veces nos oponemos al proceso de soltarlos incluso cuando ya sabemos cómo hacerlo.

Piensa en las cosas que creas que haces habitualmente. Quizá fumes. Tal vez pienses que comes demasiado o poco. Puede que seas un adicto a la televisión, al cine, al sexo o al alcohol. No todas las adicciones ni todos los hábitos son tan evidentes. Algunos son más sutiles. ¿Crees que *tienes que* tener razón? ¿Crees que *tienes que* ser notado, oído o visto? ¿Tienes la sensación de que no puedes dejar de juzgarte ni de juzgar a los demás? Estas también son adicciones. Incluso las necesidades de aprobación, control, seguridad y separación son adicciones. Hay muchas cosas a las que nos sentimos adictos, o que hacemos habitualmente, por mucho que nos esforcemos en dejarlas. Si alguna vez has intentado dejar de sucumbir a un mal hábito, sabes que puede ser algo muy difícil.

Mi propósito en este capítulo, como en todo el libro, es mostrarte cómo cambiar de dentro afuera, enseñándote para ello a desengancharte de las motivaciones interiores que te hacen actuar de un modo que luego lamentas. A estas alturas, probablemente habrás observado que en los otros capítulos no he intentado decirte qué debes hacer. No creo en la eficacia de proporcionar unas listas de nuevas conductas que se deban seguir, porque las conductas que se imponen desde fuera muchas veces no hacen sino convertirse en nuevos hábitos restrictivos.

> «Durante muchos años me ha desesperado no ser capaz de dejar de fumar. Ahora que cuento con el Método, es evidente que fumo menos sin que me suponga esfuerzo alguno. Hace un par de días me quedé atónito al darme cuenta de que había pasado toda la tarde sin siquiera pensar en el tabaco. Y hoy otro avance: he permanecido en el edificio a la hora de comer; he comido en el comedor y no he echado nada en falta al empezar a trabajar de nuevo sin haber fumado. Por primera vez desde que empecé a fumar (¡hace cuarenta y cinco años!), me pareció natural no fumar. Estoy asombrado».
>
> **–M. L.**, Carbondale (Florida)

Por cierto, he visto a personas muy dependientes de sustancias químicas –y a otras a quienes se les ha diagnosticado un desequilibrio químico orgánico– acabar con los diferentes tipos de hábitos provocados por esas sustancias. Si padeces una situación médica de esta naturaleza, este capítulo te será beneficioso, como lo será la lectura de lo que se dice en el capítulo dieciocho.

Antes de seguir adelante, me gustaría señalar que no te sugiero que dejes de hacer lo que ya estés haciendo si estás en algún grupo como Alcohólicos Anónimos o si sigues algún tratamiento por alguna dependencia química o incluso emocional. Usa todo lo que se diga en este capítulo para ayudarte en lo que ya estés haciendo y no cambies en modo alguno tu tratamiento sin consultarlo antes con tu médico. Si sigues un programa de doce pasos, no te apartes del paso en que te encuentres sin contar con el permiso de quien te dirija. En nuestro trabajo con la comunidad de recuperación médica, hemos determinado que la liberación es una ayuda enorme para seguir con la disciplina necesaria para librarse de sustancias nocivas y para afrontar y evitar las recaídas.

Una forma distinta de acabar con los malos hábitos

Si hay algún hábito en tu vida que quieras modificar o eliminar, hay una forma muy sencilla de conseguirlo. Como ejemplo, imagina que tienes la costumbre de tomar más postre de la cuenta en la cena. En una situación así, muchos decidiríamos: «No voy a tomar ya más postres». Tan drástica decisión puede durar un par de días o, si realmente tenemos voluntad, un par de semanas, para luego volver a comer postre, quizá más que antes.

La siguiente es otra forma de abordar el dilema cuando sientas ganas de tomarte un postre. En vez de decir: «No lo voy a hacer *nunca más*», haz un pacto: «Mira. Si quieres puedes tomártelo, pero antes libera». La razón de liberar antes es que todos los patrones de costumbres están condicionados por patrones de sentimientos. Algunos sentimientos acuden a nuestra conciencia, y la forma que tenemos de contrarrestarlos es emprender una determinada acción, por ejemplo comer en exceso

Advertencia: Si eres adicto a una sustancia o un medicamento controlados, o al alcohol, por favor, ten en cuenta que es posible que esta instrucción —«permítete tomarlo»— no sea recomendable en tu caso. Así pues, limítate a liberar, cuando surjan, los sentimientos que te provocan la ansiedad por esa sustancia a la que eres adicto y sigue con tu disciplina.

Volviendo al ejemplo anterior, supongamos que tienes ganas de tomarte un trozo de pastel. Si te dices que no te lo puedes tomar, no haces sino entrar en una situación de tira y afloja. No te tomas el pastel, pero te obsesiona la idea de perdértelo. Sientes que te falta algo. Haces que el mantra «¡lo bueno que ha de estar ese pastel!» mantenga el deseo en tu mente, lo cual no hace más que crear una tensión interior. Luego, de cualquier forma, acabas por tomarte el pastel o al cabo de dos días cedes y te tomas dos trozos en vez de aquel trozo original. En cambio, si antes liberas el sentimiento que te haga pensar que tienes necesidad de tomarte el pastel y luego te permites tomártelo si aún lo sigues deseando, todo resulta más fácil. Así se crea un espacio para la liberación en torno al hábito, y pronto observarás cómo este va desapareciendo.

Conozco a una actriz que creía que era muy importante tener un determinado peso, por razones obvias de su profesión. En el momento de esa historia, llevaba veinte años intentando perder diez kilos, y nunca consiguió el peso que consideraba ideal. Había probado dietas inimaginables. Hacía ejercicio físico como una desesperada. De hecho, corría tanto que se destrozó las rodillas y ya no pudo correr más. Tuvo que buscar ejercicios de aeróbic. Antes, los cursos del Método Sedona duraban dos fines de semana —hoy los impartimos en uno solo—, y el instructor sugirió a esa actriz que, durante la semana intermedia, probara con un pequeño truco del que hablé antes: permitirse comer todo lo que quisiera, siempre y cuando antes liberara. Esto la ayudó a realizar un gran avance.

Unos dos días después, la mujer salió y se tomó el primer helado de caramelo en muchos años, y de hecho lo disfrutó y se sintió satisfecha. Sin embargo, como durante esa semana siempre que iba a comer, antes liberaba, perdió dos kilos y medio en solo dos días. De esto hace ya muchos años, y la última vez que la vi seguía conservando su peso ideal.

Si esta actriz y miles de otras personas consiguieron su propósito, también lo podrás conseguir tú. No es complicado. En vez de intentar enmendar o cambiar tu mal hábito, acuerda contigo mismo que la próxima vez que desees fumarte un cigarrillo, la próxima vez que desees encender el televisor, la próxima vez que quieras tomarte un dulce, lo puedes hacer si, después de liberarlo, sigues queriendo hacerlo. Observarás que el hábito irá desapareciendo progresivamente o quizá muy deprisa. He visto literalmente a cientos de personas que dejaron de fumar siguiendo este sistema. Así pues, pruébalo contigo, y verás que es una forma muy efectiva de aplicar el Método.

Después de exponer los principios sobre cómo acabar con los malos hábitos y superar la adicción, vamos a ver algunas aplicaciones prácticas.

Soltar el recuerdo del mal hábito

Una buena forma de acabar con los malos hábitos es usar la perspectiva de que no existen problemas, de la que hablábamos en el capítulo doce. La razón es que los malos hábitos, al igual que otros problemas, no son más que patrones de nuestra conciencia que se han vuelto habituales. He visto cómo desaparecían auténticos vicios deprisa y fácilmente cuando quien los sufría afrontaba y liberaba esa tendencia.

Uno de los defectos que creo que tienen los programas de doce pasos es la afirmación y reafirmación continuas por parte de las personas que acuden a las reuniones: «Soy un _____ (insertar la adicción de que se trate, por ejemplo alcohólico, adicto al sexo o comedor compulsivo)». Esto puede servir de mucha ayuda al principio para acabar con la tendencia a negar la realidad, pero cuando la persona completa los pasos del programa, y abandona su vicio, sería mucho mejor afirmar: «Hola, soy _____ (inserta tu nombre) y *era* un _____ (inserta la adicción de que se tratara)».

Tenía un amigo que había aprendido el Método y también participaba mucho en programas de doce pasos, y me discutía lo que acabo de decir. Pero la realidad era que se había bloqueado en su vida y era incapaz de soltar, por mucho que lo intentara, porque no hacía sino volver a sus antiguos problemas. Cierto día, le insistí en que al menos considerara la idea de que los problemas no son más que recuerdos. Al cabo de solo diez minutos de trabajar en este sentido, el bloqueo que llevaba arrastrando dieciocho meses se esfumó por completo y su vida cambió de arriba abajo.

Si contemplas la posibilidad de que el pasado no dicta el futuro, los resultados que obtengas pueden ser milagrosos.

Empieza por recordar un mal hábito que pensabas que tenías. Observa que te lo digo en pasado a propósito.

Luego, pregúntate: *¿Podría permitirme recordar que pensaba que tenía ese mal hábito?*

A continuación, pregúntate: *¿Me gustaría cambiar eso del pasado?*

Si la respuesta es «sí», pregúntate: *¿Podría soltar el deseo de cambiar eso del pasado?*

Si la respuesta es «no», pasa a la fase siguiente.

La última pregunta de esta serie es: *¿Podría soltar el deseo de pensar que tengo de nuevo ese mal hábito?* O: *¿Podría soltar el deseo de tener de nuevo ese mal hábito?*

Como siempre, limítate a soltar lo mejor que puedas. Sin embargo, si ves que en este momento sigues aferrándote al recuerdo del mal hábito, repite los pasos desde el principio hasta que puedas soltar por completo.

Ventajas/inconvenientes y gustos/aversiones

El proceso de ventajas/inconvenientes y el de gustos/aversiones son unas herramientas fantásticas para trabajar con los malos hábitos. Si has intentado cambiar uno de estos hábitos sin éxito, ten en cuenta que, en el subconsciente, existe al menos una ventaja o un gusto ocultos relativos a esa determinada conducta. Si consigues situar ese beneficio al nivel de tu conciencia y soltarlo, verás que el hábito desaparece solo. Recuerda que cuando trabajes directamente en una mala costumbre conviene que lo hagas en pasado. Contempla la posibilidad de que no vuelva a ocurrir.

Inmediatamente después de asistir a un retiro de siete días en Sedona, Steve decidió aplicar el Método a su adicción a las compras. Le gusta tanto la ropa de calidad que incluso publicó un libro sobre cómo encontrar buenas oportunidades de compra, algo que en aquel momento estaba investigando. «Suelo ser exagerado en todo —dice—. Cuando llegaba a las tiendas, era como si me pusieran ante la cara todos sus artículos para que dijera "sí". Técnicamente, me lo podía permitir, pero ¿realmente necesitaba invertir mis recursos de ese modo? Al final siempre debía comprar cinco o seis cosas más de las que en principio deseaba.

»Usando los principios que había aprendido, me dije que si seguía queriendo algo después de haber liberado sobre ello, podía comprarlo.

> «Era adicto a los somníferos y a la bebida. Durante tres años, todas las noches me tomaba una pastilla después de cinco o seis copas para olvidarme de la vida y dormir, sin darme cuenta de lo mucho que empeoraba el problema. El estrés me producía una colitis grave, y me pasaba días en la cama con una almohadilla caliente. Cuando terminé el curso, se acabaron los somníferos y la bebida. Al cabo de un año, por fin puedo decidir tomarme algún que otro vasito de vino y se acabaron las diarreas».
>
> **–S. D.,** Phoenix (Arizona)

Cuando me encontré con una camisa excelente en una tienda, liberé y me hice también varias consideraciones. Las ventajas eran: a) la prenda me sentaba bien; b) podía llevarla esa temporada, y no iba a ser una prenda más en mi armario; c) ya me había comprado una corbata que combinaba muy bien, y d) tenía un descuento del ochenta por ciento. Como las ventajas eran más que los inconvenientes, compré la camisa. Pero más tarde, ese mismo día, empleé la misma técnica, y hubo un montón de otras cosas que no compré. Así pues, sé que la técnica funciona».

Liberar tus malos hábitos

Antes de ceder ante una costumbre, conviene liberar sobre ella, pero ocurre a menudo que no tendrás tiempo para tomar una decisión distinta y mejor. Más tarde, verás que podías haber liberado antes y que no lo hiciste. Ha ocurrido que «lo has vuelto a hacer», y ello te produce determinados sentimientos: culpa, vergüenza, ira, tristeza, etc.

No tienes por qué preocuparte. Liberar después de lo hecho también puede ser una buena manera de acabar con los malos hábitos. Siempre que liberas sobre sentimientos relacionados con un vicio o una adicción –antes, durante o después– debilitas el impulso que te lleva en esa dirección. Al final, el proceso de liberar te ayudará a cambiar por completo esa conducta. Lo incorporarás a tu vida cotidiana.

Recuerda que son nuestros patrones de sentimientos los que crean nuestros patrones de conducta. Cuando acabamos con los primeros, las conductas también desaparecen sin esfuerzo alguno.

Para empezar, ponte cómodo. Luego piensa en un mal hábito concreto del que te gustaría librarte. Podría ser una adicción al alcohol, al tabaco, a los fármacos, al sexo, a la comida en exceso, a la televisión o cualquier otra cosa que te paralice y te impida avanzar. Cuando tengas en mente ese hábito, concéntrate en tu interior y considera tu sentimiento ACTUAL sobre esa situación.

¿Podrías aceptar el sentimiento y dejar que esté presente?

Observa qué se siente al tener esa adicción concreta. Observa también cómo te recriminas esa conducta recurrente. Y de nuevo, concéntrate en tu sentimiento ACTUAL sobre esa adicción.

¿Podrías profundizar un poco más para ver si ese sentimiento procede de una necesidad de aprobación, control o seguridad?

¿Podrías soltar esa necesidad, sea la que fuere?

Repite los pasos anteriores tantas veces como sean necesarias para empezar a sentirte más ligero, más desahogado y relajado. Cuando liberes tus sentimientos sobre el mal hábito, tu objetivo es hacerlo hasta el punto de que te sientas bien en cualquier caso, tanto si consigues como si no consigues librarte del mal hábito en cuestión. Entiendo que pueda parecer toda una concesión. Sin embargo, si eres capaz de liberar hasta el punto de que te parezca tan aceptable mantener la costumbre como soltarla, te evitarás la lucha y, con ello, te será mucho más fácil librarte de tu mal hábito o adicción.

Céntrate de nuevo en cómo te sientes con respecto a la adicción. Limítate a percibir el sentimiento que ese mal hábito te despierta. *¿El sentimiento procede de la necesidad de aprobación, control o seguridad?* *¿Podrías soltar la necesidad que sea?* Repite los pasos anteriores unas cuantas veces más.

Recuerda ahora algún momento concreto en que el hábito estuviera activo, un momento en que cedieras ante esa determinada conducta. Tal vez fue que te tomaste una copa o te fumaste un cigarrillo. O que te comiste alguna galleta de más. Te concentres en lo que te concentres, permítete percibir los sentimientos que afloraron justo antes de emprender aquella determinada acción.

¿Podrías aceptar ese sentimiento?

¿Podrías identificar la necesidad que subyace en ese sentimiento y que lo motiva?

¿Podrías soltarla?

Vuelve a concentrarte en ese mismo momento y piensa en cómo te sentías justo antes de realizar aquella acción. ¿Había algún otro sentimiento que te empujara hacia ese mal hábito? Pudo ser el hambre, la ira, la tristeza o una sensación de vacío o de coacción. Pudo ser algo sutil o algo muy fuerte.

Muchas veces adoptamos conductas adictivas para anestesiarnos ante nuestros propios sentimientos. Por eso al principio puede resultar difícil percibirlos. Pero no abandones el proceso. Cuanto más realices este trabajo, más evidentes se harán tus sentimientos.

Cualquiera que fuese tu sentimiento antes de llevar a la práctica esa conducta tuya habitual, experiméntalo de nuevo ahora, lo mejor que puedas.

Comprueba si procede de una necesidad de aprobación, control o seguridad.

¿Podrías soltarla?

A continuación, piensa en cómo te sentiste cuando adoptaste aquella determinada conducta: comerte la galleta, tomarte la copa, fumarte el cigarrillo o lo que sea en lo que te concentres. Presta mucha atención a cualquier sentimiento positivo artificial que te produjera y a cualquier otro que tuvieras en ese momento. Quizá también estuvieras librando una batalla en tu interior.

¿Podrías aceptar cómo te sentías cuando te imaginas en medio de aquella acción?

¿Qué necesidad se despierta en este momento?

¿Podrías soltarla?

Las conductas a las que uno está habituado producen a menudo una sensación de alivio o de alegría injustificada. Pero cuando soltamos la conducta, sentimos la alegría de forma directa, sin necesidad de la conducta, ya que en todo momento tenemos a nuestra disposición los buenos sentimientos. Recuerda que todos los sentimientos restrictivos, incluso los llamados positivos, se pueden soltar.

Concéntrate otra vez en ese momento concreto en que ponías en práctica aquella conducta. Identifica y acepta los sentimientos que te llevaron a adoptarla.

¿Existe alguna necesidad oculta?

¿Podrías soltarla?

Ahora recuerda cómo te sentiste inmediatamente después de comportarte de aquella forma. Cuando terminaste, ¿sentiste algún tipo de culpa, disgusto, pena o cualquier otro sentimiento? Tal vez pensaste: «¡Vaya! Lo he vuelto a hacer». Observa si había algún sentimiento de desaprobación o de pérdida del control.

¿Podrías hacer todo lo posible para ser consciente de aquel sentimiento ahora?

Recuerda que estos sentimientos no son más que sentimientos.

Por debajo de ellos, ¿hay alguna necesidad de aprobación, control o seguridad?

¿Podrías soltarla?

Repite los pasos anteriores varias veces más.

Dedica un minuto a observar cómo tu sentimiento general ya ha cambiado en relación con ese mal hábito o esa adicción concretos. Puede que sea solo un pequeño cambio o un cambio importante. En cualquier caso, indica que has empezado a moverte en una dirección positiva.

Considera ahora cómo te sientes con relación al hecho de acabar con esa costumbre. Las personas suelen tener sentimientos residuales de intentos anteriores de cambiar los malos hábitos. Pueden ser esos momentos en que uno se decía: «Voy a dejarlo», pero era incapaz de hacerlo. Si tienes algún sentimiento o alguna duda residuales sobre el hecho de cambiar ese mal hábito, limítate a aceptar en tu conciencia tal sentimiento.

¿Existe alguna sensación subyacente de necesidad de aprobación, control o seguridad?

¿Podrías soltarla?

Mira de nuevo en tu interior y permítete sentirte como te sientes en este preciso momento sobre la superación de la adicción o el mal hábito. ¿Podrías aceptar este sentimiento?

¿Necesitas la aprobación, el control o la seguridad?

¿Podrías soltar tal necesidad?

Nick: se acabó la dependencia de las chocolatinas

Nick estaba enganchado a los M&M. Como él mismo decía: «Era un monstruo de las golosinas. No podía pasar un día sin ellas. Algunas noches, tenía que salir corriendo de casa para conseguirlas. El noventa por ciento de la razón que me llevaba al cine era poder permitirme una buena cantidad de dulces. Sinceramente, no me importaba de qué iba la película». Hoy, sin embargo, no siente ansiedad alguna por los dulces. Lo que le ayudó fue liberar sobre el sentimiento de necesidad de los M&M, aceptar de verdad en su conciencia aquel deseo. Sigue disfrutando de vez en cuando de las chocolatinas, pero estas poco a poco dejaron de ser el principal centro de su actividad. «La verdad es que todos dejamos que determinadas cosas nos controlen la vida. Cuando liberamos sobre ellas, se libera nuestro poder. Antes, los M&M podían conmigo, algo que ya no me ocurre ahora. El mayor regalo de este proceso fue que me liberó para disfrutar del momento presente. Estar ahí cuando estoy ahí. Vivo el AHORA más que nunca».

Un par de ideas más

Te sugiero que uses a menudo el proceso de la liberación sobre un objetivo. Cuanto más lo hagas, más provecho le sacarás. Pero también es muy importante que continúes liberando sobre esos malos hábitos tuyos mientras sigues ese proceso, antes de iniciarlo y cuando lo completes.

Además, a menos que estés bajo supervisión médica o que vaya en contra de las normas del programa de doce pasos que estés siguiendo, prueba a pactar contigo mismo que no pasa nada si te concedes ese mal hábito después de liberar los sentimientos que te motivan a llevarlo a la práctica. Al aceptarlo de esta manera, cada vez te será más fácil no caer en el vicio, que acabará por desaparecer.

16

Generar tu propia riqueza

Bienvenido al minicurso sobre libertad y abundancia económicas. En este capítulo, veremos varios ejercicios que te ayudarán a aplicar el Método Sedona para aumentar tu prosperidad. Todos los ejercicios están pensados para usarlos de forma frecuente y repetida, para que cada vez obtengas mayores beneficios de ellos. Se basan en el material expuesto en la primera parte, de manera que si aún no has terminado esa parte, vuelve a este capítulo cuando lo hayas hecho, aunque sea este un aspecto que te interese mucho.

Una mayor riqueza es uno de los beneficios de los que más hablan quienes participan en nuestros seminarios o escuchan nuestros programas radiofónicos. Cuando liberamos sobre cualquier aspecto de nuestra vida, de forma natural nos volvemos más positivos y, por consiguiente, tendemos a atraer más abundancia. Naturalmente, la abundancia no es solo económica. Pero el mundo gira en torno al dinero —quizá demasiado—, por eso la mayoría tenemos un sentimiento más o menos intenso sobre el tema de nuestra economía. Cuando empezamos a soltar nuestras creencias sobre este aspecto de nuestra vida, nos es más fácil recibir, tener e incluso ahorrar dinero.

Al igual que mucha gente, yo pensaba que el dinero tenía bien poco de espiritual. Así que solía gastar lo que ganaba y no me permitía ganar lo que me merecía. Desde que empecé a usar el Método para soltar esa creencia, he experimentado una mayor abundancia en todos los aspectos de mi vida, no solo en el económico.

Deja las cuentas al banco; no las lleves en la cabeza

El deseo es un estado emocional de carencia en que nosotros mismos nos impedimos tener lo que deseamos, a menudo sin darnos cuenta de ello. Como decía en la introducción, cuando me dedicaba a los negocios inmobiliarios, «llevaba las cuentas en la cabeza», en vez de dejarlas al banco. Cuando por fin decidí soltar el deseo que me provocaba fantasías sobre lo magnífico que sería conseguir vender, y me dediqué simplemente a intentar vender, conseguí muchos más contratos. Los vendedores, empresarios y fabricantes son proclives a llevar las cuentas en la cabeza. Pero no son los únicos, ni mucho menos. Otro sector en el que mucha gente cae en el error de hacer cálculos mentales es el de las inversiones.

Muchas decisiones sobre inversiones se basan en sentimientos, y no en hechos sólidos o una intuición clara. Los inversores que fracasan, e incluso algunos de éxito, muchas veces empiezan a contar sus ganancias y pérdidas antes de cerrar realmente una transacción. Cuentan los beneficios que van a obtener y se los gastan mentalmente antes de que sean una realidad. También suelen permanecer en una transacción más de lo que debieran, por si pudiera mejorar. Ambas acciones se deben al deseo y a la inherente sustitución de la realidad por la fantasía. Si eres de este tipo de inversores, puedes soltar inmediatamente tu deseo determinando qué necesidad hay implícita en él: la de aprobación, la de control o la de seguridad. Cuando lo hagas, decidirás mejor dónde y cómo invertir.

El miedo también forma parte del problema de la inversión emocional. La gente a menudo no actúa a partir de lo que la intuición les dice que es lo acertado en el mercado, porque temen cometer errores. O el miedo los paraliza y les impide obtener beneficios o reducir las pérdidas. Así pues, si observas que estás atrapado en inversiones basadas en el miedo, permítete soltar ese miedo directamente o considéralo uno de los deseos y suéltalo como tal.

También es habitual que muchos inversores se engañen a sí mismos al creer que controlan la situación más de lo que en realidad lo hacen porque analizan *a posteriori* lo ocurrido y se dicen que ya sabían lo que iba a suceder. Suelen ser unos comerciantes más «de broma» que auténticos. Cuando del dinero se trata toman decisiones equivocadas. Una vez más, son las emociones que influyen en nuestras percepciones las que nos empujan a hacer cosas de las que después nos arrepentimos.

> «Puedo afirmar sin ninguna reserva que el Método Sedona funciona. Me había fijado una meta en la organización de mis finanzas. Después de liberarla, descubrí que mi auténtico objetivo era permitirme conocer mi propio valor. En las tres semanas siguientes, hice más por mi economía de lo que había hecho en los ocho meses anteriores».
>
> **–Noel Kelly,**
> Boormall (Pensilvania)

Si liberas antes de iniciar o abandonar un trato o una transacción comerciales, descubrirás que tus oportunidades mejoran. Si cuando tienes algún presentimiento, antes de actuar liberas, podrás ver la diferencia entre la intuición y el temor o la codicia. Cuanto más uses el Método en tus actividades inversoras, más verás que te guías por los hechos y no por la fantasía, más por la intuición que por la necesidad o el miedo.

Liberar sobre las actividades económicas de tus padres

Al considerar el tema de la abundancia y la libertad económica, uno de los aspectos en que la mayoría de la gente se queda atrapada es en la necesidad de cambiar la forma en que sus padres consideraban y administraban el dinero, o bien en la resistencia a realizar dicho cambio. Puede que, en tu caso, sea algo evidente o que te sorprenda mucho. La mayoría o seguimos las ideas económicas de nuestros padres

—funcionaran o no— o vivimos forzándonos a tener una postura totalmente opuesta a la suya. En ambos casos, nuestra actitud oscurece nuestro propio poder de crear lo que queramos en la vida. Además, nos retrae de poseer lo que deseamos.

Nancy, una alumna del Método Sedona, hizo un gran descubrimiento en este sentido cierto día en que estaba escuchando las cintas de mi programa sobre la libertad económica. Como ella dice:

> Un pirata me ha bajado algún programa a mi sistema operativo. Es un bucle continuo que sigue repitiendo el mensaje: «El dinero escasea». No me había dado cuenta de la convicción con que había adoptado las actitudes de mis padres sobre el dinero. Tanto que las recreo en mi vida.
>
> Mi madre goza de una buena posición económica; sin embargo, siempre le preocupa que no va a tener suficiente dinero. Evidentemente, su actitud se remonta más atrás, hasta mis abuelos. Es la mentalidad del agricultor. El dinero es algo secreto. Hay que comportarse como un pobre aunque uno no lo sea. Se supone que no hay que alardear de tener éxito. Yo trabajo a comisión, lo cual significa que mi situación es pletórica o de pura hambre. Hoy me doy cuenta de que a propósito había creado el patrón de retraerme cuando rozaba el éxito. Sin embargo, ahora que libero sobre esa actitud, me siento más libre.

Piensa, pues, en la actitud de tus padres ante el dinero, en cómo te trataban en lo que a este se refería y en cómo se trataban entre sí.

Luego, pregúntate:

¿Hay algo en la actitud de tus padres y en sus acciones con el dinero que te gustaría cambiar o a lo que opones resistencia?

¿Podrías soltar el deseo de cambiar o de oponerte a su forma de ser?

Piensa en otra cosa a la que te resistas sobre la forma en que tus padres administraban el dinero o sobre su actitud ante este.

¿Podrías soltar esta resistencia ahora? ¿Podrías dejar simplemente que se esfumara?

A continuación, piensa en algo más que te gustaría cambiar de la forma en que tus padres administraban el dinero, en algo que les ocurrió referente a este o en el modo que tenían de tratarte en cuestiones económicas.

¿Podrías soltar el deseo de cambiarlo?

Repite las preguntas anteriores unas cuantas veces más antes de seguir adelante.

¿Tus padres tenían un patrón negativo en las cuestiones económicas, un patrón que hayas imitado sin siquiera darte cuenta, que hayas adoptado en tu propia vida?

Si es así, ¿podrías aceptar esa actitud, esa creencia o ese patrón habitual?

¿Procede todo ello de la necesidad de aprobación, de la necesidad de control o de la necesidad de seguridad?

Cualquiera que sea la necesidad, ¿podrías permitirte soltarla?

¿Hay alguna otra forma en que hayas copiado de tus padres la organización de tu economía que no te guste y quisieras cambiar?

De momento, ¿podrías simplemente aceptarla? ¿Podrías soltar el deseo de cambiarla?

¿Podrías soltar la necesidad de imitar a tus padres?

Como decía en el capítulo sobre la culpa y la vergüenza, durante los primeros años de nuestra vida, y mientras vamos creciendo, nuestros padres son como dioses. Nos dan de comer, nos cobijan y nos visten, e inconscientemente copiamos su forma de vivir, aunque lo que hagan no funcione bien.

Analiza ahora si en este preciso momento te has percatado de esa antigua actitud tuya de copiar a tus padres.

Si es así, ¿podrías dejar simplemente que las cosas sean como son?

¿Hay algún sentimiento de necesidad de aprobación, control o seguridad?

Si es así, ¿podrías permitirte soltar esa necesidad?

Ahora, comprueba de nuevo si de alguna forma te opones a las actitudes de tus padres ante el dinero y si hay algo en ellas que desees cambiar. ¿O de algún modo copias a tus padres?

¿Podrías permitir que las cosas sean así, aceptarlas?

¿Procede todo ello de una necesidad de aprobación, control o seguridad?

¿Podrías permitirte soltar esa necesidad?

Dedica unos minutos a observar cómo te sientes en este preciso momento, después de liberar. Es este un tema de mucho valor para una posterior exploración. Además, es completamente posible liberarse de aquellas creencias y actitudes de nuestros padres que nos retraen acerca del dinero. Ahora puedes ser como decidas ser. Ya no tienes que ser como ellos deseaban que fueras y no tienes que vivir oponiéndote continuamente a su forma de ser. La clave está en soltar tu resistencia (el sentimiento de necesidad de cambiar lo que fue o lo que es) y en soltar el deseo de ser como tus padres para conseguir su aprobación.

Liberar el miedo al dinero

Otro aspecto en el que nos bloqueamos en relación con el dinero —y, en realidad, en relación con cualquier cosa— es el miedo. Si recuerdas lo que decía en el capítulo trece, inconscientemente deseamos que ocurra aquello que tememos. Existe un impulso en esa dirección sin que lo deseemos a propósito ni seamos conscientes de él. Piensa en tus propios temores acerca del dinero. A todos nos han ocurrido cosas referentes al dinero que no nos gustaban o les han ocurrido a personas que conocemos. Por consiguiente, queremos evitar o prevenir que se produzcan de nuevo esas experiencias, lo cual, evidentemente, significa que seguimos manteniéndolas en la mente. Vamos a analizar juntos estos temas, porque estoy seguro de que prefieres eliminar de tu conciencia todas estas expectativas y no alentarlas para experimentarlas de nuevo.

Mis padres crecieron durante la Gran Depresión, y mi padre vio cómo su familia perdía la casa. Mi madre intentó convencerlo con escaso éxito para que adquiriera propiedades inmobiliarias. Como agente inmobiliario, se sacaba un buen sueldo en comisiones y hacía que otros ganaran millones en sus tratos. Pero dejó pasar muchas compras inmobiliarias que él mismo podría haber hecho y que le habrían reportado millones de dólares a cambio de una pequeña inversión. De hecho, a veces alquilaba nuestras casas, pese a que podía permitirse comprarlas y las hubiera podido vender muy poco después con unos beneficios considerables. Sin darme cuenta, en estos asuntos yo copiaba la forma de actuar de mi padre. Mi esposa, Amy, tuvo que insistir durante unos años antes de que me percatara de lo que ocurría y soltara mi miedo a poseer propiedades inmobiliarias. Entonces compramos una casa unifamiliar en Phoenix, que luego vendimos con unos buenos beneficios. Hoy somos propietarios de una hermosa casa en Sedona (Arizona). Sé que no nos hubiéramos podido permitir todo esto si no hubiese liberado el miedo heredado de mi padre a tener propiedades inmobiliarias.

> «Parece que los beneficios que he obtenido y sigo obteniendo van aumentando sin necesidad de ningún esfuerzo adicional. Antes de seguir el curso, nunca había recibido una paga extra por producir en mi trabajo. Al terminar el curso, recibí la primera. Después se han repetido todos los meses, además de tres premios al mejor productor. Luego los directivos me preguntaron cómo se podía motivar a los demás para que hicieran como yo».
>
> **–Peter Piezzo,**
> St. Augustine (Florida)

¿Y si ocurre algo de eso que temes por el hecho de tener dinero o libertad económica?

Quizá tengas miedo de una auditoría de Hacienda, de tener que pagar más impuestos o de hacer unas malas inversiones.

Cualquiera que sea el miedo que tengas, *¿podrías, solo de momento, soltar la necesidad de que esto ocurra?* Ya sé que suena raro, pero, como hemos visto en otros capítulos, funciona.

¿Qué otras cosas temes que ocurran si tienes mucho dinero en el banco?

¿Podrías darlas por supuestas?

¿Tienes miedo de que perjudiquen tus relaciones?

Analiza cuáles son tus temores por el hecho de tener mucho dinero o libertad económica y escoge cualquiera de ellos.

¿Podrías soltar la necesidad de que eso ocurra?

Busca algo más que temas que ocurra si tienes una completa libertad económica y abundante dinero. Tal vez te dé miedo no saber administrar el dinero de forma responsable.

¿Podrías soltar la necesidad de que ocurra tal cosa?

Repite las preguntas anteriores varias veces más, dejando que tus temores desaparezcan.

Además de seguir el atajo de soltar la necesidad de que lo que temes se haga realidad, también podrías hacer una lista de los miedos que tienes sobre el dinero, la abundancia y la libertad económica, y liberar directamente sobre ellos usando las preguntas de las necesidades de aprobación, control y seguridad. En cualquier caso, a medida que elimines el miedo, te sentirás más libre para avanzar y crear exactamente el tipo de prosperidad que deseas en tu vida.

Gustos y aversiones sobre el dinero

Nuestras creencias y actitudes ante el dinero a menudo nos impiden conseguir la libertad económica y la abundancia. Son, en muchos casos, como el aire que respiramos: somos completamente inconscientes de ellas y de los apegos y las aversiones que ocultan. El proceso de gustos/aversiones (ver el capítulo nueve) ayuda a elevar esas capas al nivel de la conciencia, de modo que podamos liberarlas.

Cuando trabajes sobre tus creencias y actitudes, te pediré que lo hagas en dos fases. Empieza por tu actual situación económica. Piensa en qué sentido estás en lo correcto en lo que al dinero se refiere. Recuerda que es importante liberar tanto sobre los gustos como sobre las aversiones.

¿Qué cosa te gusta de tu actual situación económica?

¿Procede de la necesidad de aprobación, control o seguridad?

Cualquiera que sea la necesidad, ¿podrías soltarlo?

Puede resultar difícil pensar en cosas que te gusten, sobre todo si tu situación económica no es la que te gustaría que fuese. Pero si está estancada en ese determinado punto, puedes estar seguro de que los deseos o sentimientos subconscientes te impiden soltar y avanzar. Así que limítate a estar lo más receptivo que puedas, tomando conciencia del primer pensamiento o sentimiento que se te ocurra, y que lo aceptes, cuando te vayas haciendo las preguntas que siguen.

¿Hay algo que te disguste de tu actual situación económica?

Observa si procede de una necesidad de aprobación, control o seguridad.

Cualquiera que sea esa necesidad, *¿podrías soltarla?*

¿Hay algo que te guste de tu actual situación económica?

¿Procede de una necesidad de aprobación, control o seguridad?

¿Podrías permitirte soltarla?

Hay algo que te disguste de tu actual situación económica?

¿Procede de una necesidad de aprobación, control o seguridad?

No tengas reparos en seguir solo con este tipo de preguntas, haciendo unas nueve repeticiones sobre cada par de gustos y aversiones.

Cuando estés preparado, vamos a cambiar de marcha.

¿Podrías permitirte simplemente aceptar lo correcto que hoy haya en tu vida en lo que al dinero se refiere? Aunque la situación no sea la que necesariamente escogerías o la que al final desearías lograr, si consigues aceptarla tal como es dispondrás de un buen punto de partida desde el que avanzar.

Así pues, de momento, ¿podrías permitirte aceptar tal como están hoy las cosas?

¿Dejar que estén ahí? ¿Saber que están bien?

Cuanta mayor libertad tengas para permitirte aceptar la situación tal como está, más podrás emprender acciones para que sea como tú deseas.

Piénsalo de nuevo. *¿Podrías permitirte simplemente aceptar o admitir cualquier cosa de tu vida que en este momento guarde relación con el dinero?*

Tus pensamientos, tus sentimientos, tus actitudes y tus acciones, *¿podrías, solo por un momento, dejar que sean como son, aceptarlos?*

Ahora dedica unos momentos a observar lo diferente que te sientes después de seguir los procesos anteriores. Dedícate a incorporarlos a tu vida cotidiana. Por ejemplo, cuando veas que estás haciendo algo de la forma en que tu madre o tu padre solían hacerlo, y no como a ti te gustaría hacerlo, suelta la resistencia a ello o el deseo de cambiarlo y observa *qué* ocurre. Si ves que cruza por tu conciencia un temor o una preocupación momentáneos, libéralos usando las preguntas de la aprobación, el control o la seguridad. O simplemente suelta el deseo de que lo que temes ocurra. También puedes realizar algún trabajo sobre gustos y aversiones con un objetivo concreto.

Por último, acepta tu situación económica tal como esté. Cuanto más la aceptes, más libertad tendrás para cambiarla.

El procedimiento de limpieza con el dinero

Sigamos analizando los obstáculos que impiden que tengas lo que deseas en la vida, que te impiden tener una cierta libertad económica. El procedimiento de limpieza es una herramienta excelente para conseguir ser resueltos y ecuánimes con las personas, pero también es un estupendo medio de mejorar tus interacciones económicas y comerciales.

Recuerda algunas cosas. Primero, cuando usas este procedimiento, parte de la liberación que hagas se producirá de forma espontánea. Segundo, liberar siempre es una simple decisión, como lo es dejar que la situación sea la que sea. Tercero, acepta cualquier cosa que llegue a tu conciencia cuando trabajes con este proceso. Si estás preparado, empieza.

¿Alguna vez has tenido la sensación de que el dinero intentaba controlarte? Quizá te parezca una pregunta estúpida, porque el dinero es un objeto inanimado, pero es posible que sintieras esa sensación.

¿Podrías aceptar tu sentimiento de necesidad de controlar de nuevo el dinero?

Luego, *¿podrías soltarlo?*

¿Intentaste controlar el dinero? La mayoría queremos controlar el dinero en todo momento. Así que la pregunta es fácil.

En estos precisos momentos, ¿podrías soltar la necesidad de controlar el dinero?

¿El dinero intentó controlarte? ¿O alguna vez te sentiste controlado por el dinero?

Si es así, ¿podrías soltar la necesidad de ser tú quien lo controle?

¿Intentaste controlar el dinero?

Si es así, ¿podrías soltar la necesidad de controlar el dinero?

¿El dinero intentó controlarte, o te lo pareció? ¿Alguna vez te has sentido víctima o a merced del dinero?

¿Podrías soltar la necesidad de controlar el dinero?

¿Intentaste controlar el dinero de una u otra forma?

De ser así, ¿podrías soltar ahora la necesidad de controlar el dinero?

¿Podrías reconocer al dinero el derecho a ser como es?

Recuerda que esta última pregunta es solo una decisión y que, al decidir conceder al dinero el derecho a ser como es, estarás cambiando drásticamente tu relación con él.

¿Podrías reconocer al dinero el derecho a ser como es, solo de momento?

¿Reconoces ahora al dinero el derecho a ser como es?

Si eres capaz de hacerlo, aunque sea un poco, observa que te sientes mejor en tu interior. Si tu respuesta es «no», obviamente piensas que hay que hacer más liberación sobre el tema del control. Sigue repitiendo las preguntas hasta que sueltes. Si respondes que «sí», pasa al nuevo apartado sobre la aprobación.

¿Te disgustaba o desaprobabas algo del dinero o algo relacionado con él?

Si es así, ¿podrías soltar tu recelo a aprobar el dinero?

¿Podrías soltar esa aversión o desaprobación del dinero?

¿Sentías que de algún modo al dinero no le gustaba algo de ti o lo desaprobaba? Ya sé que suena raro, pero es posible que te sintieras así.

¿Podrías soltar la necesidad de aprobación por parte del dinero?

¿Te disgustaba o desaprobabas algo del dinero?

¿Podrías, solo de momento, soltar tu aversión o desaprobación del dinero?

¿Parecía de algún modo que no le gustaras al dinero, que te desaprobara o que se te ocultara? Ya sé que puede parecer que la pregunta no tiene sentido, pero, de todos modos, es posible que existan estos sentimientos.

¿Podrías soltar la necesidad de aprobación por parte del dinero?

¿Te disgustaba o desaprobabas algo del dinero o algo relacionado con él?

¿Podrías soltar la necesidad de ocultar tu aprobación del dinero?

¿Parecía de algún modo que al dinero no le gustara o desaprobara algo de ti?

¿Podrías soltar la necesidad de aprobación?

Solo de momento, ¿podrías permitirte no albergar más que amor y sentimientos de aceptación hacia el dinero? ¿Podrías de verdad?

¿Te permitirías tener únicamente un sentimiento de amor y aceptación hacia el dinero?

¿Tienes únicamente un sentimiento de amor y aceptación hacia el dinero?

Recuerda que esta última pregunta es una decisión o elección. Observa una vez más cómo esta pequeña liberación sobre la aprobación en relación con el dinero ha cambiado algo más tu conciencia. Puedes seguir haciéndote las preguntas sobre la aprobación si es necesario o pasar a analizar la necesidad de seguridad en relación con el dinero.

¿Sentías de algún modo que el dinero te desafiaba, se te oponía o te amenazaba de alguna manera, o que todo lo relacionado con el dinero lo hacía?

Si es así, ¿podrías soltar la necesidad de seguridad o supervivencia?

¿Desafiaste tú al dinero, te opusiste a él o lo amenazaste de alguna manera?

Una vez más, dado que el dinero no es una persona, aunque lo antropomorficemos, estas preguntas te podrán parecer raras. Pero es posible que te sientas así.

¿Podrías soltar el deseo de desafiar, oponerte o amenazar al dinero?

¿El dinero te desafió, se opuso a ti o te amenazó? ¿O era este tu sentimiento?

Si es así, ¿podrías soltar la necesidad de seguridad o supervivencia que el sentimiento genera en tu conciencia?

¿De algún modo desafiaste, te opusiste o amenazaste al dinero?

¿Podrías soltar el deseo de hacer esto mismo?

¿El dinero te desafió, se opuso a ti o te amenazó? ¿O era este tu sentimiento?

Si es así, ¿podrías soltar la necesidad de seguridad o supervivencia?

¿Desafiaste, te opusiste o amenazaste al dinero? ¿O querías hacerlo? ¿Podrías permitir sencillamente que se liberara esto?

¿Podrías permitirte tener solo un sentimiento de bienestar, seguridad y confianza con el dinero?

¿Te permitirías tener solo un sentimiento de bienestar, seguridad y confianza con el dinero?

¿Tienes solo un sentimiento de bienestar, seguridad y confianza con el dinero?

Puedes repetir el ciclo de estas preguntas tantas veces como te sea necesario, hasta que puedas decir «sí» a las tres preguntas del final. Si eres capaz de hacerlo, verás que cambian todos tus sentimientos respecto al dinero. Aunque este es un objeto y no una persona, en nuestra conciencia sentimos la relación que mantenemos con él. Liberar así los sentimientos sobre él realmente puede eliminar muchas reacciones negativas.

Julia: libertad para merecer lo mejor

Julia descubrió el Método cuando emigró a Canadá desde Rumanía hace aproximadamente tres años. Fue un cambio difícil. Era madre soltera y necesitaba aprender dos idiomas, francés e inglés, ya que vivía en Quebec. Además, tenía problemas económicos. Los ingresos que le proporcionaba su trabajo de manicura eran de unos novecientos dólares mensuales, una cantidad que equivalía a la de sus gastos. Casi no le quedaba dinero para comer, y no digamos para alguna otra cosa. «Con tantas preocupaciones y tanto sufrimiento, no existía la libertad –dice–. Así que me quedé sorprendida cuando empecé a descubrir el Método Sedona, porque era muy fácil y funcionaba muy de inmediato. Cuatro días después de soltar mi resistencia a mi falta de abundancia, conseguí una clienta nueva de una comunidad judía ortodoxa. Había visto un pequeño anuncio que yo había puesto en una cabina telefónica. Me mandó a su madre, su abuela, sus sobrinas y sus amigas. En un mes y medio, mi negocio se triplicó. Ganaba dos mil dólares, y no había hecho otra cosa más que liberar».

Julia se dio cuenta de que había heredado su conciencia de pobreza de las actitudes de las personas que vivían con ella en su país de origen. En su subconsciente, tenía miedo de hacerse rica. «¿Qué ventajas tienen ser pobre y ser rico?», solía preguntarse. Decidió acabar con su costumbre de comprar lo más barato que encontraba. Siguió liberando sobre la convicción de que se merecía un mejor estatus, haciéndose preguntas como estas: «¿Puedo permitirme recordar la creencia de que no tenía dinero?» y: «¿Puedo recordar que solía creer que no podía tener dinero?». Observó también que su apego al dinero se basaba en la necesidad de seguridad/supervivencia.

«Antes de liberar, estamos encadenados sin saberlo –dice Julia–. Después de aprender a liberar, sabemos que estamos encadenados, algo que resulta doloroso si no soltamos. En mi resistencia, me dolía el plexo solar. Pero, al trabajar sobre mis objetivos acerca de la seguridad económica, el dolor fue desapareciendo progresivamente. Hoy me siento tranquila y puedo confiar en mis ingresos».

Ventajas e inconvenientes del dinero

Vamos a utilizar ahora el proceso de ventajas/inconvenientes para centrarnos en tener lo que deseamos en la vida. Acuérdate de soltar tanto las ventajas como los inconvenientes. Liberar en ambos sentidos situará en tu conciencia el objetivo de la libertad y la abundancia económicas.

¿Qué ventaja te supone tener libertad o abundancia económicas?

¿Procede de una necesidad de aprobación, control o seguridad/supervivencia?

Cualquiera que sea la necesidad, *¿podrías permitirte soltarla?*

¿Qué inconveniente te supone tener libertad o abundancia económicas?

Si no se te ocurre nada, libera sobre esta misma circunstancia. Luego, piensa si esta oculta una sensación de necesidad de aprobación, control o seguridad

Cualquiera que sea la necesidad, *¿podrías permitirte soltarla?*

Recuerda que si no deseas tener libertad o abundancia económicas hoy, probablemente haya inconvenientes en el hecho de tenerlas. Por lo tanto, permanece tan abierto como puedas a este proceso y concéntrate en el primer pensamiento o sentimiento que se produzca, cualquiera que sea. Luego, suéltalo. Mientras no desenmascares los inconvenientes ocultos, serán ellos los que sigan gobernando tu vida.

¿Qué ventaja te supone tener libertad o abundancia económicas?

¿Procede de una necesidad de aprobación, control o seguridad?

¿Podrías permitirte soltarla?

¿Qué inconveniente te supone tener libertad o abundancia económicas?

Analiza si procede de la necesidad de aprobación, control o seguridad.

¿Podrías soltar esa necesidad?

Repite las preguntas sobre ventajas e inconvenientes como mínimo nueve veces, asegurándote de que liberas en cada una de ellas. Como ya he dicho, a veces me he formulado las preguntas sobre ventajas e inconvenientes de un determinado tema durante más de una hora y de una sola vez. En realidad, a menudo le he dedicado aún más tiempo. Dado que cada ventaja y cada inconveniente forman juntos una capa de sentimiento sobre un determinado tema, cuando los

> «Llevaba trabajando veinticinco años para empresas que aparecen en Fortune 500 y tenía la sensación de andar perdido. Siempre quise tener mi propio negocio, cortar el cordón umbilical con la nave nodriza, por así decirlo. Alguien me prestó las cintas del Método Sedona; las dejé en el coche y las estuve escuchando a lo largo de un año. En ese tiempo, me independicé de mis negocios, sin ningún temor. Simplemente pensé que me llegaría la prosperidad y, milagrosamente, así ha sido. No sé cómo explicarlo. Trabajo menos, gano más, estoy más tranquilo y, además, hago lo que me gusta. Creo que el secreto está en el Método, porque no hay nada más en mi vida que haya cambiado».
>
> **–Rick Forrest,**
> Claremont (California)

sueltas empiezas a acercarte a la posesión de la libertad y la abundancia económicas que siempre has deseado.

Visualizar tu situación económica ideal

Visualiza cómo sería tu vida si lograras la total libertad económica y la abundancia. Acuérdate de emplear en cada nivel del ejercicio los cinco sentidos. Tu «imagen» puede ser visual, cinestésica o auditiva. Pero dibuja una imagen expresiva en la que poseas todo el dinero que siempre quisiste, una total libertad económica y una abundancia fenomenal. Experiméntalo profunda e intensamente.

Luego piensa si en este preciso momento hay algo en tu interior que diga: «No, no lo puedo tener», «No debería tenerlo», «No es real», «No es posible». O cualquier otro pensamiento o sentimiento que se oponga a esa imagen.

Oculto en esa oposición, ¿hay una necesidad de aprobación, control o seguridad?

¿Podrías soltar tal necesidad, de momento?

Permítete de nuevo imaginar que tienes la abundancia AHORA, que tienes la libertad económica AHORA. Imagina que es en este preciso momento. Observa cómo es esta situación, siéntela y escúchala.

Comprueba si existe algún pensamiento o sentimiento en contra.

A continuación, observa si hay alguna necesidad de aprobación, control o seguridad asociada a esos pensamientos o sentimientos.

Luego, ¿podrías soltar tal necesidad?

Visualiza de nuevo que tienes libertad y abundancia económicas.

¿Cómo es tu vida ahora y en esta situación?

Observa si todo ello procede de una necesidad de aprobación, control o seguridad.

¿Podrías soltarla?

Analiza si hay alguna necesidad en la propia imagen.

Si es así, ¿podrías permitirte soltarla?

Permítete visualizar otra vez la libertad y la abundancia económicas en tu vida ahora. Observa si hay algo en tu interior que siga oponiéndose a esa imagen o que diga «no puedo» o «no debería» tenerlo. *Si es así, ¿procede de una necesidad de aprobación, control o seguridad?* Cualquiera que sea la necesidad, ¿podrías permitirte soltarla?

Imagina, otra vez, la libertad y la abundancia económicas AHORA. Piensa que está bien disponer de ellas.

¿Podrías permitirte aceptar completamente esta imagen en tu conciencia? Aceptarla, alentarla y dejar que esté ahí.

Tranquilízate al saber que está bien tenerla y que existe AHORA. No tienes más que aceptar la libertad y la abundancia económicas en tu vida, sabiendo que las mereces.

Fijarse objetivos y emprender acciones

Te recomiendo que formules por escrito un objetivo sobre lo que te gustaría crear en lo que al dinero se refiere. El proceso de determinar objetivos te liberará, porque te ayudará a tener siempre presente lo que de verdad deseas, al tiempo que sueltas todos los sentimientos que se opongan a tal deseo. Como de costumbre, acuérdate de trabajar con la liberación cuando empieces a dar pasos para lograr tus objetivos económicos. Cuando liberes sobre las acciones que puedas emprender, o las que ya estés llevando a la práctica, descubrirás que generas resultados con mucha mayor facilidad que antes. (En el capítulo ocho se expone este proceso con mayor detalle).

Una última idea

Vuelve a leer este capítulo a menudo. Cuanto más trabajes con este material, más provecho le sacarás. Cuando empieces a aceptar de verdad que tienes derecho a la libertad y la seguridad económicas, te resultará más fácil avanzar hacia una actitud positiva sobre tu prosperidad.

17

La magia de las relaciones

¿Te has preguntado alguna vez por qué unas relaciones íntimas funcionan y otras no? ¿Por qué parece que muchos tengamos las mismas relaciones con una serie de personas distintas? ¿Por qué a unos les resulta muy fácil encontrar pareja y otros han de poner todo su empeño? Las respuestas a estas preguntas y a otras del mismo estilo están en este minicurso sobre las relaciones íntimas. Los ejercicios, las ideas y los procesos de este capítulo pueden acelerar, y acelerarán, el proceso que te lleve a descubrir y vivir tu esencia natural de persona amorosa.

La respuesta a la mayoría de las desconcertantes preguntas sobre las relaciones en realidad es muy simple. La mayor parte de nuestras relaciones, y de nuestros patrones de relación en general, se basan más en la necesidad que en el amor. Seguramente no te sorprenderás de que así sea. Sin embargo, tal vez te sorprenda saber que hay algo que sí puedes hacer al respecto, y ya sabes de qué se trata: liberar. Todo sentimiento que no sea de amor es un sentimiento de no amor. Dado que tu naturaleza esencial es el amor que buscas en los demás y de los demás, cada vez que sueltas usando el Método Sedona, te estás liberando de los sentimientos de no amor y haciéndote una persona más amorosa interna y externamente. Cuanto más amoroso seas, mejores pueden ser tus relaciones y mayor atracción despertarás en tu pareja. Es así de sencillo. Toda la liberación que ya estás practicando, y que practicarás en este capítulo, mejorará tus relaciones actuales y futuras.

Deja de buscar el amor en sitios equivocados

La mayoría buscamos el amor como si intentáramos llenar una taza que «gotea», que va perdiendo su contenido. Cada vez que parece que obtenemos el cariño de una fuente exterior, en especial de otra persona, no hacemos sino afianzar la idea de que el amor se puede encontrar fuera de nosotros. Por consiguiente, el «goteo» es inherente al sentimiento de recibir amor o aprobación. De ese goteo forman parte el miedo a perder el cariño, el resentimiento hacia las personas de quienes pensamos que deberíamos recibirlo y el simple acto de apartar la vista del amor que, por naturaleza, ya somos.

Una buena noticia. Para darle la vuelta a todos estos dilemas basta con que sueltes la necesidad de amor o aprobación. También puedes acelerar el proceso buscando formas mutuas de obtener amor, en vez de intentar obtenerlo, y formas mutuas de ofrecer amor, además de recibirlo. Si tienes algún tipo de relación estrecha o íntima —tu pareja, un amigo, un pariente— y puedes lograr el punto de querer lo mejor que sepas a la otra persona tal como es, entonces los dos podéis relajaros y ser sinceros entre vosotros. Esto favorece unas interacciones mucho más sanas y satisfactorias.

Hay unas cuantas claves importantes para mejorar las relaciones y que a menudo se pasan por alto. Una es su carácter de reciprocidad. Si interna o externamente haces algo que no sea mutuo con tu pareja, lo único que conseguirás es que ambos os sintáis frustrados. El siguiente es un ejemplo sencillo de mi relación con mi esposa. A mí solo me gustaba ver películas «de chicos», y Amy solo quería ver películas «de chicas». Era todo un dilema cuando encendíamos la televisión o decidíamos ir al cine. En vez de intentar imponer nuestra voluntad al otro, o presumir que uno se debía sacrificar por el otro, lo cual no hubiera sido una solución mutua, discutíamos abiertamente el tema, liberábamos los sentimientos que nos provocaba y empezamos a descubrir el tipo de película del que ambos pudiéramos disfrutar. De hecho, como liberamos para conseguir la reciprocidad, hoy los dos estamos más abiertos a los gustos del otro en lo que al cine se refiere, y pocas son las ocasiones en que no nos ponemos de acuerdo en lo que nos gusta. Cuando no lo estamos, simplemente vamos a ver la película que uno de los dos elige, si llegamos a un consenso, o cada uno va solo al cine o con algún amigo. En cualquier caso, nos sentimos mucho más a gusto. Ahora, incluso muchas películas «de chicas» me gustan tanto como las «de chicos». Y Amy también disfruta con algunas películas «de chicos».

Para que el amor sea realmente un apoyo, ha de ser también incondicional. Cuanto más capaz seas de dar de ti mismo y de ofrecer tu cariño sin esperar nada a cambio, más feliz serás. En cambio, lo que la mayoría hacemos en una relación es un trueque: «Haré tal cosa por ti, si tú haces tal otra por mí». En el comercio, el trueque puede ser estupendo; sin embargo, el amor auténtico es algo más que un trato comercial.

El amor o el cariño auténticos siempre han de servir de apoyo a los dos implicados. Si uno da al otro a costa de sí mismo, no es un acto de dar. Son estas unas situaciones que se pueden convertir en una codependencia e incluso en un maltrato. Por consiguiente, cuando des, asegúrate de que das algo que se desea y que tú también disfrutas dando. Ahora bien, esto no significa que siempre tengas que hacer lo que el otro quiera; tampoco significa que solo debas hacer lo que tú quieras. Significa que los dos os permitáis explorar formas de relacionaros que sean mutuamente beneficiosas.

Harás grandes progresos si en tus relaciones íntimas sigues estas pocas orientaciones.

¿Qué ocurre si tu pareja ya es una persona perfecta?

Si alguna vez has vivido una relación romántica, probablemente experimentarías lo que muchos llaman la «fase de luna de miel». A menos que tu relación sea algo muy reciente, es probable que, a estas alturas, el tipo de amor, interés y gozo que sentiste durante esa fase no sea ya más que un recuerdo. Entonces, ¿cuál es la diferencia entre lo que quizá añores como tu luna de miel y lo que hoy sientes? Muy sencillo: al principio de la relación, amabas y aceptabas a tu pareja *tal como era*. Es posible incluso que la quisieras porque tenía una determinada forma de ser, aunque, hoy, esa forma de ser o determinados aspectos te pongan furioso.

Cuando una relación se puede estropear es en el momento en que tu pareja dice o hace algo, o se comporta de una forma que tú te niegas a aceptar interiormente. Entonces comienzas a ofrecer resistencia a ese rasgo o comportamiento determinados, al tiempo que esperas que los manifieste de nuevo. Como decía en el capítulo ocho, empezamos estas listas informales interiores de las cosas de nuestra pareja que deseamos cambiar —o a las que nos oponemos— y luego comparamos todo lo que hace con esa lista interior. Si hay coincidencia, ponemos una señal y nuestra resistencia se agudiza. Una vez que empezamos la lista, no dejamos de buscar aspectos que añadirle. Todo este proceso normalmente forma una espiral que se escapa de nuestro control y acaba en separación, en divorcio o simplemente en el abandono de una relación que ya no sirve de ayuda para ninguno de los dos implicados.

Hay una forma fácil de romper este modelo y que prolonga la luna de miel durante el resto de vuestras vidas. En primer lugar, quema esa lista. A menos que estés decidido a destruir tu relación actual, seguir alargando la lista no es más que crearse problemas. Después, cultiva la costumbre de buscar las cosas que puedas querer y apreciar en tu pareja, y no pensar en las que deben cambiar, y de este modo se transformará toda la dinámica de vuestra relación. Esto no significa suprimir la comunicación amorosa sobre cosas que tu pareja haga y que tú preferirías que no hiciera. Tampoco es una excusa para permitir que tú o tu pareja sigáis consintiendo conductas evidentemente destructivas. No es más que una forma de empezar a recuperar el equilibrio de que disfrutabais en vuestra luna de miel. El proceso de ventajas/inconvenientes también es una buena herramienta para «quemar listas».

Me permitirás que te diga que es un proceso que en mi matrimonio ha funcionado. Como he dicho, todos tendemos a elaborar listas internas de lo que nuestra pareja ha hecho mal o que nos ha molestado. Luego esperamos que siga cometiendo el mismo error, y nosotros, por supuesto, nos alegramos de reafirmarnos en nuestras convicciones cuando lo cometen. Al cabo de un tiempo, damos ya más importancia a aferrarnos a la falsa seguridad de tener razón que a alimentar el amor con que atrajimos en su momento a nuestra pareja. La diferencia entre ese modelo, en el que la mayoría caemos, y la fase de luna de miel de una relación, en la que parece que nuestra pareja no haga nada mal, radica simplemente en lo que esperamos y en aquello en que nos concentramos.

Lo que ha ocurrido en los últimos años de convivencia con mi esposa es que las listas de errores y ofensas siguen esfumándose. Es verdad que Amy tiene costumbres que a veces no me gustan, y yo tengo rasgos en mi carácter que no le gustan a ella, pero ninguno de los dos emplea tales circunstancias contra el otro. Simplemente estamos el uno con el otro, buscando formas de estar juntos tal como en ese momento estamos, liberando nuestras heridas y nuestras expectativas. Compartimos posibilidades ilimitadas de querernos mutuamente. Quiero a Amy ahora más aún de lo que la quería en la fase de luna de miel de nuestra relación.

Cómo eliminar el desacuerdo

Hace varios años, Amy y yo impartimos un curso para parejas en un centro turístico de Jamaica. El ejercicio que sigue era una de las herramientas más potentes que empleábamos para ayudar a las parejas a que resolvieran sus desacuerdos y llegaran a un punto de mayor reciprocidad. Se basa en el principio de considerar un tema desde el punto de vista de otra persona, de «ponerse en su lugar». Cuando se tiene aunque sea un atisbo del punto de vista del otro sobre cualquier desavenencia en particular, es muy difícil que el conflicto siga vivo. El ejercicio siguiente es una forma rápida y divertida de adoptar esa perspectiva.

Las orientaciones para este ejercicio son sencillas. Complétalas todas, sin recortarlas en lo más mínimo ni hacer nada que sea dañino física o emocionalmente para tu pareja. Escoge un tema que hayáis estado debatiendo y que quisierais resolver.

Paso 1: los dos defendéis vuestros puntos de vista. Hacedlo poniendo en ello todo el sentimiento y dándole toda la importancia de la que seáis capaces. Sin embargo, hay un matiz importante: solo podréis emplear la voz *bla*. No uséis ninguna palabra. Simplemente discutid como lo soléis hacer –incluso podéis exagerar un poco–, pero evitad el lenguaje real. Seguid discutiendo hasta que ambos sintáis que habéis defendido vuestra postura con todo el empeño de que sois capaces. Luego, antes de seguir con el paso 2, dedicad unos minutos a liberar cualquier cosa que tal actividad haya generado.

Paso 2: ahora, defended cada uno los puntos de vista del otro. Esta vez emplead las palabras y haced todo lo posible para poneros en el lugar de vuestra pareja. Defended su opinión con la misma convicción con que defendisteis la vuestra. Poned todo el interés que podáis en sentir y manifestar los sentimientos de vuestra pareja; utilizad incluso sus gestos. Seguid discutiendo de esta forma hasta que a ninguno de los dos os quede nada que decir. Luego dedicad unos momentos a liberar cualquier cosa que tal actividad haya generado.

Paso 3: compartid lo que hayáis descubierto. Dedicad todo el tiempo que sea necesario a hablar y a liberar juntos sobre cualquier sentimiento, pensamiento, reflexión e idea que surgieran durante el ejercicio. Te prometo que si sois como la gente que estuvo en aquel curso y como muchos otros que desde entonces han trabajado con éxito con este ejercicio –y como mi mujer y yo mismo–, os sorprenderán agradablemente los resultados que podéis conseguir con esta actividad siempre que os encontréis atrapados en unos puntos de vista opuestos.

Liberar para favorecer las relaciones

En lo que resta de este capítulo, vamos a aplicar los principios y procesos expuestos en la primera parte del libro a cuestiones relativas a nuestras relaciones íntimas. Cuando trabajes con los ejercicios que siguen, te puedes centrar en una relación que te gustaría mejorar, una relación antigua que quisieras terminar o una relación nueva que realmente te convenga. Aun en el caso de que solo explores algunas de las actividades que se exponen en este capítulo, podrás llegar con facilidad al nivel que han logrado miles de personas que ya han mejorado sus relaciones mediante la liberación.

Trascender a nuestros padres

Además de en todo lo relacionado con el dinero, nuestros padres también influyen en nuestra forma de entender el acto de relacionarse. Son nuestros primeros modelos, debido a la forma que tenían de relacionarse entre sí (excepto en los casos de familias monoparentales) y a cómo se relacionaban con nosotros. Por consiguiente, para empezar a lograr una total libertad en tus relaciones, comienza por centrarte en tu relación con tus padres o en la que ellos mantuvieron entre sí.

¿Hay algo en todo ello a lo que te resistas o que quieras cambiar, o alguna cosa que hayas empleado como modelo?

¿Despierta esto una necesidad de aprobación, control o seguridad?

Cualquiera que sea la necesidad, *¿podrías permitirte soltarla?*

Busca algún aspecto en tu relación con tu padre y tu madre, con uno de los dos o en su relación mutua que te gustaría cambiar.

¿Podrías soltar el deseo de cambiarlo?

¿Hay algo más en tu relación con tus padres, o en su relación mutua, que te gustaría cambiar?

De ser así, ¿podrías soltar el deseo de cambiarlo?

Considera de nuevo estas preguntas. Observa si en tu relación con tu padre o con tu madre, o en la relación de uno y otra, existe algo que no te gustara, o que no te guste, y que desearías cambiar.

¿Podrías soltar el deseo de cambiarlo?

¿Existe algo más en la relación con tus padres, o en la relación mutua de estos, que de algún modo haya influido en tus relaciones hasta este momento? Ten en cuenta que o vives oponiéndote a esas primeras relaciones o has hecho de ellas tu modelo, aunque no funcionaran.

Evidentemente, es posible que hayas tenido unas relaciones muy sanas con tus padres. De modo que hacer ahora un poco de liberación sobre ellas no puede más que mejorarlas.

Analiza cuál es tu sentimiento general sobre tu relación con tus padres y sobre la relación que ellos mantuvieron. *¿Procede ello, en última instancia, de una necesidad de aprobación, control o seguridad?*

Cualquiera que sea la necesidad, *¿podrías permitirte soltarla?*

Observa también ahora si en tus primeras relaciones con tus compañeros, tus primeros amigos, hay algo que no te gusta y que te gustaría cambiar.

Si es así, ¿podrías soltar el deseo de cambiarlo?

¿Hay algo más en tus primeras relaciones con tus compañeros que desearías cambiar? Quizá te sentías tímido o te era difícil relacionarte con los niños junto a los que te hiciste mayor. *¿Tal vez en tus relaciones con tus compañeros había algo más a lo que ahora te resistes?*

¿Existe la sensación de necesidad de aprobación, control o seguridad al respecto?

De ser así, ¿podrías permitirte soltarla?

Te aconsejo encarecidamente que sigas liberando sobre la relación con tus padres, sobre la relación mutua de estos y sobre las relaciones que tuviste con tus iguales. Es en estas primeras relaciones donde se iniciaron la mayor parte de los patrones que seguimos en nuestra madurez. Si ahora realizas cierta limpieza, puede cambiar todo lo que constituye tu experiencia.

Claire: crear seguridad en su relación

«Muchas personas tienen unas relaciones siempre con el mismo tipo, aunque tenga distinta cara –dice Claire–. Para mí, se trataba de una proyección de mi padre, una persona imaginada del pasado. Siempre seguía apareciendo en mis relaciones». El Método Sedona la ayudó muchísimo a olvidarlo y a sentirse segura en este sentido. La consecuencia fue que pudo empezar a estar de verdad con el hombre con el que realmente estaba, en vez de reaccionar al espectro de su padre. Una vez que hubo soltado la necesidad de aprobación, control y seguridad –y en especial el deseo de cambiar las cosas tal cual eran–, dio un gran salto hacia delante. «Hoy tengo un amor que nunca imaginé que pudiera tener, porque nunca supe percibir el amor que la gente sentía por mí. Mi pareja y yo utilizamos el Método Sedona, que nos ha ayudado mucho en una serie de temas que al principio se nos plantearon. Cuando practiqué conmigo misma y con los demás el olvido, empecé a quererme más y a no ser una persona autodestructiva».

> «He seguido otros cursos que me dejaron confusa y en cierto modo asustada; en cambio, el Método Sedona hizo por mí mucho más que cualquiera de ellos. Me di cuenta de que estaba perjudicando mis relaciones por mi necesidad de control, mi necesidad de aprobación y mi necesidad de seguridad. Compartí el curso con un amigo íntimo, que oyó las cintas y luego estuvo en un retiro de siete días. El crecimiento personal que he experimentado y el crecimiento de que he sido testigo en mi amigo han cambiado nuestras vidas. Nos encontramos cada vez más unidos y nos ayudamos mutuamente».
>
> –**Cheri Paulson,** Houston (Texas)

Pasar del miedo al amor

El miedo también es algo que nos retrae en el campo de las relaciones. Puede ser que temamos el compromiso, la intimidad o que nos hagan daño. Pero si profundizas un poco más, cuando liberas sobre el miedo, verás que quedas libre para estar plenamente presente en las relaciones que mantengas en este momento o para encontrar y tener a esa persona perfecta. Recuerda que hay una forma secreta de soltar el miedo, un atajo que puedes seguir para liberar la necesidad de aprobación, control y seguridad (ver el capítulo trece). Vamos, pues, a practicar un poco la liberación sobre el miedo.

¿Qué hay que te dé miedo que pueda ocurrir, sea en esta relación actual o en tu relación ideal?

¿Qué te da miedo de las relaciones o de esta relación?

¿Podrías soltar el deseo de que eso ocurra?

Piensa en algo más que temas que se produzca en esta relación actual o en las relaciones en general.

¿Podrías soltar el deseo de que se produzca?

Repite estas preguntas cuatro o cinco veces, aceptando cualquier temor que aparezca, y libera sobre él. Se trata de un área sobre la que puedes seguir liberando durante el día. Cuando observes que tienes miedo de que pueda pasar algo en tu relación actual, o en la relación en que estés pensando, recoge ese miedo enseguida. Piensa si puedes soltar el deseo de que ese miedo se manifieste.

Te pido que entiendas que es posible que tu temor no sea algo que desees conscientemente. Pero, como los miedos subconscientes son como «deudas» que has contraído y que provocan que ocurra eso que temes, realmente te corresponde soltar cualquier miedo que puedas sentir sobre las relaciones.

El proceso de gustos/aversiones

Analicemos los diversos apegos y las diferentes aversiones que pueden hacer que una determinada relación esté estancada o que en general te paralicen e impidan que establezcas unas relaciones satisfactorias. Hay dos cosas referentes a los gustos y las aversiones que conviene recordar. Primera, liberar de forma alternativa sobre las dos partes de la ecuación. Trabaja sobre un gusto, después sobre una aversión, y así sucesivamente. Segunda, si no se te ocurre nada que te guste o disguste en este momento, libera sobre estos sentimientos al respecto y sigue adelante. Cada par gusto/aversión forma una capa completa de limitación sobre ese tema particular y que vas eliminando.

Así pues, ¿hay algo que te guste de una relación, sea la que ahora mismo mantengas, alguna del pasado o una que tengas en perspectiva?

¿Despierta ese algo una sensación de necesidad de aprobación, control o seguridad?

Cualquiera que sea la necesidad, *¿podrías permitirte soltarla?*

Piensa en algo que te disguste de tu relación actual, de una relación pasada o de alguna que tengas en expectativa.

¿Despierta ese algo una necesidad de aprobación, control o seguridad?

Cualquiera que sea la necesidad, *¿podrías liberarla?*

¿Qué te gusta de la relación?

¿Tiene ello que ver con la necesidad de aprobación, control o seguridad?

¿Podrías permitirte soltarla?

¿Qué te disgusta de la relación?

¿Procede ello de la necesidad de aprobación, control o seguridad?

¿Podrías permitirte soltarla?

Repite las preguntas anteriores cuatro o cinco veces más, sin dejar de liberar mientras lo haces. Este proceso es una forma magnífica de eliminar los apegos y las aversiones que te impiden tener una relación ideal.

Aceptar las cosas como son

Como ya he dicho, aceptar a tu pareja simplemente como lo que es (tu pareja) te ayudará a abrirte al amor que has estado buscando.

¿Podrías permitirte aceptar sin más tu relación actual, si es que tienes alguna?

¿Podrías aceptar lo que haya ocurrido en el pasado y también lo que pueda pasar en el futuro?

¿Podrías permitirte aceptar las cosas tal como son ahora? ¿Dejar simplemente que estén ahí?

La fuente más dinámica de la que crear cualquier cosa que desees en la vida es el sentimiento de que todo está bien tal como está en este preciso instante. Esto no significa que no puedas escoger algo diferente cuando se te ofrece la oportunidad. Pero saber aceptar, admitir o permitir lo que hay en este momento te da un poder enorme para cambiar la energía de tu relación, tanto para enamorarte de la realidad tal como es como para abrirte a una relación más positiva aún.

Así pues, ¿podrías permitirte aceptar lo que en este momento hay en tu relación?

¿Podrías dejar que sea tal como es?

Saber que está bien tal como está: en este conocimiento está la posibilidad de algo aún mejor.

¿Podrías permitirte relajarte en este momento, sabiendo que todo está bien?

Cuando te relajes y te limites a vivir el momento, no solo te sentirás mejor, sino que también estarás en mejor posición para abordar una relación. Estoy seguro de que habrás observado que la gente con la que te gusta estar son personas tranquilas en su interior. No son estrictas ni nerviosas. Cuanto mejor sepas relajarte y ser tu auténtico yo en todos los momentos del día, más vas a mejorar tus relaciones. Estar relajado y tranquilo es algo natural, algo que siempre encontrarás en el fondo de cada ejercicio de liberación que realices.

Dedica un momento a observar cómo aumenta tu bienestar respecto a las relaciones, ahora que hace solo unos minutos, y cómo te sentirás mejor respecto a cualquier relación concreta en la que estuviste trabajando.

El procedimiento de limpieza

El procedimiento de limpieza es una de las herramientas más potentes que conozco para mejorar las relaciones. Te puede ayudar a transformar hasta las situaciones más difíciles, devolviéndote para ello a una situación de equilibrio en el amor.

He modificado el proceso que sigue respecto al que exponía en el capítulo once y le he añadido una cuarta serie de preguntas sobre la separación. Están pensadas específicamente para que te ayuden a intimar más con la gente que quieres.

Cuando trabajes con ellas, debes recordar algunas cosas. En primer lugar, acepta los sentimientos que surjan en tu conciencia cuando te haga preguntas del tipo: «¿Esta persona intentaba controlarte?». Observa que el sentimiento de necesidad de control simplemente se disuelve cuando se acepta. En segundo lugar, la tercera pregunta de cada serie es solo una decisión. Por último, practicas la liberación para ti. No lo haces para tu pareja o para quien lo pudiera llegar a ser. El procedimiento de limpieza es una herramienta que te ayuda a lograr la libertad que deseas en tu relación.

Empieza por acomodarte y centrarte en tu interior. Piensa en una persona sobre la que limpiar. Puede ser alguien con quien actualmente mantengas una relación, alguien del pasado, una posible pareja o incluso tu padre o tu madre. Como ya dije en el capítulo once, una de las formas con que mejor ayudé al desarrollo de mi libertad fue aplicar el procedimiento de limpieza a mi madre. Por entonces teníamos una relación bastante buena, pero no era nada del otro mundo. Cuando apliqué ese proceso a mi madre, no solo cambié mi relación con ella y con todas las demás personas, sino que cambié también mi relación con lo que sentía hacia mí mismo.

Así pues, piensa en la persona sobre la que ahora te gustaría practicar la liberación, alguien con quien quisieras mejorar la relación. O, si en estos momentos no tienes relación alguna, limpia sobre una relación del pasado. Imagina a esa persona. Obsérvala con los ojos de la mente, utilizando tus sentidos dominantes. Puedes sentirla, verla o quizá oír una historia sobre ella.

¿Esa persona intentó controlarte?

De ser así, ¿podrías soltar la necesidad de controlarla ahora tú? ¿Intentaste tú controlar a esa persona?

De ser así, ¿podrías soltar ahora la necesidad de controlarla?

Repite las preguntas las veces que hagan falta y luego, cuando estés preparado, pasa a la tercera pregunta de esta serie:

¿Podrías reconocer a esa persona el derecho a ser tal como es? ¿Podrías hacerlo?

¿Le concederías a esa persona el derecho a ser como es?

¿Le concedes a esa persona el derecho a ser como es?

Recuerda que ahora no se trata más que de una decisión. Es la libertad de elegir.

¿Te disgustaba o desaprobabas algo de esa persona?
De ser así, ¿podrías soltar la actitud de negarle el amor?
¿A esa persona le disgustaba o desaprobaba algo de ti?
De ser así, ¿podrías soltar la necesidad de que te apruebe?

Repite las preguntas de aprobación anteriores tantas veces como sean necesarias. Después, cuando estés preparado, pasa a la tercera pregunta:

¿Podrías tener únicamente sentimientos de amor o aceptación hacia esa persona? ¿Podrías?

¿Te permitirías aceptarla o quererla? Recuerda una vez más que aquí se trata de una decisión.

¿En este momento tienes solo sentimientos de amor hacia esa persona?

Si la respuesta es afirmativa, sigue adelante.

¿Esa persona te desafió, se enfrentó a ti o te amenazó?

¿Tal circunstancia despierta en tu interior un sentimiento de necesidad de seguridad o de supervivencia?

Si es así, intenta soltar esa necesidad.

¿Desafiaste tú a esa persona, te enfrentaste a ella o la amenazaste?

Si es así, ¿podrías soltar el deseo de desafiarla, enfrentarte a ella o amenazarla?

¿Esa persona te desafió, se enfrentó a ti o te amenazó?

De ser así, ¿podrías soltar la necesidad de seguridad o supervivencia que tal circunstancia pudo haber despertado?

¿Desafiaste tú a esa persona, te enfrentaste a ella o la amenazaste?

De ser así, ¿podrías soltar el deseo de protegerte de ese modo?

Repite estas preguntas todas las veces que sean necesarias. Cuando estés preparado, pasa a la tercera pregunta de la serie:

¿Podrías permitirte tener únicamente un sentimiento de bienestar, un sentimiento de seguridad y confianza con esa persona? ¿Podrías hacerlo?

¿Te permitirías tener solo un sentimiento de bienestar, seguridad y confianza con esa persona?

¿Tienes ahora únicamente un sentimiento de bienestar, seguridad y confianza con esa persona?

Si la respuesta a esta pregunta es «sí», sigue adelante.

¿Esa persona te rechazó, se alejó de ti, te marginó o de alguna forma intentó estar separada de ti?

De ser así, ¿podrías soltar la necesidad de unirte a ella?

¿Rechazaste tú a esa persona, te alejaste de ella, la marginaste o de algún modo intentaste estar separado de ella?

De ser así, ¿podrías soltar el rechazo hacia ella y la necesidad de estar separado?

Repite estas preguntas todas las veces que sean necesarias. Cuando estés preparado, pasa a la tercera pregunta de la serie:

¿Podrías permitirte ahora tener un sentimiento de unidad con esa persona, un sentimiento de «tú eres yo»? ¿Podrías hacerlo?

¿Te permitirías tener únicamente un sentimiento de unidad, un sentimiento de «tú eres yo» con esa persona?

¿Tienes únicamente un sentimiento de unidad, un sentimiento de «tú eres yo» con esa persona?

Recuerda que se trata solo de una elección. Si la respuesta es «sí», puedes descansar. Si no estás seguro, quizá prefieras practicar un poco más la liberación antes de concluir.

Proceso de ventajas/inconvenientes

El proceso de ventajas/inconvenientes es otra excelente manera de liberar sobre tus relaciones. Usa esta técnica si:

- mantienes una relación feliz con tu pareja, y con ello es posible que te sientas mejor;
- tienes la posibilidad de una relación, pero no estás completamente seguro de establecerla o no, o
- quieres tomar una determinación sobre una antigua relación.

Trabajemos ahora con algunas ventajas y algunos inconvenientes. Para empezar, concéntrate en una relación actual, en una relación pasada o en la posibilidad de tener la relación ideal. Pregúntate:

¿Qué ventaja te supone esta relación?

¿Existe en el fondo un sentimiento de necesidad de aprobación, control o seguridad/supervivencia?

Cualquiera que sea la necesidad, *¿podrías liberarla?*

¿Qué inconveniente te supone esta relación?

¿Existe un sentimiento de necesidad de aprobación, control o seguridad/supervivencia?

Cualquiera que sea la necesidad, *¿podrías liberarla?*

¿Qué ventaja te supone que la relación sea como es?

¿Despierta ello una necesidad de aprobación, control o seguridad?

¿Podrías soltarla?

¿Qué inconveniente te supone que la relación sea como es?

¿Despierta ello una necesidad de aprobación, control o seguridad?

¿Podrías liberarla?

Repite esta serie de preguntas y de liberaciones al menos nueve veces antes de detenerte, para trascender de las respuestas evidentes y descubrir nuevas ideas. Luego te aconsejo que sigas trabajando con el proceso de ventajas/inconvenientes. Realmente tiene el poder de transformar cualquier aspecto de una relación en el que te sientas estancado o en el que quisieras sentirte más libre.

El paradigma de la unidad/separación

La necesidad de separación y, su opuesto, el deseo de ser Uno, son muy importantes en el campo de las relaciones. La razón es que en una relación normalmente hay una persona que siempre desea estrechar el vínculo y otra que quiere soltarlo. A veces, las parejas llegan a un acuerdo, pero, cualquiera que sea tu actitud en este sentido, puedes liberar. Puedes soltar la necesidad de intimar más y, como resultado, sentirte más unido. Puedes soltar la necesidad de estar separado, y observarás que también así te sientes cómodo.

Observa si en tus relaciones existe alguna necesidad de ser Uno o de estar separado. Descubrirás que la liberación constante sobre este tema cambia positivamente tus relaciones.

William: ya nada parece tan grave

William y su esposa llevan seis años juntos y, como él mismo dice en broma: «Parece que se nos da bien lo de pelearnos». Antes de descubrir el Método Sedona, solían agotar sus fuerzas en tonterías y situaciones que se prolongaban días e incluso semanas. Se obcecaban y no veían lo que estaba ocurriendo. Pero cuanto más liberaban, mejor podían reconocer que eran como dos chiquillos que jugaban a estar enfadados, disgustados y sin querer saber nada el uno del otro. Una vez que ambos se percataron de ello, las pocas veces que iniciaban una discusión enseguida rompían a reírse a carcajadas. La pelea les parecía algo ridículo.

«En el último retiro de siete días al que asistimos, una mañana salíamos del hotel en coche para dirigirnos al curso y empezamos a discutir —explica William—. Durante el trayecto, los dos llegamos simultáneamente al punto en que casi dejábamos de lado nuestro cuerpo para observar a la persona (nosotros mismos) que participaba en la discusión». En ese momento se pusieron a reír a carcajadas. «No hay nada que sea tan grave —dice William—. Todas las cosas que antes eran motivo de tormentosas peleas que duraban horas, días y semanas ya no tienen el mismo efecto».

«El gran regalo del Método es que siempre lo tengo a mano. Vivo más en el presente que nunca. He descubierto que mis necesidades tienen que ver sobre todo con la aprobación y la seguridad, un vestigio de mi infancia. Poder soltarlo fue algo magnífico. He mejorado mi vida sexual, porque no tengo que aparentar nada. Todo es mucho mejor. Solo por eso ya he amortizado el precio de la entrada. Mi mujer se siente feliz, y yo no sabía por qué. Es como la luz cegadora de lo evidente».

—R. F., California

Imaginar tu relación ideal

Acomódate y empieza a pensar en cómo es tu relación ideal. Recuerda que cuando «visualices» algo, lo mejor que puedas, debes usar todos tus sentidos. Combina las imágenes mentales con los sonidos y las sensaciones corporales e incluso añade los olores si con ello consigues una experiencia más vívida.

Así pues, ¿cómo sería la relación que ahora mismo tienes si fuera perfecta? O ¿cuál sería tu relación ideal en general? Permítete imaginar cómo es, aplicando a esa imaginación tantos sentidos como puedas.

¿Cómo es tu relación ideal, cómo se siente y cómo suena?

¿Hay algo en tu interior que diga: «No, no puedes o no debes tener eso» o «No tienes eso»?

¿Procede ello de una necesidad de aprobación, control o seguridad/ supervivencia?

Cualquiera que sea la necesidad, *¿podrías soltarla?*

Imagina de nuevo tu relación ideal aquí y ahora. *¿Cómo es, cómo se siente y cómo suena?* Emplea todos tus sentidos. Haz que la imagen sea lo más viva que puedas.

Esta vez observa si surge alguna idea, algún pensamiento o alguna creencia que diga: «No puedes tener eso», «No debes tener eso», «Nunca tendrás eso» o «No es posible».

¿Este pensamiento procede de una necesidad de aprobación, control o seguridad?

¿Podrías liberarlo?

Ahora imagina de nuevo tu relación ideal. *¿Podrías dejar simplemente que exista?* Saber que está bien tener una relación ideal y, al mismo tiempo, aceptar la relación tal como sea en ese momento. Dejar que esté bien aquí y ahora.

Si sientes algún reparo en tener la relación ideal, *¿podrías liberarlo y saber que en este momento estás bien?*

Además de la visualización, también te resultará de utilidad aplicar el proceso de determinar objetivos a los aspectos de tu relación (ver el capítulo ocho).

Liberar mejora toda clase de relaciones

Las técnicas que en este capítulo acabas de ver aplicadas a las relaciones amorosas tienen la misma utilidad cuando se aplican a los hijos, los padres, los amigos, los compañeros de trabajo y cualquier otra persona. Piensa en cómo podrías empezar a incorporar esas formas de liberación a todas tus interacciones. Te prometo que toda relación, incluida la que tienes contigo mismo, mejorará muchísimo y se convertirá en fuente de alegría y tranquilidad.

18

Rebosantes de salud

A mediados de los años setenta del siglo pasado, cuando se empezaba a enseñar el Método Sedona, no era habitual reconocer que los sentimientos reprimidos y el estrés agravan la enfermedad o la provocan directamente. Hoy, los profesionales de la medicina aceptan de forma tan generalizada la relación entre la mente y el cuerpo que muchos tratamientos incluyen un elevado grado de ayuda emocional. Mis socios y yo nunca intentaremos tratar, diagnosticar, curar y ni siquiera aconsejar a nadie acerca de su particular estado de salud, pero el desarrollo de una salud radiante y un mejor estado físico es uno de los beneficios de los que con más frecuencia hablan quienes emplean el Método Sedona.

La mayor parte del sufrimiento, si no todo, que acompaña a la enfermedad física deriva de nuestras reacciones emocionales a lo que experimenta nuestro cuerpo. Por ejemplo, ¿no has sentido alguna vez un dolor físico y has observado que, en cierto momento, no te afectaba pero, en circunstancias similares y en otro momento, el mismo tipo y la misma cantidad de dolor te producía la máxima incomodidad? Si eres como la mayoría somos, seguramente dirás que sí. ¿Por qué ocurre esto? La enfermedad supone una «incomodidad».

Ocurre muy a menudo que no nos sentimos cómodos en el interior de nuestro cuerpo. Emitimos juicios sobre un determinado problema físico que se nos plantea. Quizá incluso hayamos oído decir a alguien que somos nosotros quienes de algún modo provocamos ese problema, con lo que interpretamos que este se genera de una forma personal. O tal vez pensemos que se nos castiga por «portarnos mal». De este modo, nos provocamos un sufrimiento innecesario basándonos en la situación de nuestro cuerpo.

Hay un dicho agridulce que explica el tipo de creencias de que hablamos: «En cierto sentido, morir es algo noble... pero no permita Dios que caigamos enfermos». La enfermedad indica que de un modo u otro uno ha fracasado.

No comparto estas ideas.

También los cuerpos de los santos, los sabios y las personas emocionalmente sanas enferman y mueren. Así pues, ¿por qué ponernos las cosas tan difíciles. Si sufres alguna enfermedad, no la agraves pensando en lo desgraciado que eres por vivir en tal situación. Es verdad que, debido al vínculo que existe entre la mente y el cuerpo, cuanto más sano está uno en el ámbito emocional, menos probable es que sufra la enfermedad en el cuerpo. Sin embargo, no hay garantía de que la buena condición emocional mejore el estado físico. A veces, el dolor físico se puede aliviar con el Método Sedona, y en este mismo capítulo analizaremos varias formas de hacerlo. No obstante, incluso cuando el dolor u otros síntomas persisten, siempre es posible liberar nuestras reacciones emocionales ante ellos y, por consiguiente, aliviar el sufrimiento.

Este capítulo, que es un minicurso sobre el bienestar físico, se divide en dos grandes apartados: en el primero se expone un proceso de cinco pasos para afrontar la enfermedad y la incomodidad; en el segundo se explica cómo emplear procesos como los de gustos/aversiones, ventajas/inconvenientes, el procedimiento de limpieza y la visualización, para liberar con respecto a la salud en general y al cuerpo.

Si estás siguiendo algún tratamiento por alguna dolencia física, por favor, no lo cambies sin antes consultarlo con el médico o terapeuta que te lo haya prescrito. Los procesos que aquí se exponen solo pretenden ofrecer una ayuda emocional. Además, si crees que puedes estar en unas condiciones físicas que requieren la asistencia profesional, es importante que acudas al médico antes de empezar a trabajar con el material que sigue.

Dicho esto, procedamos.

Cinco pasos para afrontar la enfermedad y la incomodidad

El proceso de cinco pasos es útil para liberar sobre temas como los que se refieren a la enfermedad, las heridas, el aspecto físico y la pérdida de peso, por nombrar solo unos cuantos. De hecho, estos pasos son eficaces con casi cualquier cosa que consideres un problema. Como decía en el capítulo trece, también puedes adaptar estos pasos muy fácil y eficazmente para tratar estados psicológicos por los que tal vez sigas un tratamiento clínico, por ejemplo la depresión, los ataques de pánico, el trastorno bipolar, etc. Las técnicas son integradoras y su objetivo es ayudarte a quererte y aceptarte como el todo que componen tu cuerpo, tu mente y tu espíritu, cualquier cosa que sea lo que «tengas».

1. Considera la posibilidad de curarte

Como ya he dicho, el Método Sedona no promete curar ninguna dolencia física. Hecha esta salvedad, debes estar tan abierto como puedas a la posibilidad de que cambiar tus pensamientos y emociones pueda producir cambios positivos en el ámbito físico. Son resultados que están bien documentados. En otras palabras: para cambiar tu cuerpo, cambia tu mente. En nuestras clases, antes de ponerme a trabajar con alguien sobre una cuestión física, lo primero que hago es comprobar si contempla esta posibilidad o si tiene dudas al respecto.

Haz tú ahora lo mismo. Dedica unos minutos a mirar en tu interior y averiguar si estás abierto a la posibilidad de que la liberación de tus emociones mejore tu salud física. Si lo estás, ¡estupendo! Sigue leyendo. Si no lo estás —si albergas algún tipo de duda en tu mente—, analízate de nuevo para determinar de qué necesidad procede esa duda (aprobación, control o seguridad). Luego, suelta esa necesidad.

Lo creas o no, este paso puede producir un impacto enorme en tu proceso de liberación, porque atraviesa la resistencia como el cuchillo caliente atraviesa la mantequilla. He visto a personas liberarse de cuestiones que llevaban mucho tiempo arrastrando justo en el proceso de aceptar que era posible hacerlo.

2. Quiérete tal como eres

Cuando observes que te angustias por sufrir un determinado problema físico, realiza un breve ejercicio.

Primero, observa la desaprobación y limítate a preguntarte: *¿Podría soltar la actitud de desaprobarme?* Después, libera lo mejor que puedas esa desaprobación que haces de ti mismo. Sigue hasta que hayas liberado la desaprobación. Después, da un paso más en el proceso y concédete la aprobación *sin razón alguna*.

Cuando observes que desapruebas aquella parte de tu cuerpo que te produce inquietud, pregúntate: *¿Podría soltar mi desaprobación respecto a mi _____ (la parte del cuerpo)?* Luego, acaricia esa parte con todo el cariño de que seas capaz en ese momento. Esta técnica tan simple obra maravillas, te lo aseguro.

Cuanto más sueltes la desaprobación hacia ti mismo y hacia tu cuerpo, y cuanto más te habitúes a concederte la aprobación sin necesidad de razón alguna, más feliz y vivo te sentirás, lo cual te ayudará también de forma decisiva en cualquier proceso de cura.

3. Dejar de preguntarse por qué y logra la sabiduría

A menudo, un problema físico persiste porque nos perdemos intentando averiguar por qué tenemos ese problema o en qué consiste. Como ya he señalado, la única razón de que realmente queramos saber el porqué de cualquier tipo de problema es porque prevemos que lo volveremos a sufrir en el futuro. El futuro puede ser mañana, la semana que viene o dentro de cinco minutos. Sufrimos menos cuando soltamos esa previsión de futuras desgracias.

No estoy diciendo, por supuesto, que ignores un estado de salud. Si tienes algún problema que requiera atención médica, te pido que te la procures lo antes posible.

Permítete ir más allá de la obsesión por tu estado físico, y para ello pregúntate:

¿Prefieres comprender por qué estás enfermo, o simplemente sentirte mejor?

Si prefieres «simplemente sentirte mejor», suelta el deseo de averiguar los porqués. Deja que lo hagan los especialistas.

«Desde que empecé a practicar el Método Sedona hace dos años y medio, mis ideas sobre la salud y la atención sanitaria han cambiado por completo. Solía padecer alergias y mucha tensión en la espalda y el cuello, todo lo cual mejoró con el uso diario del Método. Ya casi nunca me resfrío, a pesar de que suelo estar expuesta a los virus. Nuestra salud es realmente un reflejo de nuestra conciencia. En el proceso de liberar, estoy desaprendiendo todo lo que había aprendido y volviendo a la auténtica esencia de lo que es salud: volver a nuestra propia y auténtica naturaleza».

–Clara Hsu, Santa Mónica (California)

Algunas personas tienen miedo a los médicos y otras se resisten a pedir cualquier tipo de ayuda, unas situaciones que pueden impedir que se reciba la adecuada atención médica.

Si tienes miedo a los médicos o al tratamiento médico, puedes liberar en este sentido preguntándote: *¿Cómo me siento ante los médicos, los hospitales y los procedimientos médicos?* Acepta cualquier pensamiento, sentimiento o imagen que surjan en tu conciencia como respuesta a esa pregunta.

A continuación, pregúntate: *¿Procede ello de la necesidad de aprobación, de la necesidad de control o de la necesidad de seguridad y supervivencia?*

Cualquiera que sea la necesidad, pregúntate: *¿Podría soltarla?*

Repite todas estas preguntas hasta que te sientas más libre ante los médicos, los hospitales, los procedimientos sanitarios y la ayuda en general. Esto, por sí mismo, puede estimular la curación y favorecer una mejor comunicación entre tú y los médicos y otras personas que cuiden de ti.

4. Superar el diagnóstico

Otro aspecto en que las personas se suelen quedar bloqueadas cuando trabajan sobre un problema físico o psicológico (ver el capítulo trece) es en el propio diagnóstico. Cuando oímos decir a un especialista cuál es nuestro diagnóstico, por ejemplo cáncer, problemas de corazón o un trastorno de ansiedad, por nombrar unos pocos, estos diagnósticos se pueden convertir en predicciones que conllevan su propio cumplimiento. Al fin y al cabo, hemos pagado a unos profesionales para que nos den su opinión sobre lo que nos pasa y sobre qué hacer al respecto, por lo que es comprensible que aceptemos lo que nos digan, ¿no?

Te recomiendo que sigas los consejos de tu médico, pero al mismo tiempo sigue abierto a la posibilidad de que tu estado pueda mejorar, por encima y más allá de lo que tu profesional médico pueda hacer por ti. Para muchos, el diagnóstico se puede convertir en una obsesión. Entonces usamos nuestra expectativa de unos síntomas recurrentes como un mantra para una nueva meditación basada en el miedo.

Una forma excelente de facilitar la liberación de nuestras expectativas de futuros problemas y sufrimientos es considerar el problema como un recuerdo, como explicaba en el capítulo doce. Este es el proceso:

Primero pregúntate: *¿Podría permitirme recordar que solía pensar que padecía _____ (tu diagnóstico)?*

La pregunta puede cambiar tu conciencia y hacer que te rías. Quizá te produzca un cosquilleo interior. O simplemente puede abrir en tu conciencia la posibilidad de: «Sí, incluso *esto* no es más que un recuerdo».

A continuación, pregúntate: *¿Me gustaría cambiar esa circunstancia de mi pasado?*

Si la respuesta es «sí», pregúntate: *¿Podría soltar el deseo de cambiar esa circunstancia del pasado?* Y libera lo mejor que sepas.

Incluso si la respuesta es «no», pasa a la fase siguiente.

La última pregunta de esta serie es: *¿Podría soltar la necesidad de creer que padezco* _____ *(tu diagnóstico)?*

Luego, haz todo lo que puedas para soltar esa creencia.

Comprueba de nuevo tus sentimientos. Si AHORA aún sigues aferrándote un poco al recuerdo del problema, repite los pasos desde el principio hasta que puedas soltar completamente.

A medida que vayas trabajando más y más desde esta perspectiva, te resultará más fácil soltar, incluso aquello que en su momento parecía ser cuestiones físicas o emocionales inmutables.

5. Soltar tu dolor y tus síntomas físicos

Una vez completados los cuatro primeros pasos para aliviar tu sufrimiento (has contemplado la posibilidad de que el problema cambie, te has concedido la aprobación, has soltado la necesidad de entender cuál es tu estado y has soltado la actitud de creer en tu enfermedad o incomodidad), es posible que ya nada quede por hacer. Pero, por si acaso queda algo y para que sepas cómo abordar cualquier tema que se plantee en el futuro, analicemos dos formas sencillas de trabajar directamente sobre los síntomas.

La primera forma eficaz de trabajar sobre un síntoma físico es usar el proceso básico del Método. Primero, simplemente observa cómo te sientes por el hecho de tener ese determinado problema. Luego, analiza si el sentimiento procede de la necesidad de aprobación, control o seguridad. Por último, permítete soltarla. Muy a menudo, son nuestros sentimientos hacia los síntomas lo que los hace inamovibles. Como ya has descubierto, también son los sentimientos sobre nuestros síntomas (el estado del cuerpo) lo que nos provoca el sufrimiento. Por lo tanto, aunque un síntoma o un dolor persistan después de haber liberado sobre ellos, en tu interior te sientes mucho mejor.

Otra muy buena forma de soltar un síntoma físico es alternar entre sentirlo en toda su plenitud y luego sentir el vacío o el espacio que lo rodea y penetra en su interior. He visto a personas soltar incluso los síntomas más intensos y persistentes con la sola práctica de este ejercicio. En un retiro de siete días, un señor que llevaba dos años tratándose con morfina para aliviar un intenso dolor de espalda, acabó con él después de unos pocos minutos —no más de cinco o seis— de este tipo de liberación.

Al igual que ocurre con la aceptación de nuestras emociones, la disposición a sentir un síntoma tanto como uno lo sienta nos puede proporcionar mucho alivio. Parte de la razón de que nuestros síntomas persistan y parezca que aumenten es que nos resistimos a tenerlos. Aceptar nuestros sentimientos y nuestras sensaciones siempre es un buen primer paso. Luego podemos avanzar un poco más en el proceso tomando conciencia de la calma subyacente que hace posible toda experiencia positiva o negativa. Al reconocer esa amplitud oculta, tendemos a eliminar cualquier emoción y cualquier síntoma que aparezca en la superficie de nuestra conciencia.

Así pues, basta con que alternes entre la aceptación de las sensaciones asociadas con tu síntoma, y el sentimiento y reconocimiento del espacio que lo rodea y penetra en su interior. Cuando lo hagas, verás cómo el dolor y otros síntomas se esfuman deprisa y sin ningún esfuerzo.

Duke: libertad de buscar la compasión

Antes de descubrir el Método Sedona, Duke llevaba seis años padeciendo el síndrome de fatiga crónica. El principal síntoma de su enfermedad, aparte de un profundo cansancio, era un dolor casi permanente en los brazos, los pies y las piernas. Como podrás imaginar, se tomaba muchos analgésicos en esa época, pero poco más podía hacer la medicina para aliviarlo. Se entusiasmó al saber que el Método seguramente podría disminuir su dolor.

«Después de seguir el curso básico, cada vez que me repetía un dolor, liberaba sobre él —dice Duke—. Me sentaba, centraba la atención en el propio dolor y seguía el proceso de, primero, dejar que estuviera ahí. Luego, lo liberaba. Antes, resistirme de forma automática al dolor e intentar librarme de él siempre hacía que terminara sintiéndome derrotado. Hoy, el simple hecho de dejar que el dolor esté presente normalmente produce el efecto de reducirlo, y a veces suelto la sensación de dolor al instante».

Al cabo de un año, más o menos, gran parte del dolor que Duke padecía había mejorado, pero aún no se sentía todo lo bien que esperaba encontrarse. Cierto día me llamó por teléfono mientras tomaba un baño caliente, y lo fui dirigiendo desde el principio, con la pregunta de liberación:

¿Podrías permitirte soltar la necesidad de tener la enfermedad?

Aquella sesión le produjo un profundo impacto. En sus palabras: «Fue para mí un punto de inflexión importante. Me di cuenta de que, por alguna razón y a un nivel profundo, debía de desear la enfermedad. Tal vez era para llamar la atención y despertar compasión, o seguramente para librarme de trabajar. No sé exactamente por qué, y en realidad no importa. Lo que importa es que inmediatamente observé una mejoría en muchos aspectos de mi enfermedad. Fue una experiencia sorprendente».

Liberar sobre tu salud y tu bienestar

Una vez analizadas las formas concretas de trabajar con los problemas físicos, pasemos a liberar un poco sobre nuestra salud y nuestro bienestar generales. Estas técnicas, que son aplicaciones de los principios de que hablábamos en la primera parte de este libro, se pueden emplear para estimular la autoestima, aceptar las señales de cambio que acompañan al proceso de envejecimiento y darte ánimos cuando sigas algún programa de adelgazamiento o de desintoxicación, además de para tratar síntomas de enfermedad y dolor. Liberar sobre el cuerpo beneficia a todos.

Aceptar las cosas como son

El simple hecho de aceptar el cuerpo tal como es puede estimular su capacidad de sanar; te ayuda a sentirte bien en este momento, sea lo que sea lo que tu cuerpo haga o deje de hacer. Léete en silencio las siguientes preguntas o haz que algún compañero te las haga.

Observa si, en este preciso momento, puedes permitir plenamente que tu cuerpo sea como es.

¿Podrías aceptarlo, que sea como es?

¿Podrías relajarte aún más en el sentimiento de aceptación o de permitir que tu cuerpo sea como es? Al fin y al cabo, en este momento tu cuerpo es como es. Oponerse a ello, querer cambiarlo o cualquier otro sentimiento contrario a cómo es solo hace que te sientas peor. Por lo tanto, pon todo tu empeño en dejar que tu cuerpo sea como es. Acéptalo tal cual es y acepta cualquier sentimiento que te despierte.

Ahora, ¿podrías insistir en ello un poco más?

¿Hay algo en el aspecto de tu cuerpo o en cómo se siente a lo que te opongas?

Solo de momento, ¿podrías soltar esa resistencia y dejar que tu cuerpo sea como es? Es como es en este preciso momento. Tu resistencia y tu deseo de cambiarlo no ayudan en nada.

Por lo tanto, ¿podrías aceptar tu cuerpo tal como es?

¿Podrías relajarte en el sentimiento de aceptación?

¿Un poco más?

¿Y un poco más?

Experimenta la aceptación de las cosas tal como son. Aunque estés liberando sobre algo de tu cuerpo que te disguste profundamente, por ejemplo una enfermedad grave o un defecto físico, tu sentimiento de desear cambiarlo o de resistencia solo hace que te sientas peor. Si puedes permitir que tu cuerpo sea como es, aunque sea por un breve momento, te sentirás muchísimo mejor, ya que se abre así la posibilidad de cambio.

Ir más allá de tus padres

Como ya he dicho, desde muy pequeños tomamos a nuestros padres como modelo, sea copiando directamente lo que hacen o resistiéndonos a su forma de ser. Ambas actitudes influyen de manera decisiva en nuestro modo de abordar la vida y de pensar. Por lo tanto, liberar sobre nuestros padres es una potente herramienta para cultivar la paz sobre el cuerpo.

Empieza por concentrarte en tu padre, en tu madre o en ambos.

¿Cuáles eran sus sentimientos generales sobre su cuerpo y su aspecto, y también sobre tu cuerpo y tu aspecto?

¿Hay algo en ello que te gustaría cambiar?

De ser así, ¿podrías soltar la necesidad de cambiarlo?

Busca algo más acerca de la actitud de tus padres hacia su cuerpo, o su actitud sobre el tuyo, que querrías cambiar.

¿Podrías soltar el deseo de cambiarlo?

Repite esta serie de preguntas algunas veces más antes de seguir.

¿Hay algo en la actitud de tus padres hacia su cuerpo o el tuyo a lo que te resistes?

¿Podrías soltar esta resistencia?

Busca algo más en la actitud de tus padres hacia su cuerpo o el tuyo a lo que te resistes.

¿Podrías permitir que esta resistencia se desvaneciera?

¿Tu padre, tu madre o los dos creían que estaban demasiado gordos, que tenían una frágil salud o se sentían incómodos con su cuerpo? ¿Observas claramente

«Entre lo que he conseguido está una mayor tranquilidad. La presión sanguínea se ha situado en los niveles normales. Me siento más cómodo conmigo mismo; no rechazo mi forma de ser. Veo que siempre que empiezan mis pensamientos negativos utilizo el Método. Estoy más centrado y mi concentración poco a poco va aumentando. También trabajo en la liberación de mi apnea del sueño. Los métodos físicos que he probado no han funcionado. Sé de algún modo que debo liberar lo que provoca que deje de respirar mientras duermo».

—Dr. Michael Shapiro,
Bronx (Nueva York)

que tú has adoptado esa creencia sobre ti mismo sin quererlo o que vives oponiéndote a ella?

En cualquier caso, analiza si te gustaría cambiar tal realidad.

¿Podrías soltar el deseo de cambiarla?

Busca algo más acerca del cuerpo de tus padres, en la relación que tenían con él o con tu cuerpo, que te haga sentir incómodo, que no te guste y que quieras cambiar.

Luego, ¿podrías soltar el deseo de cambiar todo esto?

¿Hay algo más en la relación de tus padres con su propio cuerpo o con el tuyo a lo que te resistas?

¿Podrías soltar esta resistencia?

¿Hay algo en la actitud de tus padres hacia su cuerpo, o en su actitud hacia el tuyo, que subconscientemente hayas asumido como propio?

Si no es algo que te guste, observa si deseas cambiarlo. Luego, ¿podrías soltar el deseo de cambiarlo?

Analiza si hay algo más en la actitud de tus padres hacia su cuerpo o hacia el tuyo que hayas asumido como propio.

¿Te gustaría cambiar el hecho de que lo hayas asumido?

¿Podrías soltar el deseo de cambiar que lo hayas asumido?

¿Hay algo en tu propia actitud hacia tu cuerpo que te gustaría cambiar?

¿Podrías soltar el deseo de cambiarlo?

¿Hay algo más de tu cuerpo que te gustaría cambiar?

De ser así, ¿podrías soltar el deseo de cambiarlo?

Recuerda que no hay nada de malo en emprender la adecuada acción. Sin embargo, el deseo de cambiar la forma de ser de nuestro cuerpo nos puede inmovilizar e impedirnos hacer lo que es necesario hacer. A veces, no podemos hacer nada sobre nuestro cuerpo, y querer cambiarlo no hace más que producirnos un sufrimiento innecesario. Por ejemplo, nos obsesiona el hecho de que envejezca. Pero esto es lo que les ocurre a todos los cuerpos.

Soltar las actitudes que hemos adoptado de nuestros padres acerca de la salud y el aspecto es un buen punto de partida para liberar sobre el cuerpo. Te recomiendo encarecidamente que liberes sobre este tema de forma regular durante unas semanas o siempre que tengas oportunidad de hacerlo. Cada vez que lo hagas, desvelarás y soltarás capas más profundas de limitación.

Ir más allá de los miedos que te enferman

Como veíamos en el capítulo trece, de manera subconsciente de hecho deseamos las cosas que tememos que nos ocurran. No conscientemente, por supuesto. Cuando liberamos sobre un determinado miedo, lo abandonamos como posibilidad en nuestra conciencia. En consecuencia, creamos una mejor imagen de nuestra vida y nos sentimos mucho mejor, más relajados y a gusto con nuestro cuerpo.

El siguiente es un proceso de liberación para miedos relacionados con el cuerpo:

¿Cuáles son algunos de tus temores sobre tu cuerpo, sobre su estado o sobre el estado en que pueda encontrarse? ¿Qué temes realmente que ocurra?

¿Podrías soltar la necesidad de que eso ocurra?

Busca algo más que te dé miedo relacionado con tu cuerpo. ¿Temes que al envejecer aparezcan arrugas, que engordes o que enfermes? Cualquiera que sea el miedo que sientas, deja que anide en tu conciencia una imagen de tal temor, para así poder soltarla. Acepta de verdad aquello que temes que pueda ocurrir.

¿Podrías soltar el deseo de que ocurra?

Busca algo más que temas que le ocurra a tu cuerpo, algo que conscientemente esperas que no ocurra.

¿Temes hacerte daño?

¿Tienes miedo de caerte?

¿Te da miedo una determinada enfermedad?

Sea lo que sea, *¿podrías soltar el deseo de que ocurra?*

¿Qué más temes que le pueda ocurrir a tu cuerpo?

¿Podrías soltar la necesidad de que ocurra?

Repite esta serie de preguntas tantas veces como sean necesarias para mitigar tus temores. Recuerda que siempre puedes liberar sobre el miedo de esta forma. O puedes comprobar si debajo de esos temores existe un necesidad de aprobación, de control o de seguridad, y liberar sobre tal necesidad. Cualquiera de las dos técnicas es una forma excelente de liberar el miedo.

George: amar el cuerpo en cualquier estado en que se encuentre

Hace cuatro años, George notó que tenía la próstata un tanto inflamada y se fue al médico. Mientras este le examinaba parecía preocupado, y decidió hacer unos análisis, por lo que la mente de George enseguida imaginó lo peor: «Cáncer de próstata. ¡Pero si solo tengo treinta y siete años!». Se alegró de disponer del Método Sedona y poder emplearlo para afrontar el miedo. «Podemos reaccionar de muchas formas ante lo que le ocurre a nuestro cuerpo, y las ideas sobre lo que el cuerpo puede o no puede hacer están relacionadas con nuestros sentimientos —dice—. Cuando fui a hacerme los análisis, estuve liberando continuamente. Lo hacía sobre el miedo a morir y el miedo a enfermar. Había oleadas de miedo. Al llegar a casa, seguí liberando, y me concentré en mandar cariño y aprecio a esa parte de mi cuerpo.

Los análisis de sangre de George demostraron que estaba bien. Cuando, unos meses más tarde, se hizo otros de seguimiento, el médico le dijo que todo era completamente normal. «Desde entonces, a veces reaparecen mis síntomas, y cuando lo hacen me limito a liberar. Soltar me ayudó a no hacer que mi estado de salud pareciera algo ajeno a mis sentimientos, y creo que he mejorado el aspecto físico. Según mi experiencia, la liberación elimina la contracción de la energía del cuerpo, que tantos problemas físicos provoca. —Y añade—: El cuerpo hace lo que hace. Liberar para controlarlo no funciona. Todos queremos que el resultado de los análisis sea bueno, pero liberamos sobre los resultados para sentirnos tranquilos. Dejar que ocurra lo que vaya a ocurrir y quererme en el estado en que estoy hace más fácil la aceptación».

¿Y si el cuerpo está bien tal como está?

Vamos ahora a aplicar al cuerpo el proceso de gustos/aversiones (ver el capítulo nueve). Cuando sueltas tus gustos y tus aversiones, empiezas a aceptar mejor tu cuerpo tal como es, lo cual hará que te sientas mejor de inmediato. Además, siempre que te encuentres en el estado de mucha energía de la aceptación, tendrás mucha más capacidad para actuar positivamente de la que tendrías si te encontraras aprisionado en uno de los estados emocionales más restrictivos.

Para empezar, busca algo de tu cuerpo que te guste. Analiza si es fruto de tu necesidad de aprobación, control o seguridad.

De ser así, ¿podrías soltar esa necesidad?

A continuación, busca algo de tu cuerpo que te disguste.

¿Surge de tu necesidad de aprobación, control o seguridad?

Cualquiera que sea la necesidad, *¿podrías soltarla?*

Busca algo más de tu cuerpo que te guste. *¿Existe alguna necesidad subyacente?*

Cualquiera que sea la necesidad, *¿podrías liberarla, soltarla?*

¿Hay algo que te disguste de tu cuerpo?

¿Tiene su origen en un sentimiento de necesidad de aprobación, necesidad de control o necesidad de seguridad?

¿Podrías soltar esa necesidad, cualquiera que sea?

Repite esta serie de preguntas alternas al menos nueve veces, centrándote en tu cuerpo en general o en un síntoma o un estado concretos que desees limpiar. Si abordas sentimientos sobre algún problema de salud, te recomiendo que formules las preguntas en pasado:

* *¿Qué me gustaba de _____ (ese estado)?*
* *¿Qué me disgustaba de _____ (ese estado)?*

Limpiar sobre tu cuerpo

El procedimiento de limpieza se diseñó para trabajar sobre nuestros sentimientos hacia las personas. Pero también puedes trabajar sobre tus sentimientos hacia un objeto, por ejemplo tu cuerpo. De hecho, la mayoría tenemos con nuestro cuerpo una relación casi idéntica a la que tenemos con otra persona. De modo que estas preguntas deberían tener sentido. Pon toda tu atención en las imágenes y los sentimientos que surjan, sin intentar comprenderlos. Es un proceso de mucha fuerza. Cuando trabajes así con tu cuerpo, probablemente empezarás a ver profundos resultados.

¿Tu cuerpo intentó controlarte? ¿O lo parecía?

De ser así, ¿podrías soltar la necesidad de recuperar el control?

¿Intentaste controlar tu cuerpo?

De ser así, ¿podrías soltar la necesidad de controlar tu cuerpo?

Repite el proceso cuatro o cinco veces y luego pregúntate:

¿Podrías reconocerle ahora a tu cuerpo el derecho de ser como es? ¿Sabrías hacerlo?

¿Le reconocerías a tu cuerpo el derecho de ser como es? Recuerda que esta pregunta es una elección o decisión.

Repite estas preguntas unas cuantas veces hasta que puedas decir «sí» al reconocimiento del derecho de tu cuerpo a ser como es. Luego, cuando te sientas preparado, pasa a la siguiente serie de preguntas.

¿Te disgustaba o desaprobabas algo de tu cuerpo?

¿Podrías soltar ese disgusto o esa desaprobación? ¿Solo de momento?

¿Pensabas que a tu cuerpo le disgustaba o desaprobaba algo de ti?

Si es así, ¿podrías soltar la necesidad de la aprobación de tu cuerpo? ¿Solo de momento?

Repite las preguntas anteriores cuatro o cinco veces, y luego pregúntate:

¿Podrías permitirte tener únicamente sentimientos de amor o aceptación hacia tu cuerpo? ¿Sabrías hacerlo?

¿Te permitirías tener solo sentimientos de amor o aceptación hacia tu cuerpo, incluso en este momento?

¿Tienes ahora solo sentimientos de amor, solo sentimientos de aceptación hacia tu cuerpo?

Si la respuesta es «no», sigue liberando un poco más sobre esta serie de preguntas antes de pasar a las siguientes. Si la respuesta es «sí», sigue adelante.

¿Parecía que tu cuerpo se enfrentara a ti, se opusiera o te amenazara de algún modo?

Si es así, analiza si el origen estaba en la necesidad de seguridad o supervivencia. Pregúntate: *¿Podría soltarla?*

¿Te enfrentaste, opusiste o amenazaste a tu cuerpo o lo parecía?

¿Podrías soltar el deseo de enfrentarte, oponerte o amenazar a tu cuerpo?

¿Parecía que tu cuerpo se enfrentara a ti, se opusiera o te amenazara?

Si es así, ¿podrías soltar el deseo de enfrentarte, oponerte o amenazar a tu cuerpo para protegerte de él?

¿Te enfrentaste, te opusiste o amenazaste a tu cuerpo o lo parecía?

De ser así, ¿podrías soltar el deseo de hacerlo?

¿Tu cuerpo se enfrentó a ti, se opuso o te amenazó?

De ser así, ¿podrías permitir que tu inseguridad se liberara?

¿Te enfrentaste, te opusiste o amenazaste a tu cuerpo?

Si lo hiciste, o si lo parecía, ¿podrías ahora soltar el deseo de hacerlo?

¿Podrías tener ahora solo un sentimiento de bienestar, seguridad y confianza respecto a tu cuerpo?

¿Te permitirías tener solo un sentimiento de bienestar, seguridad o confianza respecto a tu cuerpo?

¿Tienes solo un sentimiento de bienestar, seguridad y confianza respecto a tu cuerpo?

Si la respuesta es «sí», ¡fantástico! Si es «no», libera un poco más sobre este tema antes de seguir adelante.

> «Cuando llegué al retiro sufría a diario unas migrañas crónicas. Habían adquirido tal nivel que llevaba un año y medio sin trabajar. Me preocupaba no poder participar en gran parte del curso debido al dolor. Durante el retiro, solo tuve tres pequeñas "sensaciones en la cabeza" que desaparecieron en menos de una hora. Lo aprendido sobre mis "antiguos dolores de cabeza" posee un valor incalculable. Reconozco que todo lo que hacía para librarme únicamente los agudizaba. ¿Cómo agradecer que a una le hayan devuelto la vida? ¡Qué gran experiencia!».
>
> —Dra. Sharon Crain, Scottsdale (Arizona)

Ventajas e inconvenientes

Puedes usar el proceso de ventajas/inconvenientes para liberar sobre cualquier tipo de estancamiento físico, por ejemplo en un proceso de adelgazamiento o de dejar de fumar, o sobre cualquier situación física que haga que te sientas paralizado. Este ejercicio, si se realiza con la mente y el corazón abiertos, suele liberarnos de cualquier cosa que haya en nuestra conciencia y que haga que el problema siga planteándose.

Al igual que con el proceso de gustos/aversiones, te recomiendo que formules las preguntas en pasado cuando trabajes sobre un determinado estado físico. Sin embargo, para aprender este proceso, liberarás sobre el hecho de que tu cuerpo esté como tú deseas que esté.

¿Cuál es la ventaja de tener el cuerpo que deseas? ¿Nace ello de un sentimiento de necesidad de aprobación, control o seguridad?

Cualquiera que sea la necesidad, *¿podrías permitirte soltarla?*

¿Cuál es el inconveniente de tener el cuerpo que deseas?

¿Nace ello de un sentimiento de necesidad de aprobación, control o seguridad?

Cualquiera que sea la necesidad, *¿podrías permitirte soltarla? ¿Liberarla?*

Repite las preguntas anteriores unas nueve veces. Cuanto más liberes, mejor te sentirás en general. Además, te recomiendo que apliques el proceso de ventajas/inconvenientes a tu cuerpo de manera regular durante un par de semanas, porque te ayudará a eliminar muchas capas de programación subconsciente, como hizo una de mis alumnas.

Dhiresha había estado usando el Método Sedona para lograr una meta personal: «Deseo lograr y conservar mi peso ideal». Antes, no le resultaba fácil seguir una dieta. Tenía una historia de pérdida y recuperación de peso, incluso cuando participó en un programa de adelgazamiento. Sin embargo, esta vez había tenido más éxito al combinar la liberación con la asistencia a un programa de control del peso.

Dice: «Al principio, la privación era todo un problema para mí. Comer en exceso es un ciclo difícil de romper. Aunque sigas una dieta y cambies tu forma de comer, tu mente sigue recreándose en el peso. Cuando te obsesionas con mantener tu peso ideal, te echas encima toneladas de creencias que es necesario soltar. En mi caso pensaba: "No avanzo espiritualmente", "No soy una buena persona", "Soy perezosa", "No es justo que no pueda comer lo que quiera", "Necesito comer por la noche" y "Tengo que perder peso enseguida"».

Para Dhiresha, aplicar el proceso de ventajas/inconvenientes a su hábito de comer de más le resultó de gran utilidad. Liberó sobre las ventajas que le suponía, entre ellas la de no tener que preocuparse por resultar atractiva a los hombres, no tener que pensar en su aspecto, estar segura de que gustaba a la gente por su forma de ser y no por su aspecto y mantener la creencia de que podía comer todo lo que quisiera. También liberó sobre los inconvenientes, entre ellos la posibilidad de no dejar de engordar, que no le gustaba su aspecto, que siempre pensaba en comer y que, dado que el comer la controlaba, no se sentía una «buena» persona. Lo interesante es que descubrió que el último inconveniente era también una ventaja, ya que la liberó de la presión de ser «perfecta».

«Tuve que crear espacio para ver las cosas desde una perspectiva distinta —concluye—. Tuve que llegar a un punto en que no me importa si cambio o no: la imperturbabilidad. En este sentido, el Método es muy útil. Cuando libero, lo siento en mi cuerpo; se me acumula la tensión en el pecho y luego desaparece, y me siento tranquila. Ha cambiado mi forma de afrontar la vida. Además, poco a poco y sin esfuerzo sigo perdiendo peso».

Imaginar lo que deseas: combinar la imaginería con la liberación

En todo Estados Unidos, muchos centros de salud emplean con éxito la visualización, o imágenes guiadas, como ayuda curativa. Supervivientes de cáncer, enfermos del corazón y otros pacientes la han utilizado. Combinada con la liberación, la visualización es una forma increíblemente eficaz de ayudar al cuerpo a curarse y funcionar perfectamente. Es también un buen complemento de cualquier programa de adelgazamiento o de desintoxicación.

En cierto modo, la visualización se parece al proceso de determinar objetivos que analizábamos en el capítulo ocho. Y es que, cuando en la mente creamos imágenes sobre la salud y el cuerpo ideal, acuden a la conciencia unos sentimientos y unas creencias que contradicen o avalan esas imágenes. Cuando liberamos sobre esos sentimientos y esas creencias, pasamos a un estado de mayor coraje, aceptación y paz, y por consiguiente, liberamos energía para la acción.

Recuerda que cuando «visualices» algo lo mejor que puedas, debes emplear todos tus sentidos. Combina las imágenes mentales con las sensaciones y los sonidos físicos, e incluye también los olores si ello te ayuda a mejorar tus imágenes. Veamos pues.

Empieza permitiéndote imaginar tu cuerpo ideal. *¿Qué aspecto tiene? ¿Qué sensación produce? ¿Cuál es su grado de salud?*

Observa cómo te sientes por el hecho de tener tu cuerpo tal como lo imaginas. Analiza, además, si existe alguna sensación de necesidad de aprobación, control o seguridad relacionada con esa imagen.

Si existe, cualquiera que sea, *¿podrías soltarla?*

Imagina de nuevo tu cuerpo sano, o tal como exactamente quieres que esté. Imagínalo de la forma más gráfica posible. Luego comprueba de nuevo si la imagen surge de un sentimiento de necesidad de aprobación, control o seguridad.

Cualquiera que sea la necesidad, *¿podrías dejar simplemente que se soltara?*

Imagina ahora de nuevo tu cuerpo ideal. Diseña una imagen lo más viva posible. Esta vez, observa si aparece alguna idea, creencia o pensamiento que digan: «No puedes tener esto», «No deberías tener esto», «Nunca tendrás esto» o «No es posible».

¿El pensamiento procede de un sentimiento de necesidad de aprobación, control o seguridad?

Cualquiera que sea la necesidad, *¿podrías soltarla?*

Vuelve a imaginar tu cuerpo exactamente tal como quieres que sea. No olvides emplear todos tus sentidos. *¿Existe alguna oposición, resistencia o cualquier otro sentimiento hacia esa imagen?*

¿Podrías aceptar ese sentimiento, cualquiera que sea?

¿Procede de una necesidad de aprobación, control o seguridad?

¿Podrías soltarla, al menos de momento?

Repite la serie de preguntas anteriores unas cuantas veces más, dejando que se suelten cualquier necesidad o resistencia que puedan surgir. Cuando estés preparado, sigue adelante.

Ahora imagina tu cuerpo exactamente tal como quieres que sea. Entrégate por completo a la imagen. Participa de ella lo mejor que sepas. Pregúntate:

¿Podrías acoger la imagen en tu plena conciencia y aceptarla por completo?

¿Y más aún?

¿Podrías dejar simplemente que fuera así?

¿Podrías aceptar de verdad la imagen ideal tal como es?

Ahora, mientras dejas que la imagen entre en tu plena conciencia, comprende que está bien tener tu cuerpo ideal. Al mismo tiempo, debes saber que está bien que tu cuerpo sea como es. No existe contradicción en ello. Limítate a sentir lo mejor que sepas que todo está bien en tu cuerpo.

De momento, descansa en esta aceptación de ti mismo.

Una última observación

Cuanto más trabajes con los ejercicios de este capítulo, mejor te sentirás en y con tu cuerpo; es posible incluso que mejore tu salud. Te animo a que uses estos ejercicios para estimular tu bienestar, lo mejor que puedas, antes de pasar al capítulo siguiente.

19

Libertad y eficacia en las organizaciones

Si has estado disfrutando de este libro, estoy seguro de que ya te habrás dado cuenta de que el Método Sedona puede influir de muchas formas en cualquier organización en que trabajes o participes. A Sedona Training Associates se le solicitan a menudo programas de formación específicos para directivos, equipos y empresas, unos programas que los ayuden a afrontar determinados retos y a conseguir con mayor facilidad sus objetivos. Aunque no seas la persona que tome las últimas decisiones en tu empresa o grupo, piensa en mostrarle este libro a quien ocupe tal cargo. Cuanta más gente de tu empresa empiece a usar el Método Sedona, más profundamente incidirán estas técnicas en el conjunto de ella.

Cuando se intenta recomponer algún sistema solo con un cambio de conductas desde fuera, o únicamente intercambiando sus partes, el resultado suele ser un efecto en modo alguno duradero. Está bien documentado que este tipo de reestructuración solo proporciona unos beneficios momentáneos. Enseguida aparece la entropía, a menos que los cambios no se limiten a los factores medioambientales o a los puntos de vista intelectuales. Suele ocurrir que la productividad se sitúa de nuevo exactamente, o casi, donde se encontraba antes de introducir ese tipo de cambios.

Cuando tú y otras personas de tu organización empezáis a usar el Método Sedona para liberar, soltáis las actitudes interiores que llevan al fracaso. Estáis cambiando vuestra empresa de dentro afuera, persona por persona. Está demostrado que esto produce una transformación duradera. Como decía en la introducción, el estudio piloto que la compañía de seguros Mutual, de Nueva York, realizó con sus vendedores tuvo unos resultados extraordinarios. El grupo que había aprendido el Método Sedona superó al grupo de control en una media del treinta y tres por ciento. Fue un resultado, en sí mismo, impresionante. Pero aún lo fue más que los beneficios aumentaban cuanto más se prolongaba la aplicación del Método. El estudio se dividió en dos fases de tres meses. En la primera, las ventas aumentaron un veintitrés por ciento. En la segunda, un cuarenta y tres por ciento.

A medida que tu equipo y tú aprendáis a aprovechar vuestra capacidad natural para soltar en el acto los sentimientos, pensamientos o creencias incómodos, no deseados o restrictivos, vuestra organización pasará fácilmente a un nivel muy superior de eficacia y productividad, al tiempo que cada uno de los miembros del equipo aumentará su sensación de bienestar y de satisfacción con su trabajo.

Al soltar, te liberas para pensar con mayor claridad, actuar con más decisión y sentirte tranquilo y con el control de la situación, cualesquiera que sean los negocios o los retos a los que te enfrentes. El Método Sedona te ayudará a motivarte para introducir los importantes cambios que se necesitan para vivir la vida y la profesión que deseas. Te enseñará a soltar los modelos habituales de pensamiento, sentimiento y conducta que te impiden lograr tus metas y disfrutar del proceso. El Método te capacita para que estés atento y seas efectivo en todo momento, incluso en situaciones de mucha presión; por esto te liberará para que tengas una vida más productiva y placentera.

Está muy bien que sean muchas las personas de una organización que empleen el Método Sedona, pero no es imprescindible.

Puedes cambiar por completo tu experiencia y tu eficiencia en el trabajo siguiendo individualmente los procesos de liberación. El hecho de soltar muchas veces puede cambiar enteramente un ambiente laboral, aunque tú seas el único que libere de modo consciente.

Inteligencia emocional/Dominio emocional

Hoy se acepta cada vez más que, para prever el grado de éxito y de satisfacción en la vida de una persona, la inteligencia emocional es tan importante, si no más, que el coeficiente intelectual. Esta idea nos ayuda a redefinir, como cultura, qué significa ser inteligente y eficiente. Los estudios demuestran sistemáticamente, por ejemplo, que la diferencia entre las personas de rendimiento medio y las de rendimiento superior de una determinada organización se debe en un noventa por ciento a su inteligencia emocional y solo en un diez por ciento a sus habilidades técnicas. Nada hay más eficaz para desarrollar rápidamente la inteligencia emocional que el Método Sedona. Pero ¿qué es exactamente la inteligencia emocional y cómo nos puede ayudar a mejorarla el Método Sedona?

En su libro *Inteligencia emocional*, Daniel Goleman, que acuñó la expresión, define las cinco habilidades fundamentales que conforman la inteligencia emocional:

1. **Autoconocimiento:** Goleman la define como «reconocer un sentimiento cuando se produce». El Método Sedona nos ayuda a controlar los sentimientos al momento y nos sirve de mapa para movernos por los diferentes terrenos emocionales. En los negocios, poseer un elevado autoconocimiento nos permite tomar mejores decisiones.
2. **Gestión de las emociones:** en vez de permitir que nos dominen los apegos y las aversiones emocionales, el Método Sedona nos ofrece unas herramientas eficaces para abordar adecuadamente los sentimientos dolorosos y restrictivos. Soltar reduce el estrés,

aumenta la energía y nos ayuda a recuperarnos de los inevitables contratiempos y desafíos de la vida. En los negocios, esto se traduce en una mayor capacidad para rendir al máximo.

3. **Automotivación:** como dice Goleman: «Poner en orden las emociones al servicio de una meta es fundamental para centrar la atención, para la automotivación y el dominio, y para la creatividad». Las herramientas del Método Sedona eliminan con facilidad los sentimientos que nos impiden lograr lo que deseamos en la vida. Al eliminar pensamientos y sentimientos del tipo: «No puedo», «No sé cómo», «No me lo merezco» o «No puedo dominarlo», descubrimos el sentido innato del «puedo», que de forma natural nos catapulta hacia un mayor éxito. La liberación sistemática conduce a un mayor acceso al estado de fluidez y calma que todos buscamos.

4. **Empatía:** cuando utilizamos el Método Sedona, no solo adquirimos mayor conciencia de nuestras propias emociones, sino que también somos más capaces de reconocer las de los demás y el efecto que producen en nuestra conducta hacia los otros y en la de estos hacia nosotros.

5. **Dominar las relaciones:** «El arte de las relaciones es, en gran medida, la capacidad de gestionar las emociones de los demás», según Goleman. Al usar el Método Sedona para liberar la carga emocional, empezamos a desarrollar de forma natural una capacidad para relacionarnos mejor con las otras personas. Además, estas encuentran mayor placer en relacionarse con nosotros y darnos lo que queremos, lo cual, en el trabajo, facilita la fluidez en intercambios comerciales entre los colegas y, fuera de él, con los clientes.

Desde 1974, los instructores del Método Sedona han estado ayudando a personas y organizaciones a desarrollar la inteligencia emocional y a trascenderla hasta llegar al dominio emocional. En lo que resta de este capítulo, descubrirás más cosas sobre cómo y por qué utilizamos el Método Sedona para construir las habilidades emocionales relacionadas anteriormente en beneficio de las organizaciones.

Trascender del paradigma del control

La mayoría de las organizaciones están construidas sobre la base de una imperiosa necesidad de controlar sus entornos interno y externo. Pero cuando la organización está dirigida por un equipo que quiere controlar los resultados, se suelen tomar malas decisiones. Por mucho que el equipo planifique, sus planes normalmente se malogran cuando se elaboran desde un sentimiento de carencia (necesidad de control). En el capítulo cuatro decía que «la resistencia es empujar al mundo para que él empuje en sentido contrario». Un estilo de gestión controlador crea una innecesaria presión en contra desde el entorno y desde los diferentes niveles de la organización.

Cuando las personas o los grupos empiezan a despojarse de una parte de su necesidad de controlar, por pequeña que sea, experimentan un acentuado incremento de la armonía y la eficacia dentro de sus organizaciones, además de su efectividad en el ámbito comercial. Si formas parte de la dirección de una organización que ande perdida en la necesidad de control, debes saber que puedes cumplir tu cometido de muchas formas, entre ellas la de liberar. Cuando sueltas la necesidad de controlar al personal que de ti depende, dejas de dar por sentado que debes microdirigir tu equipo, y verás cómo vas delegando responsabilidades con mayor facilidad. En realidad, liberarás incluso las tareas que delegas, lo cual hará que se realicen. Además, estarás dispuesto a ceder autonomía a tus compañeros de equipo, en vez de pensar que debes dominarlos. Los equipos con capacidad de decisión propia hacen más cosas con menor esfuerzo.

Si te resulta difícil delegar, limítate a hacerte las preguntas básicas de liberación que aprendiste en la primera parte, hasta que te sientas totalmente cómodo al dejar en manos de otro una determinada tarea. Al hacerlo, libera también sobre cualquier pensamiento negativo de que la persona en quien delegues una tarea no va a hacer su trabajo como corresponde. Siempre que veas que te preocupa el rendimiento, vuelve a las preguntas de liberación.

Observa, por favor, que no te estoy diciendo que cedas la responsabilidad a personas cuya competencia sea cuestionable. Mientras no hayas soltado por completo tanto tu necesidad de controlar como tus dudas sobre la persona en quien delegues, sigue liberando hasta que la decisión sea algo natural. Muchos directivos han oído hablar de la necesidad de delegar y se sienten presionados a hacerlo. Sin liberar de verdad, acaban por delegar como fruto de la desesperación, lo cual no hace sino aumentar su carga, en vez de aligerarla.

Si formas parte de un equipo, una de las mejores maneras que tienes de contribuir a la buena marcha de tu organización y tu propio trabajo es soltar tu resistencia. Muchas veces tenemos que hacer a diario unas tareas repetitivas que no nos gustan.

Pregúntate: *¿Podría soltar la resistencia a hacer esta determinada tarea? ¿Podría soltar la resistencia a no hacerla?*

Si te repites estas preguntas unas cuantas veces siempre que observes que surge en ti una resistencia, verás cómo sueltas esta resistencia y haces las cosas con mayor facilidad, alegría y prontitud.

Evidentemente, cualquier liberación general que hagas también hará más fácil tu trabajo. Te sentirás mejor e incidirás positivamente en las personas que te rodean.

Construir y dirigir un equipo unido

Los auténticos líderes de cualquier organización son personas a las que los demás consideran capaces de hacer las cosas bien. Es evidente que piensan en el interés tanto de la organización como de los miembros del equipo con quienes trabajan, y no solo en el suyo. Un compromiso como este no se puede simular, por mucho que se intente. Pero se puede desarrollar. Cuanto más sueltes, más buscarás lo mejor para todos los integrados en tu organización. Además, tomarás mayor conciencia de las opiniones de los demás y tendrás con ellos una relación más sincera. Al desvelar y manifestar tu auténtico yo, la gente decidirá de forma natural seguir el camino que les marques.

En muchas organizaciones, construir un equipo consiste en forzar unos vínculos mediante la asistencia a actos ajenos al trabajo o intervenciones artificiales. Aunque estas intervenciones pueden ser útiles, y hasta divertidas, lo habitual es que solo produzcan los resultados a corto plazo de los que hablaba anteriormente, en este mismo capítulo. En cambio, es seguro que cuando los que trabajan juntos empiezan a liberar crean unos vínculos espontáneos y en modo alguno forzados.

James: liberar para conseguir el éxito en el trabajo

James lleva utilizando el Método Sedona desde 1983. Lo descubrió en un seminario en el que solo enseñamos la parte del Método referente a la liberación de la necesidad de aprobación y control. Más adelante, adquirió el programa en audio del curso del Método Sedona, que es más completo e incluye la liberación de la necesidad de seguridad. Así, según las propias palabras de James, es como ha incidido el Método en su carrera profesional:

> Cuando asistí por primera vez al seminario sobre el Método Sedona, había muchas cosas en mi vida que me producían enfado. Trabajaba en Silicon Valley como programador informático y solo ganaba unos veinticinco mil dólares al año. Estaba harto de mi jefe porque no me gustaba su forma de entender mi trabajo y me sentía

limitado. Entre otras cosas, quería que trabajara de nueve a cinco, pero yo prefería un horario flexible. Cuando empecé a liberar,
lo primero que observé fue que desaparecía mi enfado. Una vez
conseguido esto –ya no era una víctima–, me puse a buscar otros
trabajos.

Acabé por trasladarme a Pacífica, al sudoeste de San Francisco,
y en mi nuevo trabajo pasé a ganar treinta y cinco mil dólares. El
curso fue en abril y esto sucedía en junio. Luego establecí algunos
contactos de trabajo, y me llamó una agencia para proponerme un
puesto en Nueva Jersey y otro en Seattle, ambos por setenta y cinco
mil dólares. Me decidí por el de Seattle, pues parecía que estaban
más interesados. Sucedía esto en octubre de ese mismo año. Otras
cosas de mi vida también estaban cambiando. Conocí a mi mujer
y me enamoré de ella. Mejoró mi estado de salud. Los cambios se
produjeron de inmediato.

Varios años más tarde, después de pasar por la universidad y trabajar en el extranjero, regresé a Seattle y acepté una sustancial re-
ducción de mi sueldo para trabajar en una de las principales empresas de programas informáticos. Deseaba trabajar allí. Pero por
entonces teníamos tres hijos pequeños, el pago de una hipoteca, el
coche y los préstamos para los estudios de nuestros hijos. Mi esposa y yo sentimos la tentación de depender de las tarjetas de crédi-
to. Mi nueva directora no era una persona de las que ayudan, sino
combativa. Me atacaba siempre que hablábamos, a menudo con la
sonrisa en los labios. El trabajo no iba como debía, y yo buscaba la
aprobación y el control. Pero, debido a mi inseguridad económica,
no me sentía con fuerzas para enfrentarme a mi jefa.

Recordé el valor de la liberación cuando compré el programa en
audio del curso del Método Sedona, en el que se explicaba el proceso de soltar el sentimiento de necesidad de seguridad. Me pasé la
noche liberando energía para conseguir la seguridad. Solté los sentimientos sobre temas económicos y sobre ataques verbales. A partir de entonces, dejé de acobardarme cuando mi jefa me chillaba y,
tras un par de reuniones, conseguí mantenerme firme. Después de

eso, la mujer no volvió a reunirse conmigo, y apenas la veía. Lo bueno de todo es que ella no interfería en mi trabajo, y yo podía hacerlo como era debido. Lo malo era que no existía comunicación. Llegamos a hacer por correo electrónico el análisis de mi rendimiento. Durante un tiempo, pensé en dejar la empresa; luego intenté cambiar de puesto, pero ella lo impidió. Al final fue ella quien me ascendió a director de un equipo de pruebas de programas.

Como director, pasaba mucho tiempo pensando en cómo aplicar el Método a las situaciones que se planteaban en el trabajo. Pensaba en mi historia con el Método. Al principio, lo único que deseaba era librarme de mi enfado y pasar a un estado de orgullo. Era un objetivo que ya me había marcado antes de ser director de grupo, porque hacía que me sintiera más feliz. Fue algo que funcionó bien mientras fui un miembro más de la empresa, pero no mucho cuando ascendí a director. A la gente le distrae la energía emocional de la superioridad. Sabía que necesitaba pasar al coraje.

A partir de entonces, cuando observaba que me sentía «mejor» que los demás, soltaba el deseo de rebajarlos hasta que sentía que éramos iguales, todos miembros de un equipo, hijos de Dios que trabajaban con un mismo objetivo. Cuando veía que pensaba que alguien era «estúpido», liberaba en el momento. Podía hacerlo mientras conversábamos. Podía escuchar y liberar. No quería poner límites artificiales a lo que la gente hiciera. Al soltar, recibía agradables sorpresas. El personal demostraba mayor capacidad o, si eran de otro equipo y estábamos en desacuerdo, prestaban más atención a mis sugerencias y llegábamos a un compromiso. Nunca hubo peleas en mi departamento, pese a que la cultura de la empresa a menudo era adversa. Como resultado de mi capacidad para mantener unidos los grupos llegué a ocupar el puesto de primer director de pruebas de la empresa durante unos años. Quienes trabajaban conmigo se sentían cómodos y, por consiguiente, tenían ideas más creativas y fuera de lo común que las de otras personas. Hicimos bien nuestro trabajo. Debo todo este éxito al Método.

Me encanta el sentimiento de liberar. Es como si del centro de mi cuerpo, del abdomen y el tórax, brotara la energía. Como si se desprendieran de mí costras de suciedad y emergiera algo que estas ocultaran. Cuando libero, normalmente siento un cosquilleo y, a veces, oigo como una explosión. Sé que en mi interior hay emociones aprisionadas, y todo eso es señal de que los muros de la prisión se están moviendo.

Acabar con el estrés

Si te interesa crear un ambiente libre de estrés, adopta un principio bien simple: pide, no impongas. Quizá te acuerdes de que algo de esto leíste en el capítulo cuatro. Con este enfoque, observarás un destacado aumento del nivel de cooperación que recibas de quienes deban informarte y rendirte cuentas, y aligerarás su estrés y el tuyo.

Otra buena forma de reducir el estrés en el trabajo es dejar de empujarte y de empujar a los demás a hacer lo que se deba conseguir. Como ya he dicho en alguna otra parte, cualquier presión —incluso sobre uno mismo— produce otra idéntica de aquel, o aquello, a quien se presiona. Por lo tanto, si observas que te presionas o presionas a los demás, simplemente libera, siéntate y adopta en tu interior la actitud de contemplar, lo mejor que sepas, cómo se suceden las cosas. Acepta que todo está bien y desarrollándose como debe.

¿Significa esto que ya no debes dar más órdenes? Claro que no. ¿Significa que no debes exigirte? No, tampoco

> «Como alumna de toda la vida y formadora de desarrollo personal, he seguido e impartido muchos cursos, he comprado miles de cintas y he leído cientos de libros. Puedo decir sin reservas que ninguno ha tenido más fuerza ni lo he podido aplicar de forma más inmediata a mi vida. Estoy relajada, llena de energía y centrada en la preparación de diversas conferencias: todo un logro. Lo que me encanta es que puedo liberar en un instante».
>
> **–Betty Mahalik,**
> Las Vegas (Nevada)

significa eso. Cuando sueltas los sentimientos y los deseos que producen estrés, lo único que ocurre es que creas el espacio necesario para que las cosas se lleven a cabo con mayor facilidad y eficacia.

Incluso cuando los sentimientos y las situaciones que tú y quienes trabajan contigo liberáis no pertenezcan específicamente al entorno laboral, esa liberación mejorará el bienestar de la organización en su conjunto y de todos los que en ella trabajen. De este modo, las condiciones laborales estresantes pueden llegar a serlo menos en un espacio relativamente corto.

La presión de los plazos

En la mayoría de las organizaciones el tiempo se considera un artículo de lujo y escaso. Y es verdad, el tiempo es precioso, pero solo escasea si así lo piensa uno. En la mayoría de los casos, cuando te apresuras o te sientes agobiado por unos plazos, la consecuencia es que disminuye tu eficacia, y así lo demuestran los resultados. La primera vez que me di cuenta de ello fue en mi propia empresa. Cuando acepté planificar de antemano pero sabiendo que los planes podían o no cumplirse según lo programado, descubrí que mis empleados y yo mismo íbamos menos agobiados y, al mismo tiempo, cometíamos menos errores. Tomarnos tiempo nos permitía trabajar con un grado de eficacia muy superior.

Así pues, siempre que veas que vas corriendo, suelta la presión, lo mejor que puedas, adoptando para ello la actitud de que dispones de todo el tiempo del mundo.

Como señalaba en el capítulo dos, hay otra forma de decir esto mismo: haz lo que hagas cuando lo estés haciendo y no hagas lo que no hagas cuando no lo estés haciendo. La mayoría de nosotros empleamos el tiempo en pensar en lo que no estamos haciendo y nos castigamos por ello. O no dejamos de pensar en hacer algo determinado que consideramos divertido, entretenido o simplemente más productivo. Ambos tipos de actividad mental nos impiden estar en lo que estamos haciendo. Por esto, por el simple hecho de estar en lo que hacemos parece que el tiempo se expande. De esta forma nos centramos mejor y hacemos el trabajo con mayor facilidad y eficacia.

A medida que avance el día, suelta los sentimientos sobre cómo lo vas empleando. Quizá te sientas frustrado por el mucho tiempo que requieren determinadas cosas o por lo que no consigues terminar. Cualesquiera que sean tus sentimientos con relación a cómo empleas el tiempo en cada momento, permítete soltarlos. Es posible que descubras, por ejemplo, que tu política de puertas abiertas se basa en la necesidad de contar con la aprobación de tus empleados, aunque ello suponga que pierdas el tiempo. O que tu necesidad de seguridad te hace sentir la necesidad de hablar con las personas siempre que estas quieran, incluso cuando ello suponga una interrupción. Soltar los sentimientos y los deseos relacionados con el uso que hacemos del tiempo facilita cambiar los actuales modelos improductivos.

Si te organizas mediante un determinado sistema de gestión del tiempo, simplemente incluye en ese programa la liberación, de la manera que consideres más oportuna. Te será de ayuda repasar las formas abreviadas del proceso de determinar objetivos y el proceso de pasar a la acción de los que te hablaba en el capítulo ocho. Invertir un poco de tiempo y esfuerzo en incorporar la liberación a tu rutina diaria es probable que te compense con creces y se traduzca en una mayor disponibilidad de tiempo.

Vender con eficacia

En toda interacción vendemos nuestras ideas y nos vendemos a nosotros mismos. Cuanto más sepamos liberar y tratar de dar con mutualidad en vez de imponer nuestros deseos a los demás, más fácil nos será atraer a estos a nuestras posturas. Por consiguiente, pon todo tu empeño en ver la interacción desde el punto de vista del otro. En vez de ansiar el acuerdo y cerrar el trato o la venta, suelta. Considera si puedes encontrar una manera de conectar con el ser humano que también forma parte de tu transacción.

Al liberar tus necesidades, verás que se satisfacen con mucha más facilidad. Observarás también que los demás también existen y te preocuparás sinceramente por lo que puedan necesitar. Es mucho más probable que las personas deseen tu éxito si se dan cuenta de que te preocupas por ellas.

La liberación se traduce en ventas y además ayuda a que todas las actividades que implican una relación fluyan con mayor suavidad. Con el Método Sedona, cuando te emplees en comunicar ideas importantes a los demás, pasarás de forma natural del escenario de «ganar o perder» al de «ganar o ganar».

Dominio de los objetivos

Con el uso del Método Sedona, puedes eliminar del proceso de determinación de objetivos el estrés, la presión y el desencanto, sin por ello dejar de conseguir esos objetivos, incluso sin esfuerzo alguno. Basta con que sigas las orientaciones del capítulo ocho y ver cómo estos se van cumpliendo fácil y rápidamente.

Los grupos pueden trabajar en objetivos comunes si todos emplean el Método Sedona. Si diriges algún grupo, deja que sus miembros liberen individualmente sobre el mismo objetivo. Una forma de iniciar este proceso es escribir el objetivo en un papel o un tablón para que las personas compartan y liberen sus consideraciones y sentimientos acerca de ese objetivo. Al hacer que todos liberen juntos sobre cada uno de los temas que se susciten, todo el grupo puede pasar rápidamente a una actitud interior mucho más positiva sobre el objetivo.

Dirigí el proceso que acabo de exponer durante una intervención con un grupo de investigación y desarrollo compuesto por científicos e ingenieros, y los resultados fueron muy buenos. Antes de ponernos a trabajar, habían estado compitiendo con otra empresa por conseguir poner en el mercado un determinado producto, conscientes de que quien fuera el primero en introducirlo se llevaría la mejor tajada de un negocio emergente. Llevaban tres años trabajando en el desarrollo de ese producto, disponían de menos de seis meses para diseñar un prototipo y no hacían más que encontrarse con un obstáculo tras otro tanto en la creación del producto como en conseguir los adecuados socios externos para llevar el proyecto a buen término. Todos los del grupo se sentían desesperados y pensaban que sería imposible completar la tarea, aunque dispusieran del doble de tiempo.

Antes de ponernos a trabajar juntos sobre el objetivo, lo hicimos sobre la resistencia inicial a abordar ese objetivo de esa forma. Luego, la actitud general cambió, y pudimos trabajar sobre el objetivo. Aunque solo nos centramos en él una vez, como parte de una intervención de dos días, lo que ocurrió a continuación sorprendió al grupo y a mí mismo. Pasaron de pensar y creer que la tarea era imposible a completarla antes de lo previsto.

Decisiones sólidas

Como directores y miembros de equipos de una organización, especialmente en las circunstancias actuales de rápidos cambios, es fundamental la capacidad de tomar las decisiones adecuadas y, a partir de ellas, emprender las correspondientes acciones. Al soltar con el Método Sedona, normalmente observarás que descubres tu intuición, tu saber innato.

Te recomiendo que uses el proceso de ventajas/inconvenientes expuesto en el capítulo diez. Siempre que dudes sobre lo que convenga hacer o qué decisión tomar, la pequeña cantidad de tiempo que inviertas en usar este proceso te ahorrará muchísimo más tiempo, energía y frustración. Verás que decides con más seguridad, lo cual, evidentemente, se traducirá en una acción más positiva para ti y tu equipo.

Trabajar con gente difícil

En el mundo de los negocios, prácticamente todo el mundo ha trabajado en un momento u otro con un jefe difícil, ha tenido a su cargo a un empleado difícil o ha debido batallar para congeniar con algún compañero de trabajo. Estas interacciones realmente nos pueden amargar la vida, a menos que soltemos la necesidad de aprobación, control y seguridad en relación con esas personas. Por lo tanto, os aconsejo —a ti y a todos los de tu organización— que empecéis a usar de forma regular el procedimiento de limpieza expuesto en el capítulo once. Es un ejercicio magnífico para antes y después de reuniones internas, y para antes y después de visitas de venta u otras interacciones con clientes y vendedores externos.

Como regla general, sugiere que el personal que de ti dependa siga el procedimiento de limpieza siempre que haya surgido algún problema o cuando se prevea que va a surgir. Este proceso basta para llevar la armonía a todas esas relaciones que acabo de mencionar y a otras muchas que se podrían añadir.

Una última idea

Espero que este capítulo te haya sido útil para incorporar las herramientas del Método Sedona a tu organización. Cuando las personas de esta acepten y dominen los principios y procesos expuestos en este libro, te aseguro que todo el sistema organizativo empezará a funcionar con un grado cada vez mayor de eficacia y productividad. Además, tú y tus colegas os sentiréis más libres, más contentos, más unidos y más satisfechos.

20

Ayudar a nuestro mundo

En mi opinión, cuando liberas para corregir tus problemas y lograr tus objetivos, estás ayudando también al mundo. Cada vez que liberas un sentimiento, un pensamiento o una creencia sobre algo o alguien, desvelas la esencia amorosa de tu naturaleza.

Como solía decir Lester Levenson: «Una persona sola con el corazón lleno de amor podría hacer más por arreglar los problemas del mundo que todas las personas que tratan activamente de solucionarlos». En tu corazón habita el amor, justo debajo de las limitaciones imaginarias que vas eliminando cuando liberas. Además, creo que siempre que sueltas, eliminas las limitaciones de la conciencia global y de la tuya propia.

A mediados de los años setenta, cuando se empezó a enseñar el Método Sedona, algunos se preguntaban si sería posible que alguien lo utilizara para adoptar actitudes más destructivas frente al mundo. Mi experiencia de muchos años me dice que las personas, cualquiera que sea el momento de la vida en que se encuentren, cuando empiezan a usar el Método y a descubrir su coraje, aceptación y paz naturales, siempre tienden a hacerse más constructivas. La motivación para emprender acciones que la mayoría consideraríamos destructivas simplemente desaparece.

Liberar para ayudar a nuestro mundo

Además de que en el ámbito individual uno, a medida que va liberando, se convierte en una persona más pacífica, cariñosa y constructiva, hay otras formas de aplicar el Método Sedona para ayudar al conjunto. Veamos algunas de ellas.

Pensar siempre en lo mejor

Cuando pensamos en el mundo, la mayoría no albergamos imágenes especialmente positivas. Basta con ver las noticias en la televisión, escucharlas en la radio o leer la prensa para saber a qué me refiero. De hecho, muchas personas me han dicho que las noticias son un factor importante del estrés diario que padecen. Pero somos muchos los que nos sentimos empujados a ver, leer o escuchar las noticias para saber qué pasa en el mundo. Otros dejan de hacerlo, para evitar que les influya lo que consideran algo negativo. No te recomiendo que te obsesiones con las noticias, pero tampoco que te desconectes de ellas. En su lugar, cuando las veas, las oigas o las leas, permítete liberar de la forma que expongo a continuación.

Para soltar cualquier sentimiento que te generen las noticias, por ejemplo enfado, ansiedad o resistencia, imagina el mundo tal como quisieras que fuera. Luego, libera cualquier otro sentimiento o pensamiento opuesto que indique que tal mundo *no puede ser* o *no es* posible.

Al mismo tiempo, pon todo tu empeño en aceptar el mundo tal como es, soltando para ello el deseo de cambiarlo (ver el capítulo cinco). Cuanto más sepas aceptar el mundo tal como es, más capaz serás de proyectarle amor y perfección. Al liberar al tiempo que estás informado de lo que ocurre en el mundo, realizas tu aportación a este aunque no emprendas ninguna acción concreta.

Piensa en soluciones

Muchas personas, incluso las de mejores intenciones, observan que tienen una actitud «anti» lo que no les gusta del mundo. Ocurre, sin embargo, que si somos «anti» algo, seguimos conservando este algo en la mente, a veces con mayor fuerza aún que quienes están a favor de ello. Todo el sentimiento antibelicista que había en Estados Unidos durante la guerra de Vietnam, por ejemplo, no hizo que el conflicto terminara de inmediato. Enviamos energía a cualquier cosa que alberguemos en la mente y contribuimos a su existencia.

Estas son algunas maneras de reconfigurar nuestras preocupaciones: en vez de estar en contra de la contaminación, estemos a favor del medioambiente; en lugar de estar en contra de la discriminación, estemos a favor de la igualdad; en vez de estar en contra de la guerra, estemos a favor de la paz. Al igual que ocurre con el proceso de determinar objetivos (ver la página 193), conviene pensar en la solución, no en el problema, con lo que se consigue mucho más con mucho menor esfuerzo y, de paso, se es más constructivo.

«El uso del Método Sedona me ha concienciado hasta un punto que jamás había experimentado. Como sacerdote que soy, escuchar es algo esencial en mis relaciones con las personas que acuden a mí en busca de orientación. El Método Sedona me ha proporcionado un sistema de hacer preguntas sin molestar y de aclarar muchas cuestiones. Facilita el hecho de soltar, sin que por ello nadie deba sacrificar su propia valía. Gracias por poner este Método al servicio del mundo en su conjunto».

–Rvdo. Kim English,
Ashville Center of Religious Science.
Ashville (Carolina del Norte)

Apoyar a nuestros dirigentes

Esto es algo difícil para la mayoría de nosotros, en especial si tenemos opiniones políticas distintas. Nuestros líderes suelen convertirse en una especie de pararrayos para todo aquello que no nos gusta de nuestro mundo. Pero los dirigentes políticos solo representan la conciencia general de su región o país. Participa y vota al candidato que prefieras, pero ayuda al que gane, aunque no estés de acuerdo con él.

Si albergas odio, en vez de amor, hacia los líderes políticos, formas parte del problema, no de la solución. Si dicen o hacen cosas con las que no estás de acuerdo, díselo (escríbeles, mándales un correo electrónico, llámalos por teléfono, no los votes) y al mismo tiempo libera las reacciones interiores que el resultado te produzca. Cuando hagas oír tu voz, procura que influya de la manera más positiva de la que seas capaz.

En este sentido, un buen procedimiento es el de la limpieza (ver el capítulo once). Si todos siguiéramos el procedimiento de limpieza con nuestros líderes, muy pronto la energía dinámica del mundo cambiaría drásticamente para mejor. Imagina cómo sería el mundo si todos reconociéramos a nuestros dirigentes el derecho a ser como son y los quisiéramos como son. Esto solo supondría ya toda una diferencia, porque entonces nuestros líderes se podrían centrar en corregir los problemas concretos, en vez de tener que protegerse de reacciones negativas.

Ejercer la amabilidad y el cariño

Como decía en el capítulo diecisiete, dar sin desear nada a cambio es una magnífica forma de favorecer nuestras relaciones con los demás. También es una manera estupenda de ayudar al mundo. Así pues, busca formas de dar a tu comunidad, tu lugar de culto y tu país. En resumen, a cualquiera que conozcas y que pueda beneficiarse de tu ayuda.

Pero da siempre en la medida de tus posibilidades. Puedes dar mediante el servicio, los conocimientos o simplemente compartiendo amabilidad y respeto. El dinero no es siempre la única forma de dar, ni siquiera necesariamente la mejor. Asegúrate, además, de que no das en tu propio perjuicio. Tu vida y la de quienes están a tu cuidado no deben padecer como consecuencia de tu magnanimidad. El sacrificio y el sufrimiento innecesarios no te ayudan ni ayudan a las personas u organizaciones a quienes pretendes apoyar.

Dos son las claves para ayudar de verdad a los demás y al mundo:

1. Dar sin desear nada a cambio, ni siquiera reconocimiento o agradecimiento.

2. Pensar que aquellos a quienes ayudes ya son personas completas y perfectas tal como son, unas personas como tú mismo. Deja que sean quienes son —reconóceles su ser—, en vez de considerarlas imperfectas y necesitadas de soluciones o ayuda.

La única forma de llevar a la práctica estas dos actitudes es liberar. Libera tu necesidad de reconocimiento o de recibir algo a cambio. Libera cualquier idea que puedas tener sobre aquellos a quienes ayudes.

La amabilidad y el cariño no solo ayudan al mundo, también te ayudan a ti. Cuanto más des desde una perspectiva liberada, mejor te sentirás, y tu mundo personal reflejará tu bondad interior.

Comparte este mensaje con todos aquellos que se muestren receptivos a él

Si has leído hasta aquí, espero que estés de acuerdo conmigo en que el mensaje y los procesos que se exponen en este libro pueden ayudar de verdad al mundo. Imaginemos un mundo donde las personas se liberen del pasado y vivan y amen el momento presente. Un mundo donde los conflictos se resuelvan mediante el debate y la liberación, no con la violencia y la agresividad. Un mundo donde todos suelten cualquier sentimiento que no sea de amor y desvelen la esencia amorosa de su naturaleza. Un mundo que ayude a las personas a ser ellas mismas. Este es el mundo que atisbo a medida que aumenta el número de personas que aprenden a liberar y a querer lo que existe.

Si participas de esta visión, te animo a que compartas este libro con todo aquel que pienses que se puede beneficiar del mensaje que contiene. Evita, sin embargo, que el entusiasmo inicial te haga actuar como los jóvenes de la siguiente historia. En una reunión de *scouts*, dos muchachos comunican sus buenas acciones a su jefe de grupo. Primero se levanta uno y dice que ayudó a una anciana a cruzar la calle. Luego se levanta el otro y dice que ayudó a la misma anciana a cruzar la calle. El jefe se queda extrañado y les pregunta:

—¿Por qué tuvisteis que ser los dos quienes ayudarais a cruzar la calle a la misma señora?

Y lo chicos responden al unísono:

—Porque no quería andar.

Muchos de nosotros, cuando nos sentimos entusiasmados con alguna idea, podemos exagerar el deseo de compartirla. Por favor, no pretendas que todo el mundo engulla a la fuerza todas estas ideas. Comparte la liberación únicamente con quienes se muestren receptivos e interesados. Por otro lado, es posible que las personas tengan más interés del que en un primer momento puedas pensar.

Uno de los descubrimientos más liberadores y reveladores que hice cuando empecé a enseñar el Método Sedona fue la diversidad de personas que se sentían atraídas e influidas por esta obra. Mi experiencia me confirma en mi creencia de que cualquiera que desee sinceramente cambiar o mejorar su vida, y que tenga la mínima disposición para hacer algo al respecto, se puede beneficiar del Método Sedona. Te invito a que te unas a mí para compartir con el mundo el mensaje de posibilidad y libertad.

Los pasos siguientes

Te felicito por haber concluido *El Método Sedona*. Cuando apliques lo aprendido a tu deseo de tener cualquier cosa que decidas en la vida –incluido el conocimiento trascendental–, observarás que tus supuestos problemas desaparecen y que tu libertad natural brilla con una intensidad cada vez mayor. Cuando incorpores la liberación a tu vida, esta se irá volviendo más fácil, al igual que el uso de estas técnicas. Incluso los objetivos que considerabas más inalcanzables se harán realidad de forma más fácil. Esta progresión seguirá hasta que te sientas cómodo en todo momento con el Ser que siempre has sido y veas la perfección de Todo lo que Existe.

Las sugerencias que siguen pretenden ayudarte a obtener de forma permanente el mayor provecho del material que se expone en este libro:

1. Aplica este material a todos los aspectos de tu vida. Analiza la libertad y la liberación y piensa en ellas unos minutos todos los días. Será suficiente para obtener grandes beneficios. Sin embargo, si dejas que la liberación esté en tu mente y tu corazón durante todo el día, los resultados aumentarán de forma exponencial. Al igual que ocurre con todo lo demás, cuanta más energía emplees en el proceso, más obtendrás de él.

2. Repasa a menudo el material. Cuanto más releas las ideas de este libro y las apliques, más provecho les sacarás. A medida

que vayas creciendo interiormente, comprenderás mejor lo aprendido y sabrás aplicarlo con mayor fuerza. Siempre que vuelvas a leer el libro piensa que lo lees por primera vez. Analiza todos los ejercicios con la mejor disposición posible.

3. Comparte lo aprendido. Hablar de estas ideas y estos ejercicios con tus amigos, familiares y conocidos hará que amplíes tus conocimientos y profundices en ellos. Rodearse de personas de actitud parecida a la nuestra e interesadas en profundizar en su libertad y en la liberación de sus penas reporta beneficios adicionales. Sin embargo, comparte este material únicamente con quienes estén interesados de verdad en conocerlo. Reconoce el Ser de las personas que conozcas, considera que ya son perfectas, compartan o no tu interés.

4. Forma un grupo de apoyo al Método Sedona o incorpórate a alguno que ya exista. «Siempre que dos o más se reúnan en mi nombre» se produce una recarga de energía. Cuanto mayor sea el grupo, mayor será esa energía. Lester Levenson solía decir que la energía de los grupos es «cuadrada». En otras palabras, dos personas tienen la fuerza de dos multiplicado por dos; tres, la de tres multiplicado por tres, etc. Otro beneficio de participar en un grupo es ver el material desde una perspectiva distinta de la nuestra, lo cual hace que nuestra comprensión se agudice. (Ver «Orientaciones para los grupos de apoyo del Método Sedona»).

5. Lee el libro *Happiness is free and it's easier than you think*, que escribí en colaboración con Lester Levenson. En él aprenderás el proceso de liberación holística (Holistic Releasing™) y conocerás algunos de los cimientos del Método Sedona. En el libro, las palabras y los aforismos de Lester, todos de gran fuerza, van acompañados de mis comentarios y ejercicios.

6. Profundiza en tu conocimiento del Método Sedona®, y para ello asiste a seminarios o sigue los programas en audio u *online* que presenta Sedona Training Associates. En este libro, he hecho todo lo posible para impartir todo el curso de forma

asequible y que sea fácil de aplicar. Sin embargo, para muchos la lectura del libro no puede sustituir la comprensión experiencial que deriva de un aprendizaje más interactivo del Método. Todos estos modos de aprenderlo se complementan.

7. Si formas parte de una organización o un grupo que quieran aplicar a todo su sistema estas ideas, puedes ponerte en contacto con nosotros para informarte sobre nuestros programas del Método Sedona, que personalizamos para cada caso.

Sedona Training Associates
60 Tortilla Drive
Sedona, AZ, 86336
(928) 282-3522 o (888) 282-5656

Tú tienes la clave de tu felicidad, tu salud, tu bienestar y tu éxito. Lo único que has de hacer es emplearla para abrir los secretos de la libertad y la felicidad que esperan ser descubiertos dentro de tu propio corazón.

Orientaciones para los grupos de apoyo del Método Sedona

El objetivo de un grupo debe ser ayudar a cada uno de sus miembros a sacar el máximo provecho posible del uso que haga del Método Sedona. Es importante que se cree un espacio seguro en el que todos se sientan libres para participar, pero nunca presionados a hacerlo. La mejor forma de crear este ambiente es que cada una de las reuniones del grupo —si se decide hacer reuniones— la dirija una persona diferente. De este modo se evita que alguien domine el grupo y además se favorece que los miembros de este vayan adoptando la actitud de ayudar a los demás.

Cuando alguien plantee algún tema físico o psíquico que normalmente debería tratar un profesional médico, hay que animarlo a que se busque este tipo de ayuda profesional. Los grupos de apoyo no se deben utilizar nunca de sustitutos de la asistencia médica competente, sino como una ayuda para el crecimiento personal y espiritual de cada uno de sus miembros.

Todos los miembros del grupo deben comprometerse a que no salga de este nada que tenga un carácter personal y que se comparta en las reuniones. De este modo, todos los asistentes se sentirán perfectamente seguros y cómodos. Es un compromiso que conviene recordar siempre que el grupo se reúna.

Para facilitar el máximo apoyo, es útil que el grupo se reúna semanalmente. Si tal frecuencia se considera difícil, bastará con una reunión al mes.

Si se usan las casas particulares para reunirse, conviene ir cambiando de casa para repartirse los lógicos inconvenientes. Lo ideal es encontrar un sitio público y cómodo para todos.

Las instrucciones que siguen están destinadas a quien dirija el grupo de apoyo.

Aceptar a todos

Lee al grupo en voz alta las siguientes preguntas de liberación. Luego, deja unos minutos de silencio para que todos puedan centrarse y tomar conciencia de su presencia en la habitación. Procura crear un espacio en el que todos los asistentes se sientan seguros.

Preguntas de liberación para iniciar un grupo de apoyo

Estas preguntas están pensadas como orientaciones. Puedes usarlas antes de añadir cualquier otra de las que has visto en este libro. Si alguien del grupo dispone del Programa en Audio del Método Sedona, se pueden usar las preguntas de liberación de las cintas, que también podrás utilizar después para los ejercicios en las reuniones de ese grupo de apoyo.

Siéntate, ponte cómodo y concéntrate. Puedes cerrar los ojos o mantenerlos abiertos, como prefieras.

Inspira profundamente y, al espirar, deja que cualquier tensión de tu cuerpo se libere.

Explora cuidadosamente tu cuerpo para localizar cualquier tensión. (Pausa). Si encuentras alguna, *¿podrías soltar la necesidad de controlarla y dejar que se libere?*

Piensa ahora en las últimas veinticuatro horas y observa si hay en ellas algo que desearías cambiar o controlar. (Pausa). Si lo hay, *¿podrías soltar la necesidad de cambiarlo o controlarlo?*

¿Existe en tu vida, en este momento, alguna persona o alguna circunstancia que genere un sentimiento de necesidad de aprobación? (Pausa). Si es así, *¿podrías soltar la necesidad de aprobación?*

¿Dijiste o hiciste recientemente algo que generara un sentimiento de necesidad de aprobación? (Pausa). Si es así, *¿podrías soltar esa necesidad de aprobación?*

Busca en las últimas veinticuatro horas algo que siga preocupándote. ¿Esa persona o esa situación en la que piensas genera un sentimiento de necesidad de aprobación, de control, de seguridad o de supervivencia? (Pausa). De ser así, *¿podrías dejar que se soltara tal necesidad?* (Repite el proceso si es necesario).

¿El hecho de estar aquí esta tarde genera en ti alguna necesidad? (Pausa). Si es así, analiza si es una necesidad de aprobación, de control, de seguridad o de supervivencia. (Pausa). Cualquiera que sea esa necesidad, *¿podrías permitirte soltarlo?*

Piensa si hay algo en mí, como líder del grupo de apoyo, que despierte en ti una necesidad. *¿Es una necesidad de aprobación, de control, de seguridad o de supervivencia?* Sea cual sea esa necesidad, *¿podrías dejar que se liberara?* (Repite el proceso si es necesario).

Si viniste con un determinado tema con el que trabajar esta tarde, observa cuál es tu necesidad ACTUAL sobre este tema. (Pausa). *¿Es un sentimiento de necesidad de aprobación, de control, de seguridad o de supervivencia?* (Pausa). Cualquiera que sea la necesidad: *¿Podrías soltarla?* (Repite el proceso si es necesario).

Ahora concéntrate en lo que necesites en este momento: aprobación, control, seguridad o supervivencia. (Pausa). Cualquiera que sea la necesidad, *¿podrías soltarla?*

Concéntrate de nuevo en tu necesidad ACTUAL. (Pausa). *¿Podrías dejar que se liberara?*

Analiza un poco más tu interior para tomar conciencia del que es tu necesidad ACTUAL. Cualquiera que sea, *¿podrías permitirte soltarla?*

Poco a poco deja que tu conciencia se concentre en aspectos más externos y, cuando estés preparado, si no lo has hecho aún, abre los ojos.

Romper el hielo

Haz que los que participen en el grupo se conozcan por sus nombres y que se cuenten algún beneficio que ya hayan obtenido del uso del Método Sedona.

Trabajar en parejas

Haz que el grupo forme parejas que se puedan ayudar mutuamente al realizar algún ejercicio del Método Sedona. Escoge un ejercicio adecuado del libro, por ejemplo la liberación general, el proceso de ventajas/inconvenientes, el proceso de gustos/aversiones o el procedimiento de limpieza. Dedica unos treinta minutos más o menos al ejercicio. Di a las parejas que alternen la función de facilitar la realización del ejercicio al compañero o que cada uno dedique quince minutos a analizarse con la ayuda del otro.

Di a todos que abran su ejemplar de *El Método Sedona* por el ejercicio que se esté realizando, de manera que puedan recordar las fases de los diversos procesos. Luego, antes de que se dividan en parejas, lee lo siguiente en voz alta:

Instrucciones para el trabajo en parejas

Colabora con tu compañero lo mejor que sepas. Reconócele su Ser y permite que realice sus propias exploraciones. Cuando actúes de facilitador en su liberación, procura liberar tú también. Observarás que, si tienes una actitud abierta, es algo que se produce de forma natural. Evita dirigir a tu compañero, juzgar sus respuestas o reacciones o aconsejarlo. Evita también hablar de las exploraciones hasta que las hayas terminado y hayas estado unos minutos en silencio. Asegúrate de aceptar los puntos de vista de tu compañero, aunque no coincidan con los tuyos.

No quieras desempeñar el papel de asesor o terapeuta, aunque sea alguna de estas tu profesión. Si tu compañero se encuentra en una situación médica que normalmente requeriría la atención de un profesional de la medicina, recomiéndale que se procure esa ayuda para esa situación concreta. Si no estás seguro de si necesita o no atención sanitaria, puedes recomendarle que acuda al médico, por si acaso.

Hacer que el grupo comparta

Haz que los miembros del grupo compartan voluntariamente los resultados de realizar los diferentes ejercicios. Procura que el resto del grupo acepte sus opiniones y ayúdalos a soltar y a lograr una mayor libertad.

Compartir los beneficios

Si así lo pide, da al grupo una oportunidad más para que comparta los beneficios conseguidos.

Liberación opcional

Si queda tiempo, lee el mismo grupo de preguntas de liberación (ver la página 380) que se leyó al principio de la reunión —sustituyendo el período de veinticuatro horas en función de lo que haya durado esta— o pon la cinta de otro proceso del Programa en Audio del Método Sedona.

Silencio

Deja que el grupo permanezca en silencio unos minutos a fin de que tomen conciencia de su Ser.

Agradecer a todos su asistencia

Da las gracias a todos por haber asistido a la reunión y anímalos a que mantengan el silencio interior mientras regresan a casa o siguen con la jornada. Recuérdales el día, la hora y el lugar de la próxima reunión y sugiéreles que inviten a sus amigos.

Estamos para ayudarte

La misión de Sedona Training Associates es ayudarte a liberar tu verdadera naturaleza y a tener, ser y hacer aquello que tú decidas. Nuestros productos han sido creados con esa finalidad. Si quieres acelerar tu progreso, te animamos a asistir a uno de nuestros seminarios o a adquirir algunos de nuestros programas de audio. Seguidamente detallo algunos de ellos:

Curso del Método Sedona

Tanto asistir a un seminario en vivo como estudiar en casa con uno de nuestros programas de audio restablecerá fácilmente tu habilidad natural para liberarte de cualquier pensamiento o sentimiento no deseado. Como probablemente habrás experimentado al leer este libro, además de adquirir una profunda conciencia de la verdad última y de tu estado natural de felicidad ilimitada, el Método Sedona puede darte la libertad para obtener más dinero, mejores relaciones y una salud radiante, y también para lograr efectivamente tus metas, liberarte de malos hábitos y otros comportamientos autosaboteadores, perder peso, dejar de fumar y dormir mejor.

Serás además capaz de liberarte, sin esfuerzo y con alegría, del estrés, la tensión, el pánico, el miedo, la ansiedad, la depresión, la indecisión, la baja autoestima, la fatiga, el insomnio, la codependencia, la ira incontrolada y el duelo. Resumiendo, disfrutarás de una vida más feliz, más productiva, más satisfactoria y más amorosa.

El proceso de Liberación Holística (Holistic Releasing ™) logra igualmente todo lo mencionado y es una parte integral de nuestros seminarios avanzados. Puedes también profundizar en esta poderosa herramienta con nuestros programas grabados de Holistic Releasing™ Absolute Freedoom y Practical Freedom (Libertad Absoluta y Libertad Práctica).

ABSOLUTE FREEDOM. Esta serie de audio utiliza el Holistic Releasing™ para ayudarte a reconocer y disolver las barreras que te impiden percibir tu verdadera naturaleza. Estas grabaciones te ayudarán a descubrir tu estado natural de Ser, que está siempre a tu alcance, aquí y ahora. Descubrirás que tu Ser real tan solo parece estar oculto por tu autoimpuesto sentido de limitación. Siempre has sido totalmente libre.

PRACTICAL FREEDOM. Esta serie de audio ha sido diseñada para ayudarte a redescubrir la libertad que eres y tienes y para ayudarte a hacer cualquier cosa que decidas como una parte viva y práctica de tu vida diaria. Contribuirás a que logres el mejor desempeño en cada situación y a que vivas tu vida con mayor claridad. Verás que al aplicar el Holistic Releasing™, incluso los obstáculos más reticentes se disuelven, y son sustituidos por una sensación de poder.

El autor

HALE DWOSKIN es director ejecutivo y responsable de formación de Sedona Training Associates, una organización con sede en Arizona. En 1996 fue cofundador de la empresa, cuyo fin es impartir cursos sobre técnicas de liberación emocional ideadas por su mentor, Lester Levenson. Imparte conferencias por todo el mundo y ha sido profesor de Esalen y del Omega Institute. Durante los últimos veinticinco años, ha impartido el Método Sedona a particulares y a empresas de todo Estados Unidos y el Reino Unido, y desde principios de los años noventa ha dirigido cursos de formación de instructores y retiros avanzados. Es coautor de *Happiness is free and it's easier than you think* (una serie de cinco libros).

Sedona Training Associates es una organización educativa y de formación creada para seguir cumpliendo el deseo de Lester Levenson de compartir los métodos prácticos y eficaces que él descubrió para eliminar los obstáculos que la propia persona se impone y que le impiden conseguir la abundancia, la salud, la felicidad y el éxito.

Miles de personas de toda clase y condición de todo el mundo se han beneficiado de esta obra durante los ya casi treinta años de historia del curso del Método Sedona. Hoy, Sedona Training Associates organiza seminarios en Estados Unidos, Canadá, Australia, Gran Bretaña, Europa y Japón. Además, publica programas en cinta que se distribuyen por todo el mundo. También edita un boletín trimestral, *Release,* y tiene su web: www.sedonapress.com

¿Crees que ya estás preparado para seguir adelante?

Por favor, contacta con Sedona Training Associates para obtener más información acerca de nuestras clases, nuestros programas corporativos, nuestros libros y nuestros programas de audio sobre el Método Sedona y el proceso Holistic Releasing™. Tenemos disponibles varios programas y productos que han sido diseñados para ayudarte a lograr tu libertad y conseguir aquello que tu corazón desea.

Sedona Training Associates
60 Tortilla Drive, Suite 2
Sedona, AZ. 86336
Tel.: (928) 282-3522
Toll-free: (888) 282-5656
Fax: (928) 293-0602
Web: www.sedonapress.com
E-mail: release@sedona.com